PREMIER VOYAGE

AUTOUR DU MONDE,

Par LE CHEVʀ. PIGAFETTA.

PREMIER VOYAGE

AUTOUR DU MONDE,

Par LE CHEV^R. PIGAFETTA,

SUR L'ESCADRE DE MAGELLAN,

PENDANT LES ANNÉES 1519, 20, 21 ET 22;

Suivi de l'extrait du Traité de Navigation du même auteur ;

ET

D'une Notice sur le chevalier MARTIN BEHAIM, avec la description de son Globe Terrestre.

ORNÉ DE CARTES ET DE FIGURES.

A PARIS,

CHEZ H. J. JANSEN, IMPRIMEUR-LIBRAIRE,
RUE DES MAÇONS, N°. 406, PLACE SORBONNE.

L'AN IX.

PRÉFACE

DU TRADUCTEUR.

---

§. I. Au quinzième siècle les Italiens faisoient presque seuls tout le commerce des denrées que l'Asie fournit à l'Europe, et particulièrement des épiceries, c'est-à-dire, le poivre, la cannelle, les clous de girofle, le gingembre, la noix muscade, et autres produits végétaux, qu'on a toujours tant recherchés, et qu'on recherche encore aujourd'hui, moins pour leur saveur agréable que pour leurs vertus. Ces aromates nous venoient de quelques îles placées près de l'équateur, d'où leurs habitans, ou leurs voisins, les transportoient dans cette partie des Indes qui est entre ces îles et l'Europe, et les marchands d'Europe alloient ensuite les prendre chez eux. Avant que les Arabes eussent occupé et dévasté l'Egypte, le commerce se faisoit par la mer Rouge, comme du tems des Phéniciens. Des bords de cette mer on transportoit les marchandises aux bords du Nil sur des chameaux, après avoir en vain essayé de creuser des canaux navigables. Le Nil les portoit sur des bateaux aux ports de l'Egypte, où les navires de Vénise, de Gênes, d'Amalfi et de Pise alloient s'en charger; et lorsque les Arabes, par intolérance religieuse, par despotisme politique, ou, pour mieux dire, par une anarchie toujours favorable aux pirates, fermèrent tout passage au commerce dans le golfe Arabique, les marchands se rendirent au golfe Persique, d'où, par l'Euphrate, par l'Indus et par l'Oxus, ils portèrent les denrées de l'Inde dans la mer Caspienne, ou dans la mer Noire, et de-là dans la Méditerranée. Là les Italiens alloient les chercher pour les répandre sur toutes les côtes de l'Europe, et même dans l'intérieur des terres jusqu'aux régions glacées de la Moscovie et de la Norwège, où ils avoient leurs factoreries.

§. II. On s'apperçoit aisément que le prix

de ces denrées devoit être originairement bien bas, et que la nécessité où l'on étoit de les payer fort cher étoit une suite des frais de transport et des risques qu'on couroit, soit sur la mer Rouge, soit dans les déserts; outre le gain que vouloient y faire ceux par les mains desquels ces marchandises passoient. Nous savons par un certain Barthelemy Florentin, négociant, qui avoit été vingt-quatre ans aux Indes, à la fin du quinzième siècle, qu'elles passoient par douze mains différentes avant d'arriver à nous, et qu'on y gagnoit au moins le décuple (1); mais c'étoit sur-tout le monopole qui en haussoit excessivement le prix. Lorsque les Arabes insociables eurent anéanti totalement le commerce de la mer Rouge, les Génois se joignirent à l'empereur schismatique de Constantinople pour établir un commerce exclusis du côté de la mer Noire, par la Tartarie et par la Perse; et lorsque le sultan de l'Egypte, après avoir dompté les Arabes, eut rouvert le chemin du Nil, les Vénitiens, ses alliés,

---

(1) Cela se trouve marqué ainsi sur la mappemonde de Behaim, dont je parlerai au parag. XII.

s'emparèrent du commerce des Génois, et fournirent seuls les denrées de l'Inde à l'Europe entière. Enfin, d'un côté ou de l'autre le monopole rendoit toutes les autres nations tributaires des Italiens. Ajoutez à cela que, vers le milieu du seizième siècle, les Maures, ayant conquis les îles qui produisoient presque seules les épiceries, en augmentèrent le prix, dont ils connoissoient mieux que les indigènes toute la valeur (1).

§. III. L'amour du lucre et le désir de diminuer les difficultés et les frais, fit concevoir des projets sur les moyens de se procurer les marchandises des Indes de la première main ; ce fut à l'époque de la renaissance des lettres et lorsque l'art de l'imprime-

---

(1) Les historiens nous parlent de l'invasion des Moluques faite par les Musulmans ; et nous en avons un témoignage dans notre auteur même. *Sono forsi cinquanta anny*, dit-il, *che questi mori habitano in Malucho prima li habitavano gentilli*, pag. 203. Je rapporte les paroles du manuscrit avec l'orthographe de Pigafetta ; ce que je ferai chaque fois que l'occasion s'en présentera, pour donner une idée de son style.

rie, nouvellement inventé, avoit déja répandu davantage les lumières que les anciens nous avoient transmises sur la navigation et sur la figure de la terre. On savoit que quelques navigateurs phéniciens, en sortant de la mer Rouge, étoient rentrés dans la Méditerranée avec le même navire par le détroit de Gibraltar (1); par conséquent on conjecturoit que de l'Océan Atlantique on pourroit se rendre par mer à l'embouchure de la mer Rouge, et poussant la navigation à l'est, parvenir aux îles aux épiceries. D'ailleurs, on savoit à n'en pas douter que les anciens avoient connu la sphéricité de la terre et l'existence des antipodes, qui dans le tems de l'ignorance avoit été regardée non-seulement comme une erreur anti-philosophique, mais comme une hérésie. Les voyageurs qui, sur les traces de Marc Paul, Vénitien, avoient parcouru toutes les côtes de l'Asie, s'étoient assurés que la terre formoit une courbe de l'est à l'ouest; et les Portugais qui, au commen-

---

(1) Hérodote, l. IV, c. 4; Strabon, l. I; et autres, qu'on peut voir chez Riccioli, *Geogr.*, l. III, c. 20.

cement du quinzième siècle, avoient visité toutes les côtes de la Guinée, joignant leurs connoissances à celles des navigateurs au nord de l'Europe, avoient démontré par l'élévation et l'abaissement de l'étoile polaire et du soleil, que la terre formoit une ligne courbe du nord au sud; que par conséquent elle étoit d'une figure sphérique, et qu'on pouvoit en faire le tour. Tout cela étoit bien d'accord avec les observations des astrologues; qui, malgré le but ridicule qu'ils se proposoient de deviner l'avenir, avoient fait néanmoins d'assez grands progrès dans l'astronomie. On avoit même des récits, vagues à la vérité, de quelques matelots qui prétendoient avoir été transportés aux îles situées entre l'Europe et l'Amérique, et cela jusqu'au nouveau continent, dont le nom même étoit encore inconnu. Voilà les bases sur lesquelles on fondoit l'espoir de parvenir, en sortant du détroit de Gibraltar, immédiatement à *Malucho* (c'est ainsi qu'on appeloit alors les îles aux épiceries, auxquelles nous donnons aujourd'hui le nom de *Moluques*), en côtoyant l'Afrique, et cinglant ensuite vers l'est, ou en traversant l'Océan Atlantique vers l'ouest. On étoit si persuadé de ne rencontrer aucun obstacle sur cette dernière route, que les plus célèbres géographes de ce tems-là ne séparoient sur leurs cartes par aucun continent, mais simplement par l'Océan parsemé de quelques îles, les côtes occidentales de l'Europe et de l'Afrique, de l'Asie orientale. J'en donnerai des preuves au §. XII. C'étoit une erreur sans doute, mais bien pardonnable aux géographes de cette époque; car, quoique les anciens eussent mesuré avec assez d'exactitude la circonférence de la terre (1), et laissé même des règles assez certaines pour déterminer la longitude des lieux, on en faisoit fort peu de cas, et cela faute de les bien entendre.

---

(1) Aristote (*de Cælo*, *lib. II*) en parle comme d'une chose connue. Il paroît que les mathématiciens d'Egypte en avoient mesuré un degré à la latitude de Memphis, c'est-à-dire, à 30° de latitude boréale, lorsqu'ils déterminèrent la position et la grandeur des pyramides; car chacun des quatre côtés de la plus grande pyramide, a $\frac{1}{500}$ de degré en largeur; de façon qu'on doit conjecturer qu'ils ont divisé le degré en mille parties, et ont donné à chaque côté de la pyramide $\frac{2}{500}$. (Veni-

PRÉFACE

C'est par une suite de cette ignorance de la grandeur de la terre et des longitudes, qu'on s'imaginoit devoir rencontrer bientôt à l'occident les îles, dont on ne connoissoit la distance qu'à l'est et au sud.

§. IV. Cette idée occupoit l'esprit de Christophe Colomb, qui joignoit aux connoissances théoriques et pratiques de la navigation, les lumières qu'il avoit recueillies des autres navigateurs, et tout le courage nécessaire pour les grandes entreprises. Persuadé de la sphéricité de la terre, il ne trouvoit pas la moindre difficulté à traverser l'Océan Atlantique, à l'aide de la boussole dont il connoissoit aussi la déclinaison, ainsi que le moyen de la corriger (1). Il demanda

---

ni, *Delle misure francesi. Opusc. Scelti*, tom. XX, p. 98). On sait d'ailleurs qu'Hypparque, trois siècles avant l'ère vulgaire, avoit déterminé la longitude et la latitude de plusieurs étoiles dans le ciel ; et que Ptolomée, au second siècle, détermina par sa méthode la position géographique de plusieurs lieux de la terre, avec une précision qui suppose des observations astronomiques. Robertson, *An historical disquisition concerning antient India*, sect. II.

(1) Tiraboschi, *Storia della letter.*, Ital., tome

aux Génois, ses compatriotes, qui n'avoient que ce moyen pour ranimer leur commerce, des navires pour l'exécution de son projet; mais les Génois, occupés de petites spéculations, et tourmentés sans cesse par les factions domestiques, qui les assujettissoient tantôt aux rois de France et tantôt aux ducs de Milan, rejetèrent ses propositions. Il s'adressa alors au roi de Portugal, qui ne l'écouta pas non plus, parce qu'il ne songeoit à se rendre aux Moluques qu'en doublant l'Afrique; et ce ne fut qu'après de longues sollicitations que l'Espagne se détermina à lui confier quelques vaisseaux. Cependant Colomb ne toucha qu'aux îles de l'Amérique, dont ses successeurs découvrirent le continent; se flattant en vain de trouver un chemin à l'ouest du Mexique, et par l'isthme de Panama.

§. V. La navigation de Colomb fit naître des contestations entre les Espagnols et les Portugais sur quelques îles qu'on avoit découvertes, et plus encore sur les terres qu'on

---

VI. Cependant la connoissance de la déviation ne devoit pas être bien commune alors, puisque les pilotes de l'escadre de Magellan l'ignoroient (p. 55).

espéroit découvrir par la suite. Ces derniers, lorsqu'ils entreprirent leurs navigations sur les côtes de l'Afrique, avoient eu la prévoyance de profiter de l'opinion généralement reçue alors, que le successeur de St.-Pierre pouvoit, comme vicaire de Jésus-Christ, disposer des royaumes qui n'appartenoient pas à de puissances chrétiennes. Les papes Martin V, Eugène IV et Nicolas V avoient déja accordé aux Portugais l'empire de tout le pays qu'ils venoient de découvrir sur les côtes de l'Afrique. Alexandre VI, auquel, après le voyage de Colomb, l'Espagne et le Portugal présentèrent en même tems leurs prétentions, traça une ligne laquelle, en passant par les poles, coupoit en deux le globe terrestre. L'île de Fer, une des Canaries, où Ptolomée avoit fixé le premier méridien, étoit le point par lequel passoit cette ligne qu'on appella *ligne de démarcation*. Le pape donna donc aux Portugais tout ce qu'ils pourroient conquérir à l'est, et aux Espagnols tout ce qu'ils viendroient à découvrir à l'ouest de cette ligne. Mais lorsque les Portugais se furent rendus maîtres du Brésil, et voulurent comprendre cette contrée dans la partie orientale de la ligne, on la porta de 30° à l'ouest de l'île de Fer. Voyez la carte qui se trouve à la fin de cette préface.

§. VI. Pendant que l'Espagne étendoit à l'ouest ses conquêtes autant que les crimes et les cruautés de ses chefs; les Portugais, guidés, en 1497, par Vasco de Gama, doublèrent le Cap de Bonne-Espérance, que Dias, accompagné de Cadamosto, navigateur vénitien, avoit découvert en 1455 (1). Ils longèrent l'Afrique orientale et les îles qui sont entre elle et l'Asie, et parvinrent à Calicut, qui étoit l'entrepôt du commerce des épiceries. Dans la suite, non sans avoir des guerres et des combats à soutenir tant avec les indigènes qu'avec les Maures qui avoient envahi une grande partie de ce pays, ils poussèrent leur navigation jusqu'aux îles Moluques; et en 1510 ils y formèrent un établissement, pour s'attribuer le commerce presqu'exclusif du poivre et des clous de gi-

---

(1) Ce cap avoit été dessiné, en 1450, par Frate Mauro, camaldule du couvent de Murano près de Vénise, sur une mappemonde que j'y vis en 1790, et qui y est encore, à ce qu'on dit.

rofle, qu'on ne tiroit guère d'ailleurs que de ces îles (1).

§. VII. Les établissemens portugais dans les Indes avoient alors pour gouverneur et vice-roi le duc d'Albuquerque, qui, par ses talens et par son courage, avoit su faire avorter toutes les entreprises des Vénitiens, lesquels étant les alliés de Soliman le Magnifique, firent tous leurs efforts pour conserver dans la mer Rouge le commerce que les Portugais vouloient transporter à Lisbonne (2). C'est à la suite de ce vice-roi que Magellan alla passer cinq années aux Indes (3). Il étoit gentilhomme portugais, et avoit cultivé les sciences, mais s'étoit sur tout occupé de tout ce qui a rapport à la navigation, étude fort à la mode parmi les seigneurs portugais; et ce fut pour se faire connoître à la cour et ob-

---

(1) S'il en faut croire notre auteur, lequel trouva, en 1521, aux Moluques Pierre de Lorosa, qui lui dit: *Como ja sedizi anni stava ne la India ma X in Malucho, e tanti erano che Malucho stava discoperto ascosamente.* Pag. 176.

(2) Robertson, *loc. cit. sect.* 4.

(3) Petri Anglerii, *Opus. epist.*, epist. 767.

tenir un emploi convenable à ses talens qu'il entreprit ce voyage. De Calicut il alla à Sumatra, où il prit un esclave (1). Il paroît qu'il n'a pas poussé son voyage jusqu'aux Moluques, quoiqu'en disent d'Angera, Ramusio et d'autres écrivains (2); car s'il y eut été, il auroit su qu'elles sont sous la ligne équinoxiale, et n'auroit pas été les chercher, comme il fit, au 14° de latitude septentrionale (3). Des Indes il revint à Lisbonne. Pendant ce tems, Albuquerque avoit envoyé aux Moluques François Serano, ami et parent de Magellan, avec ordre d'y ériger un fort: ce qu'il n'exécuta pas, parce que tous les rois de ces îles, par une ambition bien insensée, prétendoient l'avoir chez eux (4) : et Serano, voulant les soumettre tous en même tems, agissoit en souverain, en ne prenant néanmoins que le titre de pacificateur. Nous ver-

---

(1) Page 72.
(2) *Hist. génér. des voyag.*, tom. I, p. 126. Edit. de Paris.
(3) Voyez la carte à la fin de cette préface.
(4) *Hist. génér. des voyag.*, tom. I, p. 125. Edit. de Paris.

rons de quelle manière il fut la victime de son ambition (1).

§. VIII. J'ignore quels droits pouvoit avoir Magellan aux bienfaits de la cour; mais toute sa conduite semble prouver qu'il possédoit autant de courage que de connoissances, quoiqu'en dise le jésuite Maffei, qui l'accuse d'avoir eu plus de vanité que de mérite (2). Et si nous ajoutons foi à notre auteur, nous devons aussi lui accorder beaucoup de modération dans ses prétentions, puisqu'elles se bornoient à demander au roi une augmentation de paie de six francs par mois (3). Comme le roi d'Espagne lui a conféré l'ordre de Saint-Jaques de la Spatha, et lui a confié le commandement d'une escadre, il y a tout lieu de croire que, dans les services rendus au Portugal, il avoit donné des preuves bien certaines de valeur et d'habileté.

§. IX. Pendant le séjour de Magellan en Portugal, il étoit, à ce que nous dit Maf-

---

(1) Page 169.
(2) *Hist. rer. indic.*, *lib. VIII.*
(3) Page 169.

fei (1), en correspondance suivie autant que l'éloignement le permettoit, avec son ami Serano, qui l'invitoit à retourner aux Indes, et à se rendre même aux Moluques, dont il lui indiquoit la distance de Sumatra, île qui lui étoit bien connue. Mais, s'il est permis de nous prêter aux conjectures, et de chercher à deviner les causes par les effets, nous trouverons qu'il est vraisemblable que Magellan s'est plaint à Serano des torts qu'il prétendoit avoir reçu de la cour de Lisbonne; que Serano, menacé peut-être par le viceroi, auquel il n'avoit pas obéi dans la construction de la forteresse, lui a proposé de donner ces îles à l'Espagne, et lui a fourni en même tems les lumières qu'il pouvoit avoir acquises par les habitans des îles plus orientales, sur la possibilité de trouver le cap du continent rencontré par Colomb, et de le doubler, ou d'y trouver quelque détroit; d'autant plus que les Portugais y possédoient déja le Brésil, découvert en 1500 par Cabral; contrée où Jean Carvajo, de qui parle souvent Pigafetta, avoit passé quatre

―――――――――――――――――――

(1) *Hist. rer. indic.*, *lib. VIII.*

ans (1), et où Jean de Solis, qui cherchoit un passage aux Indes, fut assassiné et mangé par les cannibales, avec soixante hommes de son équipage (2).

§. X. Il n'est pas tout à fait improbable que Magellan ait pu avoir, par ces moyens, quelque connoissance d'un passage de la mer Atlantique dans la mer des Indes; mais c'est d'une autre manière qu'il s'étoit assuré de l'existence de ce passage, comme il en fit la confidence à Pigafetta et à ses compagnons de voyage, lorsqu'il se trouva dans le détroit. Pendant qu'il cherchoit de l'avancement à la cour de Lisbonne, il continuoit à étudier la géographie et la navigation, de façon que, selon notre auteur, il devint un des plus habiles géographes et navigateurs de son tems (3). C'est à ce titre qu'on lui permit d'examiner tout ce qui avoit été recueilli sur ces objets, et qu'on gardoit soigneusement dans la trésorerie. L'infant Don Henri, qui le premier projetta des voyages pour la dé-

---

(1) Page 18.
(2) Page 23.
(3) *Egli più giustamente che homo fossi al mondo carteava, et navigava.* Page 125.

couverte de pays nouveaux, et ceux qui lui succédèrent, y avoient rassemblé toutes les notions et toutes les cartes géographiques qu'il étoit possible de se procurer, par le moyen des géographes, des navigateurs et des astronomes, qui, dans l'espoir de récompenses, y venoient déposer leurs découvertes. C'est dans cette trésorerie que Magellan trouva une carte de Martin de Bohême sur laquelle étoit dessiné le détroit par lequel on passe de la mer Atlantique dans celle qui fut ensuite appelée Pacifique.

§. XI. Pour s'assurer que Magellan chercha ce passage, parce qu'il l'avoit vu dessiné sur la carte de Martin de Bohême, il ne faut que lire ce que dit à ce sujet Pigafetta. Nous donnons ses propres paroles telles qu'on les lit dans notre manuscrit (1). Il est étonnant qu'on ait nié cette vérité, qu'on pouvoit trouver dans l'extrait du livre de Pigafetta publié en françois par Fabre, et en italien par Ra-

_____

(1) *Il capitano generale che sapeva di dover fare la sua navigazione per uno streto molto ascoso, como vite ne la thesoraria del re di Portugal in una carta fata per quello excelentissimo huomo Martin de Boemia, mando due navi,* etc. Page 40.

musio (1); mais il est plus étonnant encore que cette vérité si honorable pour Martin de Bohême ou plutôt Behaim (2), ait été niée par M. de Murr, tandis qu'il se proposoit de faire son éloge (3). Il ne sera pas hors de propos de parler ici de cette question qui a un rapport intime avec le point le plus intéressant de la navigation que je me propose de publier. M. Otto, dans un mémoire inséré dans le second volume des *Transactions philosophiques de la société de Philadelphie*, a voulu prouver, entre autres choses, que Colomb n'est pas celui qui a découvert l'Amérique, ni Magellan celui qui a trouvé le détroit pour le traverser et se rendre aux Indes par l'Occident; mais que le mérite de ces

---

(1) Voyez parag. XXIII.

(2) Il est certain que son véritable nom étoit Behaim. Cluverius dit qu'on l'appeloit de Bohême, parce que ses ancêtres étoient originaires de ce royaume, ou qu'il s'y étoit établi à cause du commerce.

(3) *Notice sur le chevalier Martin Behaim, célèbre navigateur portugais avec la description de son globe terrestre.* Voyez cette dissertation à la fin de ce volume.

découvertes est dû uniquement à Martin Behaim de Nuremberg. Effectivement ce Martin Behaim étoit un des plus grands géographes de son tems; et c'est un des premiers qui, en 1492, forma une mappemonde terrestre, qu'il a léguée à sa patrie où on le conserve encore; un des premiers qui a passé la ligne avec le fameux navigateur Jaques Cano, en 1484; qui, ayant épousé la fille de de Huerter, feudataire de l'île de Fayal, l'une des Açores, y passa plusieurs années, faisant de tems en tems des voyages en Europe; et qui étant estimé et consulté par les savans ses contemporains, ainsi que par la cour de Lisbonne, avoit eu tous les moyens d'acquérir les connoissances géographiques les plus rares et les plus étendues pour ce siècle. Cependant c'est sans raison qu'on prétend que Colomb n'a découvert l'Amérique qu'après lui, comme l'a très-bien démontré le président comte Carli, que Milan et les lettres ont perdu en 1795 (1). M. Otto appuie son opinion sur une chronique de Nuremberg, où il est dit: « Qu'il découvrit les

---

(1) *Opuscoli scelti di Milano*, tom. XV, p. 72.

« Iles de l'Amérique avant Colomb et le dé-
« troit qui prit ensuite le nom de Magellani-
« que avant Magellan même; » et au témoignage de Hartmann Schedel, qui dit que
Magellan et Cano en naviguant se trouvèrent dans un autre monde. Mais le président
Carli observe que la chronique de Nuremberg n'est pas contemporaine; et M. de Murr
s'est assuré que les paroles de Schedel ont
été intercalées dans son manuscrit par une
autre main. En effet, on ne les trouve pas
dans la première édition de son ouvrage que
nous avons dans notre bibliothèque. Ajoutez
que la phrase : *In alterum orbem accepti
sunt*, peut s'entendre qu'ils ont dépassé la
ligne.

§. XII. C'est encore avec moins de fondement que M. de Murr prétend que Martin Behaim n'a jamais eu la moindre idée
du détroit de Magellan. Ayant été à portée
de visiter les archives de ses héritiers, il n'y
a trouvé, dit-il, aucune trace de cette découverte. D'ailleurs, son globe terrestre qu'il a
donné à la ville de Nuremberg fait assez voir,
ajoute-t-il, que Martin Behaim ne soupçonnoit pas même l'existence de l'Amérique.

Ce globe, dont M. de Murr a publié l'hémisphère, qui comprend la partie occidentale de l'Europe et de l'Afrique, et la partie orientale de l'Asie (1); ce globe, dis-je, fait voir que dans ce tems on croyoit pouvoir aller par mer directement des îles Açores aux royaumes de Tungut, de Cambalu et du Thibet, en ne rencontrant que l'île du Cathay dans tout l'Océan qu'on avoit à parcourir. Des îles Canaries on s'imaginoit pouvoir se rendre à l'île d'Antilia; et c'est par cette raison que Colomb nomma Antilles les îles qu'il trouva en deça de l'Amérique. Des îles du Cap-Verd, sur le globe de Behaim, on alloit, sans trouver aucune terre, à Cipangu (le Japon), que Marc Paul avoit fait connoître à l'Europe, et dont parle aussi Pigafetta, qui croyoit y avoir passé à peu de distance (2). Du Japon on alloit à Cambaie; et, tournant au sud, à la grande et à la petite

---

(1) Nous donnons cet hémisphère avec sa description à la fin de ce volume, où il est réduit à la moitié de l'échelle ou au quart de la grandeur de l'original.

(2) Page 56.

île de Java, placées sur le même méridien. On voit donc que sur le globe dont nous parlons, il n'est pas question de l'Amérique. Cependant tout cela démontre qu'en 1492 Behaim ne connoissoit point l'Amérique, et que par conséquent il ne pouvoit donner aucun renseignement à Colomb qui partit cette même année ; mais ne prouve aucunement que depuis cette époque jusqu'à l'an 1506, qui fut le dernier de sa vie, il n'ait pas pu en connoître tout ce qu'on avoit découvert jusqu'alors, et le tracer sur une nouvelle carte géographique. Ses voyages, sa correspondance avec tous les savans, ses emplois à la cour de Lisbonne, et sur-tout sa demeure aux Açores, lui fournirent les moyens, comme nous l'avons déja observé, d'acquérir toutes les lumières que le hasard ou les recherches procuroient aux navigateurs. Varenius (1) prétend que Nunnez de Valboa a connu, en 1513, l'existence du détroit en question par les courans qui n'ont lieu que dans un canal ouvert aux deux bouts, et jamais dans une baie. Pourquoi donc quelque autre na-

---

(1) *Geogr. gener.*, c. 12.

vigateur n'auroit-il pas pu faire la même observation au tems de Behaim et la lui communiquer. M. de Murr convient bien que cela est possible ; mais prétend que cela n'a pas eu lieu, et que c'est Marc-Antoine Pigafetta qui a répandu, dans son *Itinéraire* publié à Londres en 1585, la fable de la découverte de l'Amérique faite par Behaim ; et j'ignoi..., ajoute-t-il, si dans la relation du Congo par Philippe Pigafetta il est question de Martin Behaim. On peut juger par la manière dont s'exprime M. de Murr, qu'il connoissoit à peine les noms et les titres des livres des deux autres Pigafetta (Marc-Antoine et Philippe); et qu'il n'avoit aucune idée de notre chevalier Antoine Pigafetta, ni de sa *Relation de la découverte de l'Inde*, ni des extraits qui en ont été publiés, et qu'il n'avoit pas même lu l'*Itinéraire* dont il parle, car il n'y est point du tout question de Martin Behaim. Philippe Pigafetta n'en parle pas non plus, ni dans sa *Relation du Congo*, imprimée à Rome en 1591, ni dans son *Itinéraire d'Egypte*, dont le manuscrit se trouve dans la bibliothèque de mon ami M. Malacarne, professeur de chirurgie à Padoue, ainsi qu'il me l'a écrit lui même. On ne doit donc pas douter que Magellan ait vu le détroit dessiné sur la carte de Martin Behaim; mais il faut dire aussi qu'il ne s'y fioit pas entièrement ou que la carte en question étoit bien inexacte; car sans cela étant par le 49° 30' de latitude septentrionale, il n'auroit pas détaché le vaisseau le San-Jago pour aller reconnoître la côte où il fit naufrage, en cherchant le détroit par le 52° (1); et il ne se seroit pas déterminé non plus à remonter jusqu'au 75° s'il ne le trouvoit pas (2).

§. XIII. Revenons à l'histoire de Magellan et à notre auteur. Soit pour se venger des injustices qu'il croyoit lui avoir été faites, soit pour obtenir l'avancement qu'il sollicitoit, Magellan alla en Espagne offrir ses services à Charles-Quint pour conduire une escadre en courant toujours à l'ouest de la ligne de démarcation, jusqu'aux îles aux épiceries, qu'on connoissoit mieux par les rapports des Italiens qui y avoient été du côté de l'est, que par les relations des Portugais

---

(1) Page 37.
(2) Page 46.

qui s'y étoient établis depuis dix ans ; mais qui mettoient le plus grand soin à tenir cachées les découvertes qu'ils avoient faites ; de façon, dit Castagneda, qu'on auroit ignoré avec le tems le voyage de Gama, s'il ne se fut pas donné la peine de l'écrire lui-même et de le publier (1). Charles-Quint, ou plutôt le cardinal Ximenès, son premier ministre, qui gouvernoit l'Espagne pendant son absence, écouta favorablement le projet de Magellan, qui non-seulement lui fit sentir la possibilité d'y aller par l'ouest; mais lui assura en même tems que les îles aux épiceries étoient dans cette partie du globe qui, par la ligne de démarcation, appartenoit à l'Espagne; car, sans cela, le cardinal vice-roi n'auroit jamais consenti qu'on envahit un pays que le pape avoit donné à d'autres. Pour lui persuader que les Moluques étoient dans l'hémisphère espagnol, Magellan prit non-seulement à témoin Christophe Hara qui, ayant aux Indes des maisons de commerce, disoit être assuré par les instructions de ses fac-

---

(1) *Historia della conquista delle Indie orientali*, préface.

teurs de la véritable position géographique de ces îles (1); mais il s'en fit assurer aussi par le fameux astrologue Roderic Faleiro, qui, le compas à la main, faisoit voir sur la mappemonde, que ces îles étoient placées en deça du 180.ᵐᵉ. ° de longitude occidentale de la ligne de démarcation. Et comme le cardinal montroit encore quelques doutes sur cet objet, Faleiro donna à Magellan une méthode pour calculer la longitude, afin de ne pas dépasser la ligne (2). Pour dissiper tout scrupule, Faleiro auroit pu s'embarquer avec Magellan; mais comme il prétendoit être astrologue, il s'en excusa en disant qu'il prévoyoit que cette navigation lui seroit fatale. Elle le fut effectivement à l'astrologue Martin de Séville, qui y alla à sa place, sans prévoir qu'il devoit être assassiné, comme il le fut dans l'île de Zubu (3).

§. XIV. Nous avons une preuve de l'importance des recherches sur les longitudes

---

(1) *Epistola de Massimiliano Transilvano*, presso *Ramusio*, tom. I, p. 348.
(2) Castagneda, *loc. cit.*
(3) Page 128.

pendant cette navigation, dans la description que je vais publier. A peine l'escadre fut-elle dans la mer Pacifique, que le chevalier Pigafetta se fit un devoir de marquer sur son journal, non-seulement la latitude, mais aussi la longitude de la ligne de démarcation; et, pour éviter toute méprise, il avertit que cette ligne est à 30° à l'ouest du premier méridien, qui se trouve lui-même à 3° à l'ouest du Cap-Verd (1). S'étant expliqué avec cette précision, il est bien étonnant que Fabre, qui a donné un extrait de sa relation, ne l'ait pas compris, et qu'au lieu de dire degrés de longitude *de la ligne de démarcation*, il dise toujours *de la ligne de leur partiment*, ou *degrez de longitude dont partirent*; et là où il devoit indiquer la position de cette ligne telle que l'a marquée notre auteur, il dit *et XXX degrez du méridional lequel est à trois degrez plus oriental que Cap de Bonne Espérance*. On voit bien que cette manière de s'exprimer n'a pas de sens.

---

(1) *La linea de la repartitione e trenta gradi longi dal meridionale el meridionale e tre gradi al levante longi da Capo Verde.* Page 56.

Ramusio, en traduisant Fabre a omis tout cela avec raison; et on doit bien lui pardonner, si, en copiant son texte, au lieu de dire *longitudine della linea di divisione*, il dit *longitudine dal luogo donde si eran partiti*; par conséquent, il augmente de quarante degrés les erreurs de la longitude marquée par Pigafetta.

§. XV. Mais les Portugais, intéressés à déterminer la vraie longitude des Moluques, accusoient les Espagnols non-seulement d'erreur, mais aussi de mauvaise foi; et Pierre Martir d'Angera, gentilhomme milanois et historiographe de la cour d'Espagne, conte assez assez plaisamment dans une de ses lettres (1), qu'on choisit vingt-quatre astronomes et pilotes, tant Portugais qu'Espagnols, lesquels, après avoir bien *sillogismé*, conclurent qu'on ne pouvoit décider la question qu'à coups de canon; cependant Charles-Quint calcula qu'il valoit mieux vendre à Jean III, roi de Portugal, qui lui en offrit 150,000 pistoles, ses prétendus droits sur les Moluques, et il les lui céda. Il est certain,

---

(1) *Epist.* 797.

d'ailleurs, que ces îles, placées par Pigafetta entre le 160.º et le 170.º de longitude à l'ouest de la ligne de démarcation, sont véritablement au-delà du 180.ᵐᵉ º; par conséquent, elles appartenoient au Portugal en vertu de la bulle du pape Alexandre VI. Quoiqu'il en soit de leur véritable position, le roi d'Espagne, persuadé que le Portugal avoit usurpé ce qui lui appartenoit, et déjà disposé à accorder à Etienne Gomez des caravelles pour aller faire de nouvelles découvertes, ne tarda pas à confier une escadre pour cette importante expédition à Magellan, qui, afin d'éloigner tous les obstacles, choisit le même Gomez pour commander un des vaisseaux, dont il eut bientôt lieu de se repentir (1).

§. XVI. Pendant qu'on traitoit cette grande affaire à la cour de Madrid, Antoine Pigafetta, gentilhomme de Vicence, étoit à Rome, où tous les Italiens qui avoient du génie et aspiroient à faire fortune, accouroient, surtout au beau tems de Léon X. Il étoit d'une famille assez noble qui tiroit son origine de la Toscane, et probablement fils de ce Ma-

---

(1) Page 43.

thieu Pigafetta, docteur et chevalier, qui fut souvent employé dans l'administration publique de sa patrie (1). Comme il étoit avide de gloire, autant que de fortune, il se proposa d'aller chercher l'une et l'autre dans des pays éloignés, et même dans le nouveau monde que Colomb et Améric Vespuce venoient de découvrir, et où plusieurs Italiens avoient déja acquis de la renommée et des richesses. Il suivit en Espagne monseigneur François Chiericato, son concitoyen, que la cour de Rome envoyoit com-

---

(1) Angel. Gabriele de St.-Maria, *Biblioteca e Storia de' scrittori Vicentini*, vol. IV, p. 1. J'ai fait des recherches à Vicence pour avoir des renseignemens sur la personne et la famille de notre voyageur; mais j'en ai tiré bien peu de lumière. Dans un manuscrit qui a pour titre *Genealogica Storia delle famiglie nobili vicentine*, vol. II, on lit qu'il étoit fils de Domitio qm. Antonio et de Bartolomea Marostica, et qu'il fut élu jurisconsulte en 1470 ; ce qui ne convient pas au chevalier Antoine, à moins que le jurisconsulte ne soit son père Domitius. Pour ce qui est du chevalier Antoine, on n'en a que deux lignes dans l'épitaphe que le chevalier Capra, héritier des biens de Philippe Pigafetta, fit placer dans l'église des religieuses de St.-Dominique.

me orateur ou ambassadeur à Charles-Quint, pour commencer de-là ses voyages. Tout réussit au gré de ses désirs ; et l'on peut voir, dans l'épitre dédicatoire de son ouvrage, de quelle manière il obtint de l'empereur la permission de monter sur l'escadre de Magellan.

§. XVII. Pigafetta n'étoit certainement pas fort savant, quoique Marzari, historien vicentin, nous dise « qu'il étoit célèbre dans « toute l'Europe par ses excellentes connois- « sances dans la philosophie, les mathéma-

---

On y lit : *Philippus Pigafeta..... Peregrinandi cupidus, et Antonii gentilis sui eq. hierosolim., qui primus terrarum orbem circumiit, gloriæ æmulus, abditissimas regiones adivit*, etc. On voit encore à Vicence sa maison dans la rue de la Lune; elle est d'une architecture gothique et bâtie par ses ancêtres en 1481 ; mais à son retour il en fit orner la porte par un feston de roses, où il fit sculpter ces mots : IL. NEST. ROSE. SANS. ESPINE. ; ayant sans doute en vue la gloire qu'il s'étoit acquise par sa circonnagavition et les maux qu'il y eût à souffrir. Je dois ces particularités à MM. les comtes François de Thiène et François de San-Giovanni, auxquels je me fais un devoir et un plaisir d'en témoigner ici publiquement ma reconnoissance.

« tiques et l'astrologie (1) ; » mais il avoit étudié la géographie et l'astronomie autant qu'il étoit nécessaire pour entendre la manière de se servir de l'astrolabe et déterminer la latitude des lieux ; il connoissoit aussi assez la théorie des phénomènes célestes pour faire les observations astronomiques, par lesquelles on juge de la déclinaison de l'aimant, du sillage d'un vaisseau et des longitudes. On peut juger de ses connoissances dans cette partie par son *Traité de navigation*, dont nous donnerons un extrait à la fin de ce volume.

§. XVIII. L'envie de s'instruire égaloit le savoir de notre auteur, et le surpassoit même. Nous en avons une preuve dans l'étude qu'il fit pendant son voyage, des différens idiômes des peuples qu'il visita, au point d'en former des vocabulaires plus ou moins étendus, à mesure qu'il en trouvoit l'occasion (2). Il cherchoit à tout voir par lui-même, comme il en eut souvent les moyens dans les missions particulières dont

---

(1) *Storia di Vicenza, all' anno* 1480.
(2) Voyez le parag. XXXII de cette *Introduction*.

il fut chargé auprès des rois des îles que l'escadre visita. Nous verrons par son récit qu'il ne manquoit presque jamais de parcourir les campagnes pour y examiner la culture des plus importantes productions du pays, dont il écrivoit l'histoire naturelle le moins mal qu'il pouvoit, sans la précision d'un bonaniste, à la vérité, mais avec toute l'exactitude d'un homme de sens. Ne se bornant point à ce qui se présentoit à lui, il cherchoit à se faire instruire sur les contrées où l'escadre ne mouilloit pas, par les Indiens qui volontairement ou de force naviguoient avec lui. Il faut convenir pourtant qu'il n'avoit pas des connoissances assez étendues de l'histoire naturelle et de la physique pour bien apprécier tout ce qu'il voyoit, et pour distinguer la vérité des fables et des mensonges qu'on lui racontoit sur les prodiges, sur les Oreillons, sur les Amazones, sur les Pygmées, etc., dont il nous a fait de bonne foi les risibles descriptions.

§. XIX. Mais, quoiqu'il ne fut ni habile physicien, ni bon naturaliste, ni excellent astronome, comme le sont généralement les navigateurs de nos jours, Pigafetta étoit loin de mériter le mépris injurieux dont a voulu le couvrir M. de Paw, qui l'appelle *un exagérateur ultramontain, crédule et ignorant, qui, sans fonction et sans caractère, avoit fait sa course sur le navire la Victoire* (1). Mais doit-on faire le moindre cas des injures de M. de Paw ? On n'a qu'à lire ses *Recherches sur les Américains* pour voir que c'est un écrivain qui, par des *assertions hasardées, pour ne rien dire de pire, et sans connoître les objets dont il parle*, comme le dit M. Pernetty (2), du fond de son cabinet ne se proposoit que d'écrire un livre qui peut plaire aux soi-disans philosophes, soit par la nouveauté d'un système illusoire sur l'Amérique, soit par la médisance et l'irréligion. Au reste, il ne connoissoit que le misérable extrait de l'ouvrage de Pigafetta fait par Fabre, et il condamne l'auteur et l'ouvrage même, comme s'il l'eut examiné en entier. Il est vrai que d'autres écrivains, parmi les-

---

(1) *Recherches sur les Américains, tome 1, page* 289.

(2) *Préface à la dissertation sur les Recherches.*

quels est le célèbre Tiraboschi, ont fait peu de cas de la relation du voyage de Pigafetta ; mais c'étoit parce qu'ils s'imaginoient qu'il n'avoit écrit que ce que Fabre et Ramusio en ont publié.

§. XX. Pigafetta mérite sur-tout des éloges pour le soin qu'il a pris de noter jour par jour tout ce qu'il voyoit, tout ce qu'il entendoit dire, et tout ce qui arrivoit à lui, à ses compagnons de voyage et à l'escadre ; il eut aussi le bonheur de n'être jamais dans l'impossibilité d'écrire ; et tandis que presque tout l'équipage souffroit de longues maladies, il continua à jouir d'une santé assez forte pour faire journellement ses observations ; de manière que, lorsqu'à son retour, il arriva aux îles du cap Verd, et demanda quel étoit le jour de la semaine, il ne put se persuader qu'il s'étoit trompé d'un jour entier, ayant tenu régulièrement son journal. Pigafetta n'est pas le seul qui ait été surpris d'avoir perdu un jour en faisant le tour du monde : cette perte, dont on ne pouvoit pas douter, paroissoit alors si inexplicable, qu'on prétendoit plutôt, dit d'Angera (1), que nos

---

(1) Epist. 770.

navigateurs n'avoient pas fait le tour de la terre; jusqu'à ce que les astronomes et le cardinal Contarini, le premier eurent démontré que cela devoit arriver à tous ceux qui faisoient le tour du globe en cinglant constamment de l'Orient vers l'Occident.

§. XXI. Au bout de trois ans, de deux cent trente-sept personnes qui formoient l'équipage, et de cinq navires qui composoient l'escadre, on ne vit, dit d'Angera (1), arriver de retour à Séville, d'où ils étoient partis, que dix-huit hommes, et un seul vaisseau délabré et criblé de voies d'eau. Parmi ces dix huit personnes se trouvoit Pigafetta. Chacun se fit un devoir de raconter tout ce qui étoit arrivé; d'autant plus que la cour d'Espagne vouloit publier la relation d'un voyage aussi important; car personne avant ces navigateurs n'avoit fait le tour du monde. Pierre-Martyr d'Angera, dont nous venons de parler, membre du conseil des Indes pour l'empereur, qui avoit déja écrit l'histoire de la navigation de Christophe Colomb (2), fut

---

(1) Epist. 767.
(2) *Petri Martyris ab Angleria. De rebus Oceanicis et orbe novo*, 1516.

chargé de recueillir toutes les notions qu'on pourroit tirer de ce misérable reste de l'équipage. On aura probablement mis dans ses mains tous les journaux qui se trouvoient à bord du vaisseau, sur-tout de ceux qui avoient péri; mais il paroît que Pigafetta garda le sien; car il nous dit lui-même qu'il alla se présenter à l'empereur à Valladolid (1), et il est à présumer qu'il lui en aura offert une copie faite de sa propre main, en gardant pour lui-même ses notes originales. Aux ordres que l'empereur donna à d'Angera d'écrire l'histoire de cette expédition, se joignirent les demandes du pape Adrien VI, avec lequel il étoit fort lié lorsque celui-ci occupoit à la cour la place de précepteur de Charles-Quint. D'Angera écrivit donc cette histoire, et il nous dit lui-même qu'il envoya son manuscrit à Rome au pape qui vouloit le faire imprimer avec tout le luxe

---

(1) *Partendome da seviglia andai a Vagliadolit ove apresentai a la sacra majesta de D. carlo non oro ne argento ma cose da essere assai apreciati da un simil Signore. Fra le altre cose li detti uno libro scripto de mia mano de tucte le cose passate de giorno in giorno nel viaggio nostro, pag.* 230.

typographique; mais qu'il n'arriva qu'après sa mort (1). Ramusio (2) ajoute que ce manuscrit fut consumé par les flammes, ou perdu pour jamais dans le sac effroyable que la capitale du monde essuya en 1527.

§. XXII. Le même Ramusio, un des premiers et des plus savans compilateurs de navigations et de voyages, ajoute à ce propos, qu'on auroit presque perdu le souvenir d'une si grande entreprise, « si un ha-« bile gentilhomme vicentin, appelé messire « Antoine Pigafetta, n'en avoit pas donné « une relation curieuse et détaillée, » dont on fit, comme nous le verrons toute à l'heure, un extrait en françois qu'il traduisit lui même en italien pour le placer dans sa collection. Or, ce livre existe dans la bibliothèque ambrosienne à Milan ; et il paroît que nonseulement il n'a jamais été publié, mais qu'il n'a même pas été connu de ceux qui écrivirent l'histoire de cette étonnante expédition. Ce n'est pas le journal proprement dit,

---

(1) Epist. 797.
(2) *Discorso sopra il Viaggio fatto dagli Spagnuoli intorno al mondo*, tom. *I*, pag. 346.

tel que Pigafetta l'a présenté à l'empereur; mais c'est une relation très-étendue qu'il a écrite lui-même étant en Italie, pour obéir aux demandes de Clément VII, auquel il se présenta à Monterosi à son retour (1); et plus encore à celles du grand-maître de Rhodes, de Villers Lisle-Adam, auquel il adresse souvent la parole, dans sa relation même. Et comme dans ce livre Pigafetta ajoute toujours à son nom le titre de chevalier, nous devons en conclure qu'il a écrit cet ouvrage après le 3 octobre de l'an 1524, jour qu'il fut créé chevalier (2). Mais si nous avons des preuves que ce livre n'a été écrit que quelques années après le retour du voyage, nous avons aussi des notions pour croire que le chevalier Pigafetta avoit, en l'écrivant, sous les yeux, ses notes originales; car il dit

---

(1) Voyez l'*Epitre dédicatoire*, *page* 3.
(2) Voyez le *Ruolo generale de' cav. gerosoliminis, di Fr. Bartolomeo del Pozzo, Torino* 1714, où il est à remarquer que l'auteur ne rapporte que les noms, les dignités et les charges des autres chevaliers; mais qu'en parlant du chevalier Pigafetta, après avoir dit qu'il étoit *commandeur de Norsia*, il ajoute, *célèbre par ses voyages dans les Indes*.

souvent *oggi* (aujourd'hui) en copiant ce qu'il avoit écrit le jour même que la chose étoit arrivée. D'ailleurs il ne lui auroit pas été possible, en suivant l'ordre du tems plutôt que celui des choses, de conserver la mémoire d'une infinité d'objets nouveaux et d'événemens extraordinaires que j'ai quelquefois rapprochés sans les altérer, pour donner plus de suite et d'ensemble à la relation de l'auteur.

§. XXIII. Après avoir écrit son livre pour le grand-maître de Rhodes, et en avoir présenté au souverain pontife une copie, dont parle Paul Jove (1), il en envoya une autre copie en France à la reine Louise de Savoie, régente du royaume pour son fils François Ier. (occupé alors dans la malheureuse guerre de la Lombardie, où il fut fait prisonnier), à laquelle Pigafetta s'étoit présenté lors de son retour en Italie, pour lui offrir quelques productions de l'autre hémisphère. La reine donna ce livre à traduire en françois à Antoine Fabre, Parisien, qui avoit la réputation d'être un excellent philo-

---

(1) *Historia sui temporis*, lib. XXXIV.

sophe, et de savoir l'italien parce qu'il avoit été long-tems à Padoue; mais celui-ci, pour s'épargner la peine (*per fuggir la fatica*), comme le dit naïvement Ramusio, n'en fit qu'un extrait et en omit ce qu'il n'entendoit peut-être pas; le reste fut imprimé en françois avec beaucoup de fautes (1). Malgré tous ces défauts, Ramusio, qui vouloit insérer, comme j'ai déja dit, dans sa grande collection cette première navigation, la traduisit en italien, et la publia avec deux autres relations de moindre importance (2).

---

(1) Ramusio, *loc. cit.*
(2) Je m'étois d'abord fié à Ramusio, qui s'exprime de manière à faire croire que c'est lui qui le premier avoit songé à traduire en italien l'*Extrait du voyage de Pigafetta* fait par Fabre, et la lettre de Maximilien Transilvain; mais j'ai trouvé depuis que Ramusio n'a fait que copier une traduction imprimée à Vénise en 1536, petit *in-4°.* avec ce titre : *Il Viaggio fatte dagli spagnuoli atorno al mondo. M. D. XXXVI.*

Il n'y a changé que fort peu de mots. Il a abrégé le discours préliminaire, a supprimé les numéros des cent quatorze chapitres dans lesquels Fabre avoit divisé l'ouvrage, et y a ajouté les titres des chapitres dans lesquels il l'a divisé lui-même. Il en a même co-

§. XXIV. Je n'ai pu découvrir ce que sont devenues les copies que l'auteur a présentées à d'autres grands personnages. Le célèbre président Desbrosses, qui a recueilli avec autant de soin que d'intelligence tout ce qui nous étoit parvenu jusqu'à ses jours touchant les découvertes des Européens aux Terres Australes, en parlant de la relation de Pigafetta, dit nettement qu'elle s'étoit perdue (1). Il paroît qu'au tems de Montfaucon cette relation n'existoit pas parmi les manuscrits de la bibliothèque royale; car dans son catalogue (2) il ne nous donne que

---

pié les fautes les plus grossières, car il traduit le mot *veilles* par *vele*, qui signifie *gardes*. Voyez parag. XXXIV de notre *Introduction*.

Il y a aussi quelque différence dans ce qu'il dit de l'infibulation des habitans de Zubu, comme je le remarquerai à la note de la page 117.

Il me reste à dire qu'aucun bibliographe ne connoissoit cette traduction, que notre bibliothèque vient d'acquérir par un heureux hasard.

(1) *Navigation aux Terres Australes*, tome *I*, page 121.

(2) *Bibliotheca bibliothecarum*, *pag.* 185, *b. in bibliotheca regis*, n°. 10270.

Il existe actuellement à la bibliothèque nationale

le titre de l'ouvrage françois, c'est-à-dire, de l'extrait de Fabre, et il nous en auroit donné sans doute le titre italien, s'il y avoit trouvé l'original. Le père Ange-Gabriel de Sainte-Marie, qui a écrit en plusieurs volumes l'histoire littéraire de Vicence, dit péremptoirement qu'il y en a une copie dans le muséum Saibanti à Vérone, et une autre dans la bibliothèque du Vatican à Rome; mais à l'égard du premier, il n'y est pas et n'y fut jamais, comme j'en ai été assuré par mon ami M. Delbène, secrétaire de la société italienne, qui s'est donné la peine de visiter les catalogues anciens et modernes de ce muséum; quant au second, je viens de recevoir un

---

de Paris, deux manuscrits d'une traduction françoise du *Voyage d'Antoine Pigafetta*; l'un sur papier, qui paroît le plus ancien, sous n°. 10270; l'autre sur vélin, sous n°. 4537. Ce dernier vient de la bibliothèque de la Vallière. Ils ne portent point de date, et il n'y est pas dit que ce soit la traduction de Fabre que cite ici M. Amoretti, et dont ils diffèrent par le titre même qui porte: *Navigation et descouvrement de la Indie supérieure faicte par moy Antoyne Pigaphete vicentin chevallier de Rhodes.*

billet de monseigneur Marini, président de la bibliothèque du Vatican, par lequel il me marque qu'après avoir fait toutes les recherches nécessaires, non-seulement il n'a pas trouvé cet ouvrage parmi les manuscrits de cette bibliothèque, mais qu'il s'est assuré qu'il n'existe pas non plus parmi ceux des bibliothèques Urbine, Palatine, Ottobonienne Capponienne, etc. Il faut d'ailleurs conjecturer que les copies en étoient fort rares, et que même la famille de notre auteur n'en possédoit pas une, puisque Philippe et Marc-Antoine Pigafetta, dont nous avons parlé au §. XII, et dont le dernier a écrit une histoire des Indes Orientales, ne font aucune mention du voyage, ni de l'ouvrage de leur frère Antoine; ce qui feroit soupçonner qu'ils ne l'avoient pas lu (1). Je vois par l'histoire de Castagneda (2) que cet écrivain avoit sous les yeux un journal de ce voyage où les degrés de longitude étoient marqués bien differemment, à ce qu'il dit, de ce que le ptéten-

―――――

(1) *Loc. cit.*
(2) *Loc. cit.*

doient les Espagnols pour étendre leurs droits du côté de l'Ouest ; et Maffei (1) nous apprend aussi que l'Espagnol Barros avoit écrit la même histoire sur les rapports et sur les journaux des matelots. J'ignore ce que sont devenus les journaux dont les historiens se sont servis ; mais il est bien certain qu'ils n'ont jamais été publiés.

§. XXV. On pourroit soupçonner que notre manuscrit est le même que celui qui a été présenté par l'auteur au grand-maître de Rhodes; car il est passablement bien écrit, en caractère qu'on appeloit dans ce tems-là *cancelleresco* (2), sur du bon papier, petit *in-folio ;* les cartes géographiques en sont enluminées, et le livre même est assez proprement relié. On pourroit croire aussi que c'est la copie qui a été présentée au pape d'après ce que Paul Jove dit que Pigafetta (que par erreur il appelle Jérome) lui offrit, *tant par écrit qu'en peinture*, les choses les plus

---

(1) *Loc. cit.*

(2) Le caractère *cancelleresco* ressemble un peu à celui que nous appelons aujourd'hui *financière.*

PRÉFACE

remarquables des pays qu'il avoit visités (1). Ajoutez à cela que notre savant bibliothécaire Sassi, qui, en 1712, fit le catalogue de nos manuscrits, écrivit au titre de celui-ci : *C'est peut-être l'original.* Cependant, malgré toutes ces conjectures, je pense que notre manuscrit n'est qu'une copie de ceux qui ont été présentés aux personnes illustres dont nous venons de parler. Voici sur quoi je fonde mon opinion : 1°. Je vois que sur le titre et à la tête de l'épitre dédicatoire le nom de l'auteur est écrit *Pigafeta* : au bas de la lettre on lit *Pugaphetu*, et à la fin du *Traité de navigation* il y a *Pigaphetta* ; 2°. je trouve le manuscrit si farci de fautes d'orthographe, de langage, de sintaxe et de logique, que souvent il n'offre aucun sens, comme on pourra en juger par les passages que j'en citerai quelquefois dans les notes ; 3°. je vois qu'un tiers du volume est en papier blanc, ce qui fait conjecturer que cette copie a été destinée pour quelque amateur qui vouloit y

---

(1) *Multa admiranda observandaque posteris picturâ et scriptis adnotata deposuit,* loc. cit.

ajouter d'autres choses, et que le chevalier Pigafetta ne l'a pas même vue; car il en auroit au moins corrigé les fautes les plus grossières, et n'y auroit probablement pas joint son *Traité de navigation*, ou du moins il n'auroit pas oublié de mettre dans ce dernier morceau la figure à laquelle il renvoie le lecteur, et qui ne s'y trouve pas (1).

§. XXVI. Mais, quoique ce manuscrit ne soit pas sorti directement des mains de Pigafetta, il n'en est pas moins précieux, puisqu'il a été écrit du tems même de ce célèbre voyageur, comme nous allons le voir dans le moment, et qu'il est d'ailleurs authentique, comme on peut en juger par sa concordance avec tout ce que nous savons de cette navigation et des pays dont il parle. Cette concordance se fait sentir particulièrement dans les vocabulaires. D'ailleurs, les erreurs même, et les fables qu'on y trouve prouvent la bonne foi de l'écrivain qui nous a rapporté tous les récits qu'on lui a faits, et exposé les phénomènes tels qu'ils se sont

---

(1) Page 277.

présentés à ses sens. Enfin, ce manuscrit est unique. Je n'ai pu découvrir d'où le cardinal Frédéric Borromé (nom toujours cher aux sciences, et sur-tout à la bibliothèque qu'il a fondée) a eu ce manuscrit. Je dirai seulement qu'on lit sur l'intérieur de la couverture ces mots, rongés en partie par les teignes : *Ce livre est du chevalier de Forrete ;* et comme nous savons par l'histoire de Malthe qu'il y avoit au tems du grand-maître de Villers Lisle-Adam et de Pigafetta, deux chevaliers jerosolimitains de Forret et de la Forest (1), il est probable qu'il a appartenu à l'un d'eux.

§. XXVII. Or, c'est la traduction de ce manuscrit que je vais publier. Je l'ai, pour ainsi dire, traduit en bon italien, de sa langue originelle, qui est un mélange d'italien, de vénitien et d'espagnol; car si je l'avois donné tel qu'il est dans le manuscrit, au lieu d'instruire en amusant, ce voyage auroit certai-

---

(1) Philibert de la Forest vivoit en 1513, et Jean de Foret étoit en 1522 dans Rhodes assiégée. Bosso, *Istoria della sacra religione e illma milizia Gerosolimitana*, part. II.

nement ennuyé et rebuté le lecteur. De l'italien je l'ai traduit en françois ; mais dans les notes j'en ai souvent rapporté des passages de la manière même qu'ils sont écrits dans le manuscrit. Je me suis servi des mêmes noms que l'auteur a donné aux pays nouveaux qu'il a vus, en indiquant dans les notes ceux sous lesquels ils sont connus aujourd'hui. Par la même raison j'ai laissé dans l'ouvrage les erreurs de Pigafetta sur les objets de physique et d'histoire naturelle ; m'étant contenté d'en avertir le lecteur. J'ai seulement exposé avec plus de décence certains usages que l'auteur dit avoir vu lui-même ou entendu raconter. Je n'ignore pas que dans les narrations de notre voyageur il y a souvent des choses inutiles, et quelquefois même ineptes ; mais je dirai, avec le président Desbrosses (1), *qu'on est sur-tout curieux de savoir comment les choses ont été vues par le premier de tous ceux qui les ont vues*, et qu'il faut *respecter les observations des plus anciens voyageurs, quoiqu'elles man-*

---

(1) *Loc. cit.*, *tom. I*, *pag.* 97.

quent souvent d'une juste étendue (1); et comme des écrivains célèbres nous ont fait parvenir, même en donnant des extraits, les fautes et les méprises de leurs auteurs, j'ai pensé qu'il falloit en cela suivre leur exemple en publiant ce voyage.

§. XXVIII. Il me reste à parler des cartes géographiques qui ornent notre manuscrit. Il y en a vingt-un, sur lequelles Pigafetta a dessiné l'Amérique Méridionale, et toutes les îles de la mer Pacifique et des Indes Orientales, où nos voyageurs ont mouillé, qu'ils ont vues en passant, ou qui du moins leur furent indiquées comme se trouvant sur leur route. Ces cartes sont coloriées. La mer en est bleue, la terre couleur de suie, les montagnes sont vertes et les maisons ou huttes sont blanches. Dans une de ces cartes il y a une pirogue, embarcation en usage parmi ces peuples, avec deux hommes, et dans une autre on voit le girofflier. Pour que le lecteur puisse se former une idée de ces cartes, j'en donne ici qua-

---

(1) *Tom. I, préface.*

tre dessinées et coloriées fidellement d'après les originaux. La première représente l'Amérique Méridionale (page 40); la seconde (page 62), les îles des Larrons, auprès desquelles est la pirogue dont j'ai parlé plus haut ; la troisième l'île de Zubu avec des maisons, et celle de Matan, où périt Magellan (page 88); la quatrième les îles Moluques avec une partie de Gilolo et un giroflier (page 168). La première et la dernière de ces cartes sont ici réduites à la moitié à peu près de leurs dimensions ; les autres ne le sont que d'environ un tiers. Par ces cartes, ainsi que par toutes les autres, que j'ai cru inutile de faire copier, on s'apperçoit que tout y manque d'exactitude ; mais on voit aussi que l'auteur a rendu les objets tels qu'il les a vus ou qu'ils lui ont été indiqués. Cela nous apprend pourquoi sur ses cartes le Nord est en bas et le Sud en haut, de façon qu'il faudroit les tourner pour voir les lieux dans la position que les géographes leur donnent communément (1).

---

(1) D'autres anciens géographes, et particulièrement Ramusio et Urbain Monti, ont donné dans

§. XXIX. Pour donner une idée de la manière dont le chevalier Pigafetta a dessiné ses cartes, et pour rendre tout l'ouvrage plus intelligible, j'y ai joint deux cartes géographiques et une vue du détroit de Magellan, tel que les modernes l'ont donné; afin de pouvoir en faire la comparaison avec le dessin qu'en a fait l'auteur. La première carte, qui est placée à la fin de cette *Préface*, offre un planisphère terrestre, sur lequel le voyage de Pigafetta est indiqué par des points. On peut voir à la note 1 de la page 57, sur

---

leurs cartes la même position aux lieux dont ils parlent. Ce dernier, que j'aurai souvent occasion de citer, étoit un gentilhomme milanois, qui, en 1590, a dessiné et fait graver une grande carte géographique qui comprend toute la terre connue de son tems. Elle est composée de soixante-quatre feuilles qui, en formant quatre élipsoïdes, paroissent destinées à couvrir un globe. A chaque feuille l'auteur a joint une description très-étendue de l'histoire politique, religieuse, civile et naturelle du pays qui y est représenté. Tout l'ouvrage étoit prêt à être mis sous presse, mais on n'en a cependant publié que les planches. Ce manuscrit se trouve dans notre bibliothèque, et Sassi en parle.

quelles données je l'ai fait exécuter. La seconde carte, page 64, fait voir d'un coup-d'œil l'ensemble des cartes du manuscrit par lesquelles notre voyageur a représenté l'archipel des Philippines et des Moluques, depuis les îles Marianes jusqu'à celle de Timor; et j'y ai également indiqué par des points la route que le vaisseau a fait au milieu de tant d'îles qui forment, pour ainsi dire, un labyrinthe, dans une mer qui étonne même encore aujourd'hui les plus hardis navigateurs. Au premier coup-d'œil les cartes de Pigafetta paroissent des dessins faits d'idée, ou du moins assez inutiles pour la géographie, vu qu'on n'apperçoit aucun rapport entre une carte et l'autre, et que les degrés de longitude et de latitude ne s'y trouvent pas marqués. Mais lorsqu'on joint ensemble toutes ces cartes, en les plaçant successivement à mesure que l'auteur parle des îles qui y sont représentées, on verra qu'on en peut former une seule; et que Pigafetta, avec une exactitude au-delà de ce qu'on pouvoit attendre de son tems, a fourni le premier des matériaux pour la géographie de ces mers. J'ai fait moi-même, et non sans patience, la réunion de toutes ces cartes, en réduisant leurs dimensions; mais en conservant néanmoins leurs proportions autant qu'il m'a été possible; et j'ai renfermé dans un seul cadre tout cet archipel, en n'omettant que les îles des Larrons et les îles Infortunées, trop éloignées des autres. C'est cette carte que le lecteur doit avoir sous les yeux pour suivre la route de Pigafetta du moment qu'il abandonne les îles des Larrons jusqu'à ce qu'il rentre dans l'Océan Asiatique, qu'il appelle *Laut-Chidol*, ou Grande-Mer. Les points lui indiqueront le sillage des vaisseaux et les endroits où ils ont mouillé. Pour placer les îles dans leur véritable position géographique, je me suis servi des cartes de Bellin et de Robert, où elles ont souvent les mêmes noms, ou du moins des noms peu différens. Je n'ignore pas qu'il y a des erreurs dans la position des îles, et que leur gisement ne s'accorde quelquefois pas avec la latitude et la longitude données par l'auteur; mais je sais aussi que ces erreurs ne sont pas rares même parmi les navigateurs et les géographes de nos jours, qui ont tant de moyens pour déterminer la vraie position des lieux. Il faut observer aussi que de toutes les îles que Pigafetta a dessinées il n'en a vu qu'une partie, et qu'il a souvent dressé ses cartes sur les rapports des insulaires, et sur-tout des pilotes indiens qui montoient le même vaisseau que lui. En un mot, il a fait quelques-unes de ses cartes comme le père Cantova, en 1722, a dressé celle des îles Carolines (1), et comme le célèbre Cook a donné de nos jours la carte des îles de la mer du Sud sur les indications de l'Othaitien Tupia (2).

§. XXX. Cette méthode, quelqu'inexacte qu'elle soit, a l'avantage précieux que les îles ont été indiquées par Pigafetta par les noms que leur donnoient les indigènes; ce qui est fort utile pour la géographie, devenue ensuite presqu'inintelligible, lorsque chaque navigateur a voulu, soit par ignorance de la vraie dénomination, soit par vanité, soit par flaterie, donner aux contrées découvertes un nom nouveau d'après leurs saints,

---

(1) *Histoire générale des voyages*, tome *XV*, page 77, édit. de Hollande.
(2) *Second Voyage*, tome *V*, page 422.

leurs rois, leurs amis ou protecteurs, et leur propre pays; ce qui a jeté la géographie dans la confusion et dans l'incertitude, comme on peut s'en convaincre en comparant les cartes publiées par les différens peuples qui eurent successivement des établissemens dans les îles de la mer du Sud. Souvent la différence des noms ne consiste que dans la prononciation; ce qui ne surprendra point ceux qui savent que le même nom, prononcé par les mêmes personnes, a été différemment entendu et écrit par les navigateurs de nos jours, tels que M. de Bougainville, Cook, Anderson, Forster, etc. Cependant, pour faire mieux comprendre mon auteur, j'ai joint aux noms dont il s'est servi, ceux qui ont été adoptés par les autres géographes tant anciens que modernes; ce qui nous fournit en même tems une preuve de la véracité de sa narration.

§. XXXI. C'est dans cette même vue de confirmer et d'éclaircir ce que dit Pigafetta, que j'ai joint dans des notes, aux noms donnés par l'auteur aux animaux et aux plantes, les noms adoptés par les naturalistes, et que j'ai pris, en général, chez Linné. J'ai tâché aussi de rectifier les méprises où il est tombé souvent, sur-tout lorsqu'il a voulu parler des phénomènes qu'il avoit vus lui-même ou dont on lui avoit fait le récit.

§. XXXII. Pigafetta, comme je l'ai déja dit, a tâché de former des vocabulaires des peuples nouveaux à mesure qu'il les a visités; mais j'ai cru qu'il seroit plus utile, et moins ennuyeux pour le lecteur, de les trouver tous réunis à la fin du voyage, afin qu'il puisse appercevoir les rapports des différentes langues. Voyez le discours que j'ai mis à la tête de ce recueil. J'ai parlé aussi d'un *Traité de navigation* du même auteur, qui suit la description de son voyage. J'en donne un extrait, en priant de lire le petit discours qui le précède, pour sentir combien il intéresse l'histoire de l'astronomie et de la navigation, même par ses erreurs.

§. XXXIII. Après tout ce que je viens d'exposer, je pense qu'on ne trouvera pas mon travail inutile, quoique nous ayons déja une relation de ce même voyage dans quelques collections. Tout ce que nous en savons est généralement tiré du livre de Fabre dont j'ai parlé au §. XXIII. Or, Fabre n'en a donné qu'un extrait, car il dit lui-même : *Cy finit l'extraict dudit livre traslaté de italien en françois.* J'ajouterai encore que l'extrait qu'il en a donné est mauvais ; qu'il a omis beaucoup de choses, *pour s'épargner la peine de les traduire*, comme le dit fort bien Ramusio, et qu'il a commis bien des erreurs qui ne sont pas dans l'original, ainsi que je l'ai déja observé à l'égard de la ligne de démarcation, au §. XIV. Je pourrois même en citer bien d'autres que j'ai découvertes en comparant l'extrait de Fabre avec notre manuscrit. J'en donnerai un essai en copiant la première page de cet extrait :

Le voyage et nauigation aux iles de Molluque descrit et faict de noble homme Anthoine Pigaphetta, Vincentin Chevallier de Rhodes, comence le dict voyage lan mil cinq cens dix neuf et de retour mil CCCCXXII le huytiesme iour de septembre.

Chapitre premier.

Le premier chapitre contient l'epitre et

comment cinq nauires partirent du port de Cheville. Le principal capitaine estoit Ferrant Magaglianes. Et des signes que les nauigans de nuict faisoient par feux au deuant a entendre les ungs aux aultres quil estoit de faire. Et de l ordre que auoient les nauires. Et des veilles quilz faisoient en icelles.

En comparant ce passage avec la traduction que je donne au public, on verra que Fabre dit d'une manière inintelligible et en peu de lignes, ce que Pigafetta a clairement exposé en neuf pages. Je ne prétends pas cependant par cet exemple faire croire que l'extrait est par-tout aussi châtré que dans la première page; mais il est généralement fort concis, fort obscur et peu exact.

Fabre, et après lui Ramusio, ont divisé l'ouvrage en plusieurs petits chapitres; mais comme cette division ne se trouve pas dans notre voyageur, je ne les imiterai point en cela. Il paroît cependant que Pigafetta a coupé sa narration d'après les stations de son voyage; et c'est à son exemple que je partagerai également en quatre livres la traduction que j'en donne ici, laquelle, j'espère, sera regardée comme un ouvrage nouveau, intéressant, instructif et honorable pour l'Italie.

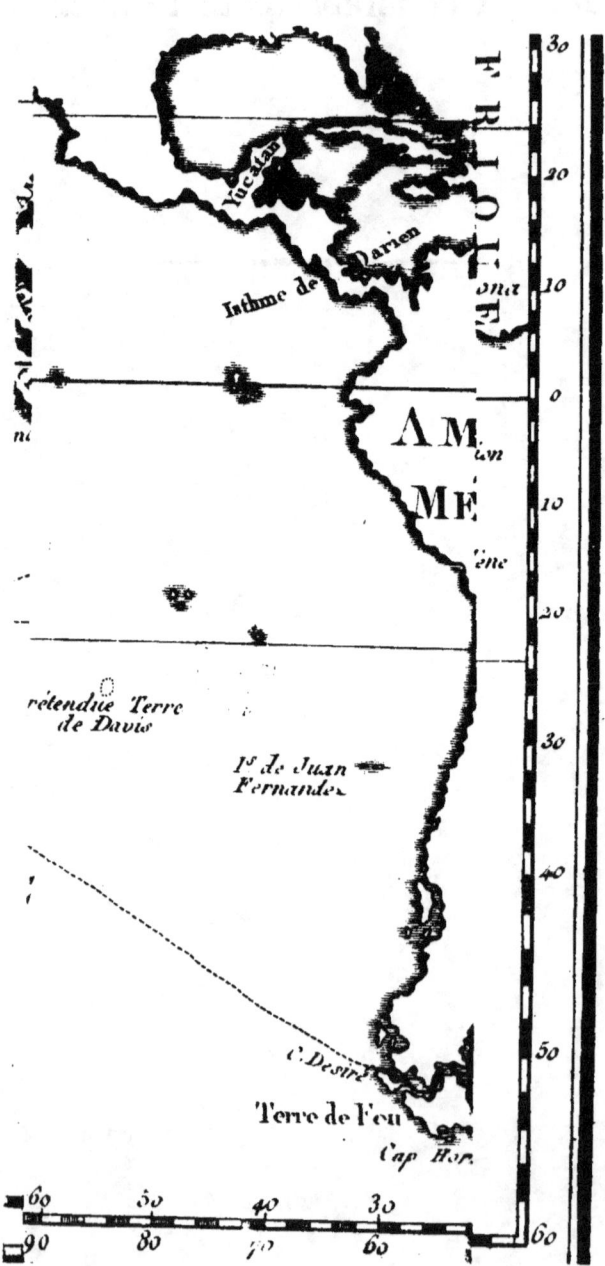

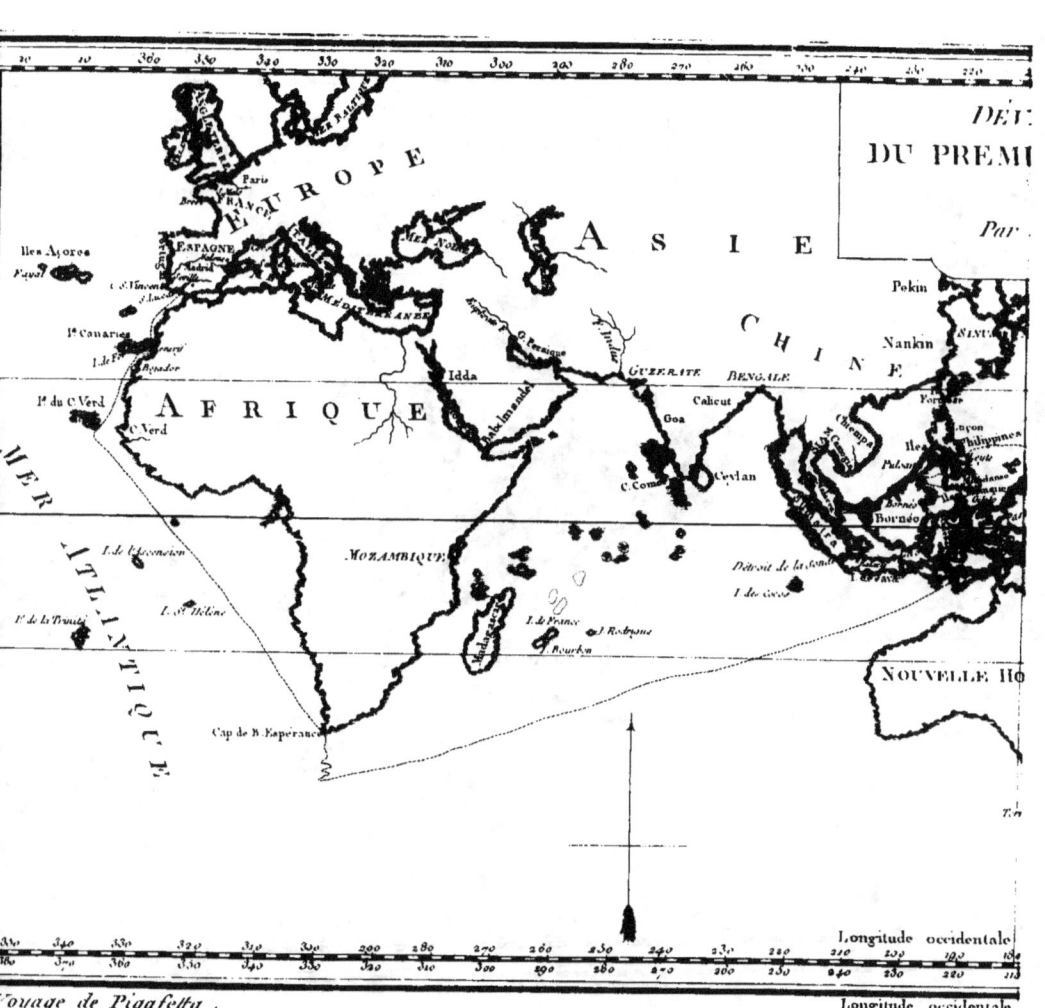

Voyage de Pigafetta.

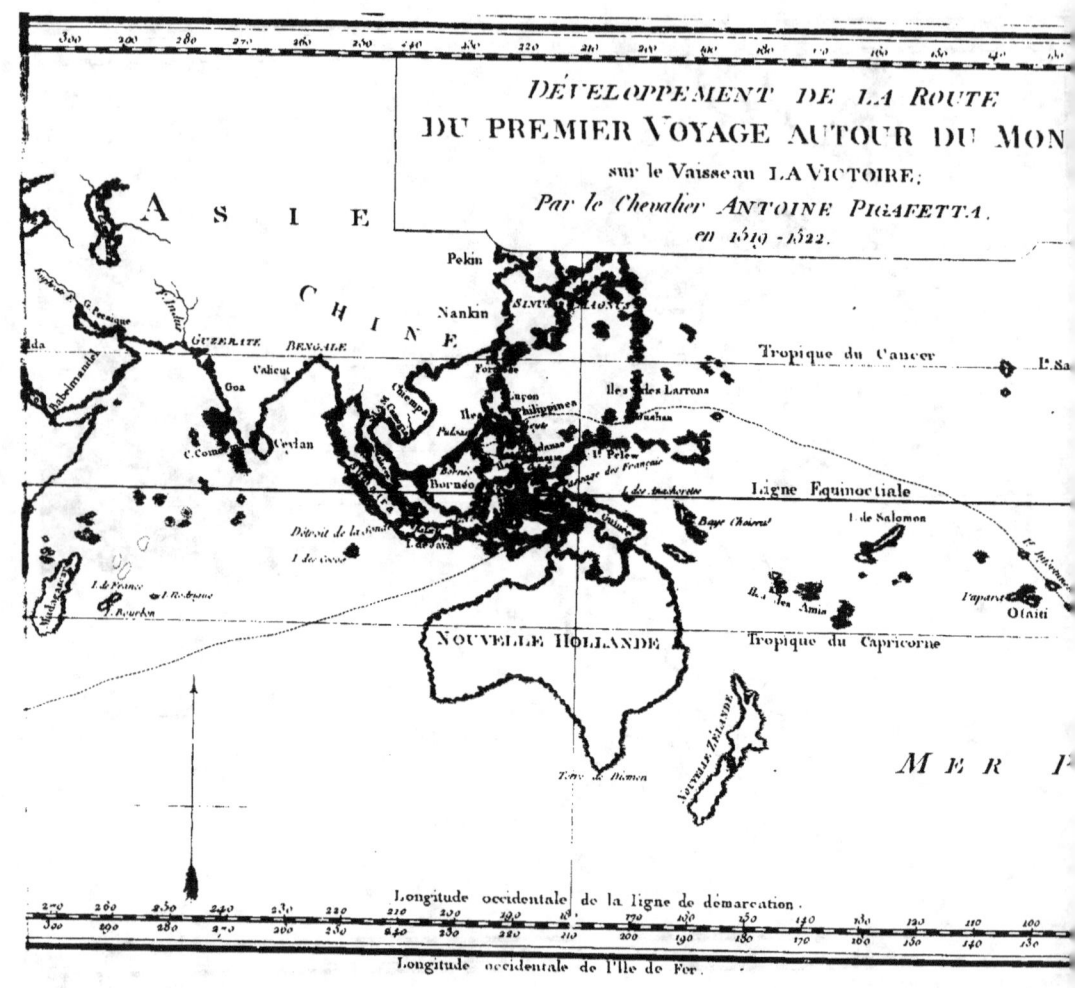

AMÉRIQUE
SEPTENTRIONALE

AMÉRIQUE
MÉRIDIONALE

MER PACIFIQUE

VOYAGE

AUTOUR DU MONDE,

PAR LE CHEVALIER

ANTOINE PIGAFETTA,

GENTILHOMME DE VICENCE;

Publié pour la première fois, en italien, sur un manuscrit de la bibliothèque Ambroisienne de Milan; avec des notes;

Par CHARLES AMORETTI,

Un des bibliothécaires et docteurs du collège ambroisien, ci-devant secrétaire de la société patriotique d'agriculture et des arts, un des XL de la société Italienne, membre de l'Institut de Bologne, etc.;

ET TRADUIT EN FRANÇOIS PAR LE MÊME.

TABLE
DES ARTICLES.

Préface du traducteur, page v
Épitre dédicatoire de Pigafetta, 1
Livre I. Départ de Séville jusqu'à la sortie du détroit de Magellan, 5
Liv. II. Sortie du Détroit jusqu'à la mort du capitaine Magellan et notre départ de Zubu, 50
Liv. III. Départ de Zubu, jusqu'au départ des îles Moluques, 130
Liv. IV. Retour des îles Moluques en Espagne, 205
Préface du traducteur, pour les vocabulaires faits par Pigafetta dans les pays où il a séjourné, 233
Vocabulaire des peuples du Brésil, 241
Vocabulaire des Patagons, ibid.
Vocabulaire des îles de la mer du Sud, 243
Préface du traducteur, pour le Traité de navigation du chevalier Pigafetta, 257
Extrait du Traité de navigation, 269
Notice sur le chevalier Martin Behaim, 287

PLACEMENT

DE CARTES ET PLANCHES.

CARTE GÉNÉRALE, ou planisphère terrestre, sur lequel est tracé le développement du voyage de Pigafetta, *page lxiv*

PLANCHE I. Deux vaisseaux. Fig. 1. Coupe du vaisseau où Magellan mesure les longitudes, copiée de Debry. Fig. 2. Le vaisseau la Victoire, sur lequel se trouvoit Pigafetta, copié de la géographie d'Urbain Monti, 7

PLANCHE II. Détroit de Magellan, tirée de la carte de M. de Bougainville, 40

CARTE I, coloriée. L'extrémité méridionale de l'Amérique, copiée sur le manuscrit, 40

CARTE II, coloriée. Les îles des Larrons, avec une barque à balancier, d'après le dessin de Pigafetta, 62

CARTE des Philippines et des Moluques, dressée d'après les dessins de Pigafetta, 64

CARTE III, coloriée. L'île de Zubu, et la petite île de Matan, où Magellan fut tué, d'après le dessin de Pigafetta, 88

CARTE IV, coloriée. Les îles Moluques, et une partie de l'île de Gilolo avec le giroflier, d'après le dessin de Pigafetta, 167

PLANCHE III. Fig. 1. Astrolabe, dessiné d'après un de ceux qui sont dans la bibliothèque Ambroisienne à Milan. Fig. 2. Boussole ancienne avec sa girouette, dessinée d'après l'instrument qui se trouve à la même bibliothèque, 262

NAVIGATION ET DÉCOUVERTE

DE L'INDE SUPÉRIEURE,

FAITE PAR MOI,

ANTOINE PIGAFETTA,

GENTILHOMME VICENTIN ET CHEV^r. DE RHODES;

DÉDIÉE

Au très-excellent et très-illustre seigneur,

PHILIPPE DE VILLERS

LISLE-ADAM,

GRAND-MAÎTRE DE RHODES.

COMME il y a des hommes dont la curiosité ne seroit pas satisfaite en entendant raconter simplement les choses merveilleuses que j'ai vues et les peines que j'ai souffertes dans la longue et périlleuse expédition que je vais décrire; mais qui voudroient savoir aussi comment je suis parvenu à les surmonter, ne pouvant ajouter foi au succès d'une pareille entreprise, s'ils en ignoroient les moindres détails; j'ai cru devoir exposer, en peu de mots, ce qui donna lieu à mon voyage, et les moyens par lesquels j'ai été assez heureux de l'exécuter.

L'an 1519 j'étois en Espagne à la cour de Charles-Quint, roi des Romains (1), avec monseigneur Chiericato, alors protonotaire apostolique et orateur du pape Léon X, de sainte mémoire, qui, par ses mérites, fut élevé à la dignité d'évêque et prince de Teramo. Or, comme par les livres que j'avois lus, et par les entretiens que j'avois eus avec les savans qui fréquentoient la maison de ce prélat, je savois qu'en navigant sur l'Océan, on y voit des choses merveilleuses, je me déterminai à m'assurer par mes propres yeux de la vérité de tout ce qu'on en racontoit, afin de pouvoir faire aux autres le récit de mon voyage,

---

(1) *Charles-Quint fut élu empereur le 28 juin de 1519; par conséquent il n'étoit que roi des Romains, lorsque Pigafetta se rendit à Barcelone.*

tant pour les amuser, que pour leur être utile, et me faire, en même tems, un nom qui fut porté à la postérité.

L'occasion s'en présenta bientôt. J'appris qu'on venoit d'équiper à Séville une escadre de cinq vaisseaux destinée à aller faire la découverte des îles Moluques, d'où nous viennent les épiceries, et que don Ferdinand Magellan, gentilhomme portugais, et commandeur de l'ordre de Saint-Jacques de la Spata, qui déja plus d'une fois avoit parcouru l'Océan avec gloire, étoit nommé capitaine-général de cette expédition. Je me rendis donc sur-le-champ à Barcelone pour demander à sa majesté la permission d'être de ce voyage, ce qu'elle m'accorda. De-là, muni de lettres de recommandation, je passai à Malaga sur un vaisseau, et de Malaga je me transportai par terre à Séville, où j'attendis trois mois, avant que l'escadre fut en état de partir.

A mon retour en Italie sa sainteté le souverain pontife, Clément VII (1), auquel j'eus l'honneur de me présenter à Monterosi, et de raconter les aventures de mon voyage, m'accueillit avec bonté et me dit que je lui

---

(1) Clément VII, de la maison de Médicis, fut élu pontife en 1523, et mourut en 1534.

ÉPITRE DÉDICATOIRE.

ferois grand plaisir si je voulois lui donner une copie du journal de mon voyage ; je me suis fait donc un devoir de satisfaire le mieux qu'il m'a été possible aux volontés du Saint-Père, malgré le peu de loisir que j'en avois alors.

J'ai tout écrit dans ce livre; et c'est à vous, monseigneur, que je l'offre, en vous priant de le parcourir lorsque les soins de l'île de Rhodes (1) vous laisseront assez de loisir pour vous en occuper. C'est la seule récompense à laquelle j'aspire, monseigneur, en me dévouant entièrement à vous.

---

(1) *Les Turcs venoient de se rendre maîtres de l'île de Rhodes, et on s'occupoit des moyens de la reconquérir, ou de former un autre établissement pour l'ordre des chevaliers de Saint-Jean de Jérusalem, pour lequel l'empereur Charles-Quint leur donna, en 1530, l'île de Malthe. En attendant l'ordre avoit établi son siège à Viterbe.*

VOYAGE
AUTOUR DU MONDE,
PAR LE CHEVALIER
ANTOINE PIGAFETTA.

LIVRE PREMIER.

Départ de Séville jusqu'à la sortie du détroit de Magellan.

L<small>E</small> capitaine-général, Ferdinand Magellan (1), avoit résolu d'entreprendre un long voyage sur l'Océan, où les vents soufflent avec fureur, et

1519.
Projet de Magellan.

─────────

(1) Pigafetta écrit *Magaglianes*, les Portugais *Magalhaens*, les Espagnols *Magallanes*, et les François *Magellan*.

où les tempêtes sont très-fréquentes. Il avoit résolu aussi de s'ouvrir un chemin qu'aucun navigateur n'avoit connu jusqu'alors; mais il se garda bien de faire connoître ce hardi projet, dans la crainte qu'on ne cherchât à l'en dissuader par l'aspect d[es dan]gers qu'il auroit à courir, et à décourag[er son] équipage. Aux périls attachés naturellement à cette entreprise se joignoit un désavantage de plus pour lui; c'est que les capitaines des quatre autres vaisseaux, qui devoient être sous son commandement, étoient ses ennemis par la seule raison qu'ils étoient Espagnols, et que Magellan étoit Portugais.

Signalemens. Avant de partir il fit quelques réglemens, tant pour les signalemens, que pour la discipline. Pour que l'escadre allât toujours de conserve, il établit pour les pilotes et les maîtres les règles suivantes. Son vaisseau devoit toujours précéder les autres; et pour qu'on ne le perdit point de vue pendant la nuit, il avoit un flambeau de bois, appelé *farol*, attaché à la poupe de son vaisseau. Si, outre le farol, il allumoit une lanterne, ou un morceau de corde de jonc (1), les autres navires devoient en faire autant, afin

---

(1) Cette corde s'appelle en espagnol *strenghe*, et se forme d'une espèce de sparte bien roui dans l'eau, et séché ensuite au soleil, ou à la fumée : elle est très-propre à cet objet.

qu'il s'assurât par-là qu'ils le suivoient. — Lorsqu'il faisoit deux autres feux, sans le farol, les navires devoient changer de direction, soit pour ralentir leur course, soit à cause du vent contraire. — Quand il allumoit trois feux, c'étoit pour ôter la bonnette (1), qui est une partie de voile qu'on place sous la grand'voile, quand le tems est beau, pour serrer mieux le vent et accélérer la marche. On ôte la bonnette quand on prévoit la tempête; car il faut alors l'amener, pour qu'elle n'embarrasse pas ceux qui doivent carguer la voile. — S'il allumoit quatre feux, c'étoit une signe qu'il falloit amener toutes les voiles; mais lorsqu'elles étoient pliées, ces quatre feux avertissoient de les déployer. — Plusieurs feux, ou quelques coups de bombardes (2), servoient d'avertissement que nous étions près de terre ou de bas-fonds, et qu'il

---

(1) Pour bien comprendre quelques termes de marine peu connus on peut voir la figure du vaisseau B de la planche ci-jointe. Ce vaisseau est copié d'après un dessin qui se trouve dans une des cartes de Monti avec cette inscription: *Nave Vittoria su cui il cav. Pigafetta fece il giro del globo*. A est le mât de misaine, B le grand mât, C la guérite où se tient la sentinelle, D le mât de trinquet, E le gaillard d'arrière, F le gaillard d'avant, G l'ancre, H la bonnette qu'on attachoit sous la grand'voile, et qu'on place aujourd'hui sur le côté.

(2) Pigafetta dit toujours *bombardes*; mais on sait que dans ce tems-là on donnoit aux canons le nom de bombardes, et qu'on les chargeoit souvent de pierres au lieu de boulets.

falloit par conséquent naviguer avec beaucoup de précaution. Il y avoit un autre signal pour indiquer quand il falloit jeter l'ancre.

Gardes. On faisoit trois quarts chaque nuit : le premier au commencement de la nuit ; le second qu'on appelle *medora* (moyenne-heure), à minuit ; et le troisième vers la fin de la nuit. Par conséquent tout l'équipage étoit partagé en trois quarts : le premier quart étoit sous les ordres du capitaine ; le pilote présidoit au second ; et le troisième appartenoit au maître. Le commandant-général exigea la plus sévère discipline de l'équipage, afin de s'assurer par-là de l'heureux succès du voyage.

Aout. 10. Départ de Séville. Lundi matin, 10 août de l'an 1519, l'escadre ayant à bord tout ce qui lui étoit nécessaire, ainsi que son équipage composé de deux cent trente-sept hommes, on annonça le départ par une décharge d'artillerie, et on déploya la voile de trinquet. Nous descendîmes le fleuve Bétis jusqu'au pont de Guadalquivir, en passant près de Jean d'Alfarax, autrefois ville des Maures très-peuplée, où il y avoit un pont, dont il ne reste plus de vestige, à l'exception de deux piliers qui sont debout sous l'eau et auxquels il faut bien prendre garde ; et pour ne rien risquer on ne doit naviguer dans cet endroit qu'avec l'aide de pilotes et à la haute marée.

En continuant de descendre le Bétis, on passe près de Coria et de quelques autres villages, jusqu'à San-Lucar, château appartenant au duc de Medina Sidonia. C'est-là qu'est le port qui donne sur l'Océan, à dix lieues du cap Saint-Vincent par le 37° de latitude septentrionale. De Séville à ce port il y a dix-sept à vingt lieues (1).

1519.
Aout.
San-Lucar.

Quelques jours après, le capitaine-général et les capitaines des autres vaisseaux vinrent de Séville à San-Lucar sur les chaloupes, et on acheva d'approvisionner l'escadre. Tous les matins on descendoit à terre pour entendre la messe dans l'église de N. D. de Barrameda; et avant de partir le capitaine voulut que tout l'équipage allât à confesse; il défendit aussi rigoureusement d'embarquer aucune femme sur l'escadre.

Le capitaine arrive à bord.

Le 20 septembre nous partîmes de San-Lucar, courant vers le sud-ouest; et le 26 nous arrivâmes à une des îles Canaries, appelée Ténérif, située par le 28° de latitude septentrionale. Nous nous arrêtâmes trois jours dans un endroit propre à faire de l'eau et du bois : ensuite nous entrâmes dans un port de la même

Septembre.
20.
Départ de San-Lucar.
26.
Ténérif.

―――――

(1) La lieue dont se sert notre auteur est de quatre milles maritimes, comme on le verra clairement par la suite.

île qu'on appelle Monte-Rosso, où nous passâmes deux jours.

1519. Septembre.

On nous raconta un phénomène singulier de cette île ; c'est qu'il n'y pleut jamais, et qu'il n'y a ni source d'eau ni rivière ; mais qu'il y croît un grand arbre dont les feuilles distillent continuellement des gouttes d'une eau excellente, qui est recueillie dans une fosse au pied de l'arbre ; et c'est-là que les insulaires vont puiser l'eau et que les animaux tant domestiques que sauvages viennent s'abreuver. Cet arbre est toujours environné d'un brouillard épais, qui sans doute fournit l'eau à ses feuilles (1).

Arbre qui fournit l'eau.

Le lundi, 3 octobre, nous fîmes voile directement vers le sud. Nous passâmes entre le cap Verd et ses îles situées par le 14° 30′ de latitude septentrionale. Après avoir couru plusieurs jours le long de la côte de Guinée, nous arrivâmes par le 8° de latitude septentrionale, où il y a une montagne qu'on appelle Sierra-Leona. Nous éprouvâmes ici des vents contrai-

Octobre. 3.
Iles du cap Verd.
Sierra Leona.

---

(1) C'est un ancien conte. Les savans prétendent que cette île est la *Pluviala* ou l'*Ombrion*, dont parle Pline (*liv. VI, ch.* 37), qui les met au nombre des Canaries, et dit que dans la première on ne boit que de l'eau de pluie, et que dans la seconde il ne pleut jamais ; mais que les habitans recueillent l'eau qui distille des branches d'un arbre. Les navigateurs postérieurs qui ont visité cette île n'ont point parlé de ce phénomène.

res ou des calmes plats avec de la pluie jusqu'à la ligne équinoxiale; et ce tems pluvieux dura soixante jours, contre l'opinion des anciens (1).

1519.
Octobre.

Par le 14° de latitude septentrionale, nous essuyâmes plusieurs rafales impétueuses, qui, jointes aux courans, ne nous permirent pas d'avancer. A l'approche de ces rafales nous avions la précaution d'amener toutes les voiles, et nous mettions le vaisseau de travers jusqu'à ce que le vent fut tombé.

Pendant les jours sereins et calmes, de gros poissons qu'on appelle *tiburoni* (requins, ou chiens de mer), nageoient près de notre vaisseau. Ces poissons ont plusieurs rangées de dents terribles; et si malheureusement ils rencontrent un homme dans la mer, ils le dévorent sur-le-champ. Nous en prîmes plusieurs avec des hameçons de fer; mais les gros ne sont point du tout bons à manger, et les petits ne valent pas grand'chose (2).

Requins.

―――――――――

(1) Les anciens croyoient qu'il ne tomboit jamais de pluie entre les tropiques, et par cette raison ils s'imaginoient que cette région étoit inhabitable.

(2) Il y a plusieurs espèces de requins. Le célèbre Spallanzani, que l'université de Pavie vient de perdre, est le naturaliste qui a le mieux parlé de ce poisson, particulièrement pour ce qui regarde la forme, la disposition et l'usage de ses dents (*Viaggi alle due Sicilie. Tome IV*). Nous avons dans le musée de notre bi-

Dans les tems orageux nous vîmes souvent ce qu'on appelle le Corps-Saint, c'est-à-dire, Saint-Elme. Pendant une nuit fort obscure, il nous apparut comme un beau flambeau sur la pointe du grand arbre, où il s'arrêta pendant deux heures, ce qui nous étoit d'une grande consolation au milieu de la tempête. Au moment de sa disparition il jeta une si grande lumière, que nous en fûmes, pour ainsi dire, aveuglés. Nous nous crûmes perdus; mais le vent cessa à l'instant même (1).

---

bliothèque une tête de requin, dont la gueule a deux pieds et demi d'ouverture perpendiculaire, avec cinq rangs de dents, dont chacune a un pouce et demi de long. Dans le même musée nous possédons quelques dents fossiles de requin, qui ont trois pouces de long; d'où l'on peut conclure à quel énorme animal elles appartenoient. Il est probable que Septala a trouvé ces dents dans les collines du Tortonois (voyez *Mus. Septal.*, pag. 225), où j'en ai trouvé moi-même quelques-unes lorsqu'on a rebâti le château

(1) Dans tous les tems on a vu de ces feux au bout des mâts pendant la tempête, et on les a toujours considéré aussi comme un signe de la protection du ciel. Les idolâtres y voyoient Castor et Pollux; et les chrétiens y apperçoivent leurs saints, et sur-tout Saint-Elme. Lorsqu'il y avoit autant de feux que de mâts, on joignoit Saint-Elme à Saint-Nicolas et à Sainte-Claire. Les matelots anglois qui refusent d'y voir des saints, en font un follet, qu'ils appellent *Davy Jones* (Dixon. *Voyage autour du monde*; 1785—88). Ce n'est que de notre siècle que les physiciens ont reconnu que cette lumière n'est que l'effet de la matière électrique, laquelle étant tantôt plus et tantôt moins abondante, tantôt positive et tantôt négative, s'agite avec plus ou moins de vivacité; et

Nous avons vu des oiseaux de plusieurs espèces. Quelques-uns paroissoient n'avoir point de croupion; d'autres ne font point de nid parce qu'ils n'ont point de pattes; mais la femelle pond et couve ses œufs sur le dos du mâle au milieu de la mer (1). Il y en a d'autres qu'on appelle *cagassela*, ou *caca-uccello* (le stercoraire) qui vivent des excrémens des autres oiseaux; et j'ai vu souvent moi-même un de ces oiseaux en poursuivre un autre, sans jamais l'abandonner, jusqu'à ce que celui-ci lachât à la fin sa fiente, dont il s'emparoit avidement (2). J'ai vu aussi

1519.
Octobre.
Oiseaux singuliers.

---

comme cette matière est la cause de l'orage, il est naturel qu'il cesse au moment que l'électricité ne se fait plus appercevoir dans ces feux au haut des mâts. De cette manière on rend raison physiquement de phénomènes que le chevalier Pigafetta admiroit dans ces feux dont il parle fréquemment.

(1) On croyoit anciennement que l'oiseau de paradis, dont nous parlerons plus au long au livre III, n'ayant point de pattes, ne faisoit point de nid, et que la femelle couvoit ses œufs sur le dos du mâle; mais l'auteur parle ici d'un autre oiseau aquatique, qui a les pattes très-courtes, et couvertes de plumes, de façon qu'il paroît n'en avoir point; et quoiqu'il fasse son nid sur la terre, la mère mène sur son dos à la mer ses petits lorsqu'ils sont à peine éclos. M. de Bougainville a vu de ces oiseaux aux îles Malouïnes (*Tome I, pag.* 117).

(2) Les *cagasseles*, ou stercoraires (*larus parasitus*, Linn.), sont des oiseaux de proie, qui, n'étant pas amphibies, attendent pour se nourrir de poisson, que les amphibies sortent de l'eau avec leur proie: ils les poursuivent alors jusqu'à ce que ceux-ci leur

des poissons volans et d'autres poissons assemblés en si grand nombre qu'ils paroissoient former un banc dans la mer.

Lorsque nous eûmes dépassé la ligne équinoxiale, en approchant du pole antarctique, nous perdîmes de vue l'étoile polaire. Nous mîmes le cap entre le sud et le sud-ouest, et fîmes route jusqu'à la terre qu'on appelle *la Terre du Verzin* (1) (le Brésil), par le 23° 30′ de latitude méridionale. Cette terre est une continuation de celle où est le cap Saint-Augustin par le 8° 30′ de la même latitude.

Ici nous fîmes une abondante provision de poules, de patates, d'une espèce de fruit qui ressemble au cône du pin, mais qui est extrêmement doux et d'un goût exquis (2), de roseaux

---

abandonnent leur pêche, dont ils s'emparent. C'est cette proie qu'ils laissent tomber qu'on a pris pour leur fiente.

(1) Le *verzino*, ou *bois de Brésil*, est le nom qu'on donnoit au bois rouge qu'on tiroit autrefois de l'Asie et de l'Afrique, et qu'à présent on tire presqu'uniquement du royaume auquel on a donné ce nom, à cause de l'abondance de ces arbres. Americ Vespuce, qui y fut en 1502, lorsqu'il donna son nom à l'Amérique, dit qu'il y trouva *infinito verzino, e molto buono*. Bartolozzi. *Ricerche storiche sulle scoperte d'Amerigo Vespucci*.

(2) Ces fruits sont les ananas (*bromelia ananas*, Linn.), très-connus aujourd'hui. Ils ressemblent effectivement à une pomme de pin. Les Espagnols les appellent *pignas*, et les Anglois *apple-pines*.

fort doux (1), de la chair d'*anta*, laquelle ressemble à celle de la vache (2), etc. Nous fîmes ici d'excellens marchés : pour un hameçon, ou pour un couteau, on nous donnoit cinq à six poules; deux oies pour un peigne; pour un petit miroir, ou une paire de ciseaux nous obtenions assez de poisson pour nourrir dix personnes; pour un grélot, ou pour un ruban, les indigènes nous apportoient une corbeille de patates ; c'est le nom qu'on donne à des racines qui ont à peu près la forme de nos navets, et dont le goût approche de celui des chataignes (3). Nous changions aussi chèrement les figures des cartes à jouer; pour un roi de denier (4) on me donna six poules, et encore s'imagina-t-on d'avoir fait une très-bonne affaire.

1519.
OCTOBRE.
Anta.
Echanges.

Patates.

Nous entrâmes dans ce port (5) le jour de Sainte-Lucie, 13me. du mois de décembre.

DÉCEMBRE.
13.

Nous avions alors, à midi, le soleil à notre zénith, et nous souffrions bien plus de la chaleur

---

(1) Ces roseaux doux sont les cannes à sucre (*arundo saccharifera*, Linn.).

(2) L'*anta* est le *tapir americanus* de Linné, espèce de gros cochon.

(3) La batate, ou patate, que nous appelons pomme de terre, est le *solanum*, ou plutôt l'*heliotropium tuberosum* de Linné.

(4) De cartes à jouer.

(5) On l'appela ensuite *Rio Janeiro*.

que nous ne l'avions fait en passant la ligne.

La terre du Brésil, qui abonde en toutes sortes de denrées, est aussi étendue que l'Espagne, la France et l'Italie prises ensemble : elle appartient au roi de Portugal.

Les Brésiliens ne sont pas chrétiens ; mais ils ne sont pas non plus idolâtres, car ils n'adorent rien ; l'instinct naturel est leur unique loi. Ils vivent très-long-tems, car les vieillards parviennent ordinairement jusqu'à cent vingt-cinq ans, et quelquefois jusqu'à cent quarante (1). Ils vont tout nus, les femmes aussi bien que les hommes. Leurs habitations sont de longues cabanes qu'ils nomment *boi*, et ils se couchent sur des filets de coton appelés *hamaks*, attachés par les deux bouts à de grosses poutres. Leur cheminée est par terre. Un de ces *bois* contient quelquefois jusqu'à cent hommes, avec leurs femmes et leurs enfans ; il y a par conséquent toujours beaucoup de bruit. Leurs barques, qu'ils appellent *canots*, sont formées d'un tronc d'arbre creusé au moyen d'une pierre tran-

---

(1) Vespuce rapporte la même chose ; il dit aussi comment, au moyen de cailloux, ils lui firent le calcul de leurs années, et comment ils lui donnèrent des preuves de leur longévité, en lui présentant le fils, le père, le grand-père, le bisayeul et le trisayeul tous vivans (*Lettres d'Améric Vespuce*, dans Bartolozzi, loc. cit.).

chante; car les pierres leur tiennent lieu de fer, dont ils manquent. Ces arbres sont si grands qu'un seul canot peut contenir jusqu'à trente et même quarante hommes, qui voguent avec des rames semblables aux pelles de nos boulangers. A les voir si noirs, tout nus, sales et chauves, on les auroit pris pour les matelots du Styx.

1519.
Décembre.

Les hommes et les femmes sont bien bâtis, et conformés comme nous. Ils mangent quelquefois de la chair humaine; mais seulement celle de leurs ennemis. Ce n'est ni par besoin ni par goût qu'ils s'en nourrissent, mais par un usage qui, à ce qu'ils nous dirent, s'est introduit chez eux de la manière suivante. Une vieille femme n'avoit qu'un seul fils qui fut tué par les ennemis. Quelque tems après le meurtrier de son fils fut fait prisonnier, et conduit devant elle : pour se venger, cette mère se jeta comme un animal féroce sur lui, et lui déchira une épaule avec les dents. Cet homme eut le bonheur non-seulement de se tirer des mains de cette vieille femme et de s'évader; mais aussi de s'en retourner chez les siens, auxquels il montra l'empreinte des dents sur son épaule, et leur fit croire (peut-être le croyoit-il lui-même) que les ennemis avoient voulu le dévorer tout vif. Pour ne pas céder en férocité aux autres, ils

Anthropophages.

2

1519.
Décembre.

se déterminèrent à manger réellement les ennemis qu'ils prendroient dans les combats, et ceux-ci en firent autant. Cependant ils ne les mangent pas sur-le-champ, ni vivans; mais ils les dépècent, et les partagent entre les vainqueurs. Chacun porte chez soi la portion qui lui est échue, la fait sécher à la fumée, et chaque huitième jour il en fait rôtir un petit morceau pour le manger. J'ai appris ce fait de Jean Carvajo (1), notre pilote, qui avoit passé quatre ans au Brésil.

Leur tein et tatouage.

Les Brésiliens se peignent le corps et sur-tout le visage d'une étrange manière et de différentes façons, les femmes aussi bien que les hommes. Ils ont les cheveux courts et laineux, et n'ont de poil sur aucune partie de leur corps,

Vêtemens.

parce qu'ils s'épilent (2). Ils ont une espèce de veste faite de plumes de perroquet tissues ensemble, et arrangées de façon que les grandes pennes des aîles et de la queue leur forment un cercle sur les reins, ce qui leur donne une figure bisarre et ridicule. Presque tous les hom-

---

(1) Dans notre manuscrit il est appelé tantôt *Carrnaio*, tantôt *Caruaio*; mais on ne peut pas douter que c'est *Jean Carvalhos*, dont parlent Castagneda et d'autres écrivains de ce tems-là.

(2) Plusieurs peuples sauvages font encore aujourd'hui la même chose en se servant de coquilles bivalves au lieu de pincettes qu'ils n'ont pas.

mes ont la lèvre inférieure percée de trois trous par lesquels ils passent de petits cylindres de pierre longs de deux pouces. Les femmes et les enfans n'ont pas cet ornement incommode (1). Ajoutez à cela qu'ils sont entièrement nus par devant. Leur couleur est plutôt olivâtre que noire. Leur roi porte le nom de Cacique.

1519.
Décembre.
Ornement des lèvres.

On trouve dans ce pays un nombre infini de perroquets; de manière qu'on nous en donnoit huit ou dix pour un petit miroir. Ils ont aussi des très-beaux chats maimons, jaunes, semblables à de petits lions (2).

Ils mangent une espèce de pain rond et blanc, mais que nous ne trouvions pas de notre goût, fait avec la moëlle, ou plutôt avec l'aubier qu'on trouve entre l'écorce et le bois d'un certain arbre (3), et qui a quelque ressemblance avec du

Leur pain.

---

(1) Vespuce (*Lettera al Confalon. Soderini*, chez Ramusio, tome I, page 131) a vu aussi ces cylindres aux habitans du Brésil. Cook les vit aux habitans de la Californie, et Stedman aux habitans de Surinam. Keate (*An account of the Pelew Islands*) croit que ces cylindres étoient originairement d'un bois odoriférant, et qu'ils les passoient à travers le cartilage du nez pour jouir continuellement par ce moyen d'une odeur agréable.

(2) Espèce de singes, qu'au Brésil on nomme *aquiqui*. (*Hist. gén. des voyages*, tome XX, page 552).

(3) Tous ceux qui ont navigué au sud parlent du *sagou*, pain fait avec de la moëlle d'une espèce de palmier. On l'appelle *chou palmiste*. (Stedman, *Voyage à Surinam*, tome II, page 226).

1519.
Décembre.
Animaux.

Libertinage des filles.

Chasteté conjugale.

Armes.

lait caillé. Ils ont aussi des cochons qui nous parurent avoir le nombril sur le dos (1); et de grands oiseaux dont le bec ressemble à une cueiller, mais ils n'ont point de langue (2).

Quelquefois pour avoir une hache, ou un coutelas, ils nous offroient pour esclaves une et même deux de leurs jeunes filles (3); mais ils ne nous présentèrent jamais leurs femmes; d'ailleurs, celles-ci n'auroient pas consenti à se livrer à d'autres hommes qu'à leurs maris; car, malgré le libertinage des filles, leur pudeur est telle quand elles sont mariées, que jamais elles ne souffrent que leurs maris les embrassent pendant le jour. Elles sont chargées des travaux les plus pénibles, et on les voit souvent descendre de la montagne avec des corbeilles fort chargées sur la tête; mais elles ne vont jamais seules, leurs maris, qui en sont très-jaloux, les accompagnant toujours, avec des flèches dans une main et un arc dans l'autre. Cet arc est de

_____

(1) Ce cochon est le *pecari* ou *tajacu*, qui a une espèce d'ulcère sur le dos. (*Sus dorso cistifero*, Linn.).

(2) Ce sont les *spatules*, espèce de canard qu'on voit quelquefois aussi chez nous. (*Anas rostro plano ad verticem dilatato*, Linn.).

(3) Cette manière de penser et d'agir, qui doit nous paroître bien étrange, est commune à tous les habitans des îles de la mer du Sud. (Cook, *Voyage II*, tome *V*, page 359).

bois de Brésil, ou de palmier noir. Si les femmes ont des enfans, elles les placent dans un filet de coton suspendu à leur cou. Je pourrois dire bien d'autres choses sur leurs mœurs; mais je les passerai sous silence pour ne pas être trop prolixe.

1519. Décembre.

Ces peuples sont extrêmement crédules et bons; et il seroit facile de leur faire embrasser le christianisme. Le hasard fit qu'on conçut pour nous de la vénération et du respect. Il régnoit depuis deux mois une grande sécheresse dans le pays, et comme ce fut au moment de notre arrivée que le ciel leur donna de la pluie, ils ne manquèrent pas de l'attribuer à notre présence. Lorsque nous débarquâmes pour dire la messe à terre, ils y assistèrent en silence et avec un air de recueillement; et voyant que nous mettions à la mer nos chaloupes, qui demeuroient attachées aux côtés du vaisseau ou qui le suivoient, ils s'imaginèrent que c'étoient les enfans du vaisseau et que celui-ci les nourrissoit.

Crédulité.

Le capitaine-général et moi fûmes un jour témoins d'une étrange aventure. Les jeunes filles venoient souvent à bord du vaisseau s'offrir aux matelots pour en obtenir quelque présent; un jour une des plus jolies y monta, sans doute pour le même objet; mais ayant vu un clou de la longueur du doigt, et croyant n'être pas

Vol étrange d'une fille.

apperçue, elle le prit et l'enfonça bien vite entre les deux lèvres de ses parties naturelles. Croyoit-elle le cacher? croyoit-elle s'en orner? c'est ce que nous ne pûmes déviner (1).

Nous passâmes treize jours dans ce port; ensuite nous reprîmes notre route, et allâmes côtoyant ce pays jusque par le 34° 40' de latitude méridionale, où nous trouvâmes une grande rivière d'eau douce. C'est ici qu'habitent les cannibales, ou mangeurs d'hommes. Un d'eux, d'une figure gigantesque, et dont la voix ressembloit à celle d'un taureau, s'approcha de notre navire pour rassurer ses camarades, qui, dans la crainte que nous voulussions leur faire du mal, s'éloignoient du rivage, et se retiroient avec leurs effets dans l'intérieur du pays. Pour ne pas laisser échapper l'occasion de leur parler et de les voir de près, nous sautâmes à terre au

---

(1) Dans Fabre et Ramusio, où il n'est pas parlé de cette aventure, il est dit qu'au moment que les vaisseaux approchèrent de la côte, ils mirent à terre des femmes esclaves enceintes qui s'y trouvoient; qu'elles sortirent toutes seules, accouchèrent, prirent leurs enfans dans les bras, et s'en retournèrent aux vaisseaux. Pigafetta n'en a pas dit le premier mot; aussi cela ne paroit-il pas possible. Nous avons vu que Magellan avoit donné des ordres rigoureux pour qu'il n'y eut à bord aucune femme pendant le voyage.

L'auteur donne ici une courte notice de mots brésiliens, que nous joindrons au vocabulaire à la fin du voyage.

nombre de cent hommes et les poursuivîmes pour en arrêter quelques-uns; mais ils faisoient de si grandes enjambées, que, même en courant et sautant, nous ne pûmes jamais parvenir à les joindre.

Cette rivière contient sept petites îles : dans la plus grande, qu'on appelle cap de Sainte-Marie, on trouve des pierres précieuses. On avoit cru autrefois que cette eau n'étoit pas une rivière, mais un canal, par lequel on passoit dans la mer du *Sur* (Sud); mais on s'assura bientôt que ce n'étoit qu'un fleuve, qui a dix-sept lieues de large à son embouchure. C'est ici que Jean de Solis, qui alloit à la découverte de nouvelles terres comme nous, fut mangé par les cannibales, auxquels il s'étoit trop fié, avec soixante hommes de son équipage.

En côtoyant toujours cette terre vers le pole antarctique, nous nous arrêtâmes à deux îles (1), que nous ne trouvâmes peuplées que d'oies et de loups marins. Les premiers y sont en si grand nombre et si peu farouches, que dans

---

(1) Ils s'arrêtèrent au Port Désiré, où il y a deux îles, dont l'une s'appelle l'île des Pinguins, et l'autre l'île des Lions. Pigafetta a appelé les premiers *oies*, et les seconds *loups*. Les premiers sont l'*aptenodita demersa* de Linné, et les seconds sont la *phoca ursina* de Linné, qu'on appelle communément *veau marin* ou *phoque*.

une heure de tems nous en fîmes une abondante provision pour les équipages des cinq vaisseaux. Elles sont noires, et paroissent couvertes également par tout le corps de petites plumes, sans avoir aux aîles les pennes nécessaires pour voler; et, en effet, elles ne volent pas, et se nourrissent de poisson; elles sont si grasses, que nous étions obligés de les écorcher pour les plumer. Leur bec ressemble à une corne.

Les loups marins sont de différentes couleurs, et de la grosseur à peu près d'un veau, dont ils ont aussi la tête. Leurs oreilles sont courtes et rondes, et leurs dents très-longues. Ils n'ont point de jambes, et leurs pattes, qui sont attachées au corps, ressemblent assez à nos mains, avec des petites ongles; mais elles sont palmipèdes; c'est-à-dire, que les doigts en sont attachés ensemble par une membrane comme les pattes d'un canard. Si ces animaux pouvoient courir, ils seroient fort à craindre, car ils montrèrent beaucoup de férocité. Ils nagent fort vîte, et ne vivent que de poisson.

Nous essuyâmes un terrible orage au milieu de ces îles, pendant lequel les feux de Saint-Elme, de Saint-Nicolas et de Sainte-Claire se firent voir plusieurs fois à la pointe des mâts; et au moment de leur disparition, on voyoit diminuer à l'instant la fureur de la tempête.

En nous éloignant de ces îles pour continuer notre route, nous parvînmes par le 49° 30' de latitude méridionale, où nous trouvâmes un bon port; et comme nous approchions de l'hiver, nous jugeâmes à propos d'y passer la mauvaise saison.

1520.
MAI.
Port Sainte Julien.

Deux mois s'écoulèrent sans que nous apperçûmes aucun des habitans de ce pays. Un jour que nous nous y attendions le moins un homme de figure gigantesque se présenta à nous. Il étoit sur le sable preque nu, et chantoit et dansoit en même tems, en se jetant de la poussière sur la tête (1). Le capitaine envoya à terre un de nos matelots, avec ordre de faire les mêmes gestes comme une marque d'amitié et de paix; ce qui fut très-bien compris, et le géant se laissa paisiblement conduire dans une petite île, où le capitaine étoit descendu. Je m'y trouvai aussi avec plusieurs autres. Il témoigna beaucoup d'étonnement en nous voyant; et levant le doigt, il vouloit nous dire sans doute qu'il croyoit que nous étions descendus du ciel.

19.

Géant.

Cet homme étoit si grand que notre tête tou-

Sa figure.

---

(1) Les habitans des îles de la mer du Sud se jettent de l'eau sur la tête en signe de paix. (Cook, *second Voyage*, *tome III*, *page* 88).

choit à peine à sa ceinture (1). Il étoit d'une belle taille : son visage étoit large et teint de rouge, si ce n'est qu'il avoit les yeux entourés de jaune et deux taches en forme de cœur sur les joues. Ses cheveux, qui étoient en petite quantité, paroissoient blanchis avec quelque

---

(1) M. de Paw, dont j'ai parlé dans l'*Introduction* (parag. XIX), pour soutenir son système sur l'Amérique, qu'il prétend être un pays nouvellement sorti des eaux, où la nature est dégradée, ne voulant pas admettre l'existence des géans patagons, qui prouveroit contre son système; dit que Pigafetta a mal vu ces hommes, et qu'il a ajouté beaucoup à leur grandeur naturelle, pour avoir des merveilles à raconter. Mais M. de Paw ne mérite certainement pas autant de foi que Pigafetta, qui a été un témoin oculaire toujours fidèle et sûr, lorsqu'il s'agit de ce qu'il a vu lui-même. Comme il a trouvé que les Brésiliens étoient de la forme et de la stature ordinaire de l'homme, il dit : *Sono disposti homini e femine come noi*. Ainsi, quand il nous assure que les Patagons étoient des géans, il y a tout lieu de croire qu'ils lui ont paru d'une stature gigantesque. On ne peut pas supposer raisonnablement qu'il se soit trompé, puisqu'il vécut long-tems avec eux, confronta leurs dimensions avec les siennes, conversa souvent avec eux, apprit plusieurs mots de leur langage, et fut surpris de leur voix, de leur pesanteur, de leur force, de la grande quantité de nourriture et de boisson dont ils faisoient usage; de sorte que tout étoit proportionné à leur grandeur. Voici les propres mots de notre voyageur : *Vene uno de la statura casi como uno gigante nella nave capitania... Haveva una voce simile a uno toro... Fugendo facevano tanto gran passo, che noi saltando non potevamo avanzare li suoi passi... Venne uno homo de statura de gigante... Questo era tanto grande che li davamo alla cintura e ben disposto, haveva la faza grande*

poudre. Son habit, ou plutôt son manteau, étoit fait de fourrures bien cousues ensemble, d'un animal qui abonde dans ce pays, comme nous avons eu occasion de le voir par la suite. Cet animal a la tête et les oreilles d'une mule, le corps d'un chameau, les jambes d'un cerf, et la queue d'un cheval; et il hennit comme

1520.
M A I.
Son habit.

Animal étrange.

---

et dipinta... Certamente questi giganti coreno più che cavalli.. Ognuno de li due che pigliassemo mangiava una sporta de bescoto, et beveva in una fiata mezo sechio de hacqua et mangiava li sorgi senza scorticarli. Je pourrois cependant permettre à M. de Paw d'avoir des doutes sur les assertions de notre auteur, si elles n'avoient pas été confirmées par d'autres voyageurs. Le célèbre président Desbrosses (*Navig. aux Terres Austr.*, tome II, page 324), a recueilli tous les témoignages de ceux qui ont vu des Patagons et qui en ont parlé comme d'hommes d'une grandeur extraordinaire. Les navigateurs qui y furent après que son ouvrage a paru, tels que Biron, Wallis, Carteret, Cook et Forster ont tous confirmé cette opinion, après avoir bien examiné cette race monstrueuse, sur l'existence de laquelle on avoit beaucoup de doutes. Il est vrai que Winter et Narbourough, et en dernier lieu M. de Bougainville, ont dit que les Patagons n'ont pas plus de six pieds et demi de hauteur; mais faut-il préférer leur assertion négative à tant de témoignages positifs qui parlent de ce qu'ils ont vu, examiné et mesuré? M. Desbrosses a observé qu'on peut concilier ces témoignages malgré les contradictions qu'elles paroissent offrir. Les habitans des côtes les plus méridionales de l'Amérique ne sont pas tous d'une stature gigantesque, mais seulement les individus de quelques tributs ont cette haute taille. Comme ils n'habitent pas toujours le même endroit, il est arrivé que quelques navigateurs ne les ont pas vu. Pigafetta, qui les a vus, a pu en parler avec connoissance de cause.

ce dernier (1). Cet homme portoit aussi une espèce de chaussure faite de la même peau (2). Il tenoit dans la main gauche un arc court et massif, dont la corde, un peu plus grosse que celle d'un luth, étoit faite d'un boyau du même animal; de l'autre main il portoit des flèches de roseau courtes, ayant d'un côté des plumes comme les nôtres, et de l'autre, au lieu du fer, la pointe d'une pierre à fusil blanche et noire. Ils forment de la même espèce de pierre des outils tranchans pour travailler le bois.

On lui fait des dons.

Le capitaine-général lui fit donner à manger et à boire, et parmi les autres bagatelles et bijoux il lui fit présenter un grand miroir d'acier. Le géant, qui n'avoit pas la moindre idée de ce meuble, et qui pour la première fois

---

(1) Cet animal est le *guanac* (*camelus huanacus*, Linn.), auquel les naturalistes rapportent le lama et la vigogne, espèce de chameau, ou plutôt de brébis, fort connue par sa précieuse laine. La description que donne l'auteur de cet animal convient parfaitement au guanac; et tous les navigateurs disent que les Patagons sont habillés de sa peau. Nous avons dans notre muséum une jambe de cet animal, qui a un rapport exact avec la description que nous en a donné Buffon (*Supplém.*, *tome VI*, *page* 204). Cette jambe est longue d'un pied dix pouces, quoique coupée au-dessous du genou.

(2) C'est à cause de cette chaussure, qui donnoit aux pieds de cet homme la figure de la patte d'un ours, que Magellan les a appellé *Patagons*. Voyez Debry, *America*, *lib. IV*, *page* 66.

sans doute voyoit sa figure, recula si effrayé
qu'il jeta par terre quatre de nos gens qui étoient
derrière lui. On lui donna des grélots, un petit
miroir, un peigne et quelques grains de verroterie ; ensuite on le remit à terre, en le faisant
accompagner par quatre hommes bien armés.

Son camarade, qui avoit refusé de monter sur
le vaisseau, le voyant de retour à terre, courut
avertir et appeler les autres, qui, s'appercevant
que nos gens armés s'approchoient d'eux, se rangèrent en file, étant sans armes et presque nus :
ils commencèrent aussitôt leur danse et leur
chant, pendant lesquels ils levoient l'index vers
le ciel, pour nous faire entendre qu'ils nous regardoient comme des êtres descendus d'en haut;
ils nous montrèrent en même tems une poudre
blanche dans des marmites d'argyle, et nous la
présentèrent, n'ayant autre chose à nous donner à manger. Les nôtres les invitèrent par des
signes à venir sur nos vaisseaux, et offrirent
de les aider à y porter ce qu'ils voudroient
prendre avec eux. Ils y vinrent en effet; mais
les hommes, qui ne tenoient que leur arc et leurs
flèches, avoient tout chargé sur leurs femmes,
comme si elles eussent été des bêtes de somme (1).

1520.
MAI.

Cérémonies.

---

(1) C'est une observation générale de tous les pays et de tous les
tems, que les femmes sont d'autant plus mal traitées, que les
hommes sont moins civilisés.

1520.
MAI.
Femmes.

Les femmes ne sont pas si grandes que les hommes; mais en revanche elles sont plus grosses. Leurs mammelles tombantes ont plus d'un pied de long. Elles sont peintes et habillées de la même manière que leurs maris; mais elles ont une peau mince qui leur couvre les parties naturelles. Elles n'étoient rien moins que belles à nos yeux; cependant leurs maris en étoient fort jaloux.

Chasse.

Elles conduisoient quatre des animaux dont j'ai déja parlé; mais c'étoient des petits, qu'elles menoient avec une espèce de licou. On se sert de ces petits pour attrapper les grands: on les lie à un arbrisseau; les grands viennent jouer avec eux, et des hommes cachés dans les broussailles les tuent à coups de flèches. Les habitans du pays, hommes et femmes, au nombre de dix-huit, ayant été invités par nos gens à se rendre près de nos vaisseaux, se partagèrent des deux côtés du port, et nous amusèrent en faisant la chasse dont il est question.

Autre géant.

Six jours après, nos gens occupés à faire du bois pour la provision de l'escadre, virent un autre géant vêtu comme ceux que nous venions de quitter, et armé également d'un arc et de flèches. En s'approchant d'eux il se touchoit la tête et le corps, ensuite il levoit les mains au ciel, gestes que nos gens imitèrent. Le capitaine-général, qui en fut averti, envoya l'esquif à terre pour le conduire sur l'îlot qui étoit dans le port et où l'on avoit bâti une maison pour y établir une forge et un magasin pour quelques marchandises.

1520.
M a i.

Cet homme étoit plus grand et mieux fait que les autres; il avoit aussi les manières plus douces : il dansoit et sautoit si haut et avec tant de force, que ses pieds s'enfonçoient de plusieurs pouces dans le sable. Il passa quelques jours avec nous. Nous lui apprîmes à prononcer le nom de Jésus, l'oraison dominicale , etc. ; ce qu'il parvint à faire aussi bien que nous, mais d'une voix très-forte. Enfin, nous le baptisâmes, en lui donnant le nom de Jean. Le capitaine-général lui fit présent d'une chemise, d'une veste, de caleçons de drap, d'un bonnet, d'un miroir, d'un peigne, de grélots et autres bagatelles. Il retourna vers les siens en paroissant fort content de nous. Le lendemain il apporta au capitaine un de ces grands animaux dont nous avons parlé, et reçut d'autres présens, pour qu'il nous en donnât encore quelques autres; mais depuis ce jour nous ne l'avons pas revu, et nous soupçonnâmes même que ses camarades l'avoient tué, parce qu'il s'étoit attaché à nous. Au bout de quinze jours nous vîmes venir à nous quatre de ces hommes:

Ami des Espagnols.

Autres géans.

ils étoient sans armes; mais nous sûmes ensuite qu'ils les avoient cachées derrière les buissons, où elles nous furent indiquées par deux d'entre eux que nous arrêtâmes. Ils étoient tous peints, mais de différentes manières.

<small>1520.
Juin.</small>

<small>Deux sont pris par artifice.</small>

Le capitaine voulut retenir les deux plus jeunes et les mieux faits pour les conduire avec nous pendant notre voyage et les amener même en Espagne; mais voyant qu'il étoit difficile de les arrêter par la force, il usa de l'artifice suivant. Il leur donna une grande quantité de couteaux, miroirs, grains de verroterie, de façon qu'ils en avoient les deux mains pleines: ensuite il leur offrit deux de ces anneaux de fer qui servent à enchaîner; et quand il vit qu'ils les désiroient beaucoup (car ils aiment passionnement le fer), et que d'ailleurs ils ne pouvoient plus les prendre avec les mains, il leur proposa de les leur attacher aux jambes, pour les porter plus facilement chez eux: ils consentirent à tout; et alors nos gens leur appliquèrent les cercles de fer et en fermèrent les anneaux, de sorte qu'ils se trouvèrent enchaînés. Aussitôt qu'ils s'apperçûrent de cette supercherie ils devinrent furieux, soufflant, heurlant, et invoquant *Setebos*, qui est leur démon principal, pour qu'il vint à leur secours.

Non content d'avoir ces hommes, le capitaine désiroit d'avoir leurs femmes pour porter en Europe cette race de géans : à cet effet il ordonna d'arrêter les deux autres pour les obliger à conduire nos gens à l'endroit où demeuroient leurs femmes : neuf de nos hommes les plus forts suffirent à peine pour les jeter à terre et les lier; et même l'un d'eux parvint encore à se délivrer; tandis que l'autre fit de si grands efforts, que nos gens le blessèrent légèrement à la tête, mais l'obligèrent enfin à les conduire chez les femmes de nos deux prisonniers. Ces femmes ayant appris tout ce qui étoit arrivé à leurs maris, jetèrent des cris si violens que nous les entendîmes de fort loin. Jean Carvajo, pilote, qui étoit à la tête de nos gens, voyant qu'il étoit tard, ne se soucia point de prendre alors la femme chez laquelle il avoit été conduit; mais il y resta la nuit en faisant bonne garde. Pendant ce tems vinrent deux autres hommes, qui, sans témoigner ni mécontentement ni surprise, passèrent le reste de la nuit avec eux ; mais à la pointe du jour, ayant dit quelques mots aux femmes, dans un instant tous prirent la fuite, hommes, femmes, enfans, et les derniers couroient même plus lestement que les autres. Ils nous abandonnèrent leur hutte, et tout ce qu'elle contenoit. Cependant un des hommes conduisit loin de nous les petits ani-

1520.
Juin.
On veut prendre des femmes.

maux qui leur servoient pour la chasse; et un autre caché dans un buisson blessa à la cuisse avec une flèche empoisonnée un de nos hommes, qui mourût à l'instant (1). Quoique nos gens firent feu sur les fuyards, ils ne purent point les attrapper, parce qu'ils ne couroient jamais sur la même ligne, mais sautoient de côté et d'autre, et alloient aussi vîte qu'un cheval au grand galop. Nos gens brûlèrent la hutte de ces Sauvages, et enterrèrent leur mort.

Tout sauvages qu'ils sont, ces Indiens ne manquent pas d'avoir une espèce de médecine. Quand ils ont mal à l'estomac, par exemple, au lieu de se purger comme nous ferions, ils se fourent une flèche assez avant dans la bouche pour exciter le vomissement, et rendent une matière verte mêlée de sang (2). Le verd provient d'une espèce de chardons dont ils se nourrissent. S'ils ont mal à la tête, ils se forment une entaille au front, et font la même chose

---

(1) Il est connu que les Sauvages empoisonnent leurs flèches, et nos voyageurs en eurent encore d'autres preuves.

(2) Debry a dessiné dans cette attitude la figure qu'il a donnée d'un Patagon. Il se pourroit qu'il enfonce la flèche dans sa bouche pour se délivrer en vomissant d'une indigestion. Quelquefois les Sauvages se mettent dans la bouche une baguette en présence de leurs idoles pour leur prouver qu'ils n'ont rien d'impur dans le corps. Voyez *Benzoni*, publié par Debry.

sur toutes les parties du corps où ils ressentent de la douleur, afin de faire sortir une grande quantité de sang de l'endroit où ils souffrent. Leur théorie, qui nous a été expliquée par un de ceux que nous avions pris, vaut bien leur pratique : la douleur, disent-ils, est causée par le sang qui ne veut plus rester dans telle ou telle partie du corps ; c'est par conséquent en l'en faisant sortir que la douleur doit cesser.

Ils ont les cheveux coupés en forme d'auréole comme les moines, mais plus longs, et soutenus autour de la tête par un cordon de coton, dans lequel ils placent leurs flèches lorsqu'ils vont à la chasse. Quand il fait bien froid, ils se lient étroitement les parties naturelles contre le corps. Il paroît que leur religion se borne à adorer le diable. Ils prétendent que lorsqu'un d'eux est au moment de mourir, dix à douze démons apparoissent, dansant et chantant autour de lui. Un d'entre eux qui fait plus de tapage que les autres est le chef, ou grand diable, qu'ils nomment *Setebos* ; les petits s'appellent *Cheleule*. Ils sont peints comme les habitans du pays. Notre géant prétendoit avoir vu une fois un démon avec des cornes, et des poils si longs qu'ils lui couvroient les pieds ; il jetoit, ajouta-t-il, des flammes par la bouche et par le derrière.

1520.
Juin.

Leurs mœurs.

Religion.

Ces peuples se vêtissent, comme je l'ai déjà dit, de la peau d'un animal, et c'est de la même peau qu'ils couvrent leurs huttes, qu'ils transportent là où il leur convient le mieux, n'ayant point de demeure fixe, mais allant, comme les Bohémiens, s'établir tantôt dans un endroit, tantôt dans un autre. Ils vivent ordinairement de viande crue, et d'une racine douce qu'ils appellent *capac*. Ils sont grands mangeurs : les deux que nous avions pris mangeoient chacun une corbeille pleine de biscuit par jour, et buvoit un demi-seau d'eau d'une haleine. Ils mangeoient les souris toutes crues, même sans les écorcher. Notre capitaine donna à ce peuple le nom de *Patagons*. Nous passâmes dans ce port, auquel nous donnâmes le nom de Saint-Julien, cinq mois, pendant lesquels il ne nous arriva aucun autre accident que ceux dont je viens de parler.

A peine eûmes-nous mouillé dans ce port que les capitaines des quatre autres vaisseaux firent un complot pour tuer le capitaine-général. Ces traîtres étoient Jean de Carthagène, *vehador* (1) de l'escadre ; Louis de Mendoza,

---

(1) *Vehador* et *veador*, en ancien portugais, signifioit l'économe d'une société d'hommes : en espagnol on l'appelle *veedor*, du mot *veer*, qui signifie voir ou inspecter. Quelques écrivains

trésorier ; Antoine Cocca, *contador*, et Gaspard de Casada. Le complot fut découvert : on écartela le premier, et le second fut poignardé. On pardonna à Gaspard de Casada, qui quelques jours après médita une nouvelle trahison. Alors le capitaine-général, qui n'osoit pas lui ôter la vie, parce qu'ils avoit été créé capitaine par l'empereur lui-même, le chassa de l'escadre et l'abandonna sur la terre des Patagons, avec un prêtre son complice (1).

Il nous arriva dans cet endroit un autre malheur. Le vaisseau le Saint-Jacques, qu'on avoit détaché pour aller reconnoître la côte, fit naufrage parmi les rochers; cependant tout l'équipage se sauva comme par miracle. Deux matelots vinrent par terre au port où nous étions, nous apprendre ce désastre ; et le capitaine-général y envoya sur-le-champ des hommes avec quelques sacs de biscuit. L'équipage s'arrêta pendant deux mois dans l'endroit du naufrage pour recueillir les débris du vaisseau et les marchan-

1520.
Juillet.

Naufrage d'un vaisseau.

---

ont prétendu que Jean de Carthagène étoit évêque ; mais Pigafetta n'auroit pas oublié de rapporter cette circonstance, et Magellan ne l'auroit pas si cruellement puni s'il eut eu cette dignité.

(1) Lorsque Gomez, montant le vaisseau le Saint-Antoine, après avoir abandonné Magellan dans le détroit, repassa au port Saint-Julien ; il les reprit tous deux à bord, et les reconduisit en Espagne. (*Lettre de Maximil. Transilvain*).

dises que la mer jetoit successivement sur le rivage; et pendant ce tems on leur apportoit de quoi subsister, quoique la distance fut de cent milles, et le chemin très-incommode et fatigant, au milieu des épines et des broussailles, à travers lesquelles on étoit obligé de passer la nuit, n'ayant d'autre boisson que la glace qu'on étoit forcé de casser, ce qui ne se faisoit même pas sans peine.

1520. Juillet.

Animaux du pays.

Quant à nous, nous n'étions pas si mal dans ce port; quoique certains coquillages fort longs qu'on y trouvoit en grande abondance, n'étoient pas mangeables; et quelques-uns contenoient des perles, mais fort petites. Nous trouvâmes aussi dans les environs des autruches (1), des renards, des lapins beaucoup plus petits que les nôtres, et des moineaux. Les arbres y donnent de l'encens.

Prise de possession.

Nous plantâmes une croix sur la cîme d'une montagne voisine, que nous appelâmes *Monte-Cristo*, et prîmes possession de cette terre au nom du roi d'Espagne.

Aout. 21.

Nous partîmes enfin de ce port, et côtoyant la terre par le 50° 40′ de latitude méridionale,

---

(1) L'autruche d'Amérique est beaucoup plus petit que celui d'Afrique. Les Brésiliens l'appellent *nhanduguacu*; et Linné lui donne le nom de *struthio rhea*.

nous vîmes une rivière d'eau douce (1), où nous entrâmes. Toute l'escadre faillit d'y faire naufrage à cause des vents furieux qui souffloient, et qui rendoient la mer fort grosse; mais Dieu et les corps saints (c'est-à-dire les feux qui resplendissoient sur la pointe des mâts) nous secoururent et nous sauvèrent. Nous y passâmes deux mois pour approvisionner les vaisseaux d'eau et de bois. Nous nous y fournîmes aussi d'une espèce de poisson, long à peu près de deux pieds et fort couvert d'écailles, qui étoit assez bon à manger; mais nous ne pûmes pas en prendre la quantité qu'il nous auroit fallu (2). Avant d'abandonner cet endroit, le capitaine ordonna que chacun de nous allât à confesse et communiât en bon chrétien.

En continuant notre route vers le sud, le 21

---

(1) C'est la rivière de Sainte-Croix que Cook a placée par le 51° de latitude méridionale. Ce nom lui a été donné parce qu'ils y entrèrent le 14 de septembre, jour de l'exaltation de la Croix. Voyez l'*Anonyme portugais* chez Desbrosses.

(2) Il est certain que pendant que l'escadre étoit dans cette rivière, le 11 octobre, il y eut une éclipse du soleil, dont parlent tous ceux qui ont écrit l'histoire de cette navigation, et qui se trouve marquée sur les tables astronomiques. Ils prétendent même que Magellan s'est servi de cette éclipse pour déterminer la longitude. Mais Pigafetta n'en dit rien, et n'en devoit rien dire, car cette éclipse, visible pour nous, ne put pas l'être à l'extrémité méridionale de l'Amérique.

du mois d'octobre, étant par le 52° de latitude méridionale, nous trouvâmes un détroit que nous appelâmes le détroit des Onze mille Vierges, parce que ce jour-là leur étoit consacré. Ce détroit, comme nous le vîmes par la suite, est long de quatre cent quarante milles ou cent dix lieues maritimes, qui sont de quatre milles chacune; il a une demi-lieue de large, tantôt plus et tantôt moins, et va aboutir à une autre mer, que nous appelâmes *Mer Pacifique*. Ce détroit est environné de montagnes très-élevées et chargées de neige; et il est aussi très-profond, de sorte que nous ne pouvions y jeter l'ancre que fort près de terre par vingt-cinq à trente brasses d'eau.

Tout l'équipage étoit si persuadé que ce détroit n'avoit point d'issue à l'ouest, qu'on ne se seroit pas avisé même de la chercher, sans les grandes connoissances du capitaine-général. Cet homme, aussi habile que courageux, savoit qu'il falloit passer par un détroit fort caché, mais qu'il avoit vu représenté sur une carte faite par Martin de Bohême, très-excellent cosmographe (1), que le roi de Portugal gardoit dans sa trésorerie.

Aussitôt que nous entrâmes dans cette eau,

---

(1) Voyez l'*Introduction*, parag. XI et suiv.

que l'on croyoit n'être qu'une baie, le capitaine envoya deux vaisseaux, le Saint-Antoine et la Conception, pour examiner où elle finissoit, ou aboutissoit; tandis que nous, avec la Trinité et la Victoire, les attendîmes à l'entrée.

A la nuit il survint une terrible bourrasque qui dura trente-six heures, et nous contraignit d'abandonner les ancres, et de nous laisser entraîner dans la baie au gré des flots et du vent (1). Les deux autres vaisseaux, qui furent aussi agités que nous, ne purent parvenir à doubler un cap (2) pour nous rejoindre; de façon qu'en s'abandonnant aux vents qui les portoient toujours vers le fond de ce qu'ils supposoient être une baie, ils s'attendoient à y échouer d'un moment à l'autre. Mais à l'instant qu'ils se croyoient perdus, ils virent une petite ouverture (3) qu'ils prirent pour une anse de la baie où ils s'enfoncèrent; et voyant que ce canal n'é-

1520.
Octobre.

Bourrasque.

---

(1) La planche II représente la topographie du détroit de Magellan, tirée d'une carte de M. de Bougainville. Dans la carte enluminée ci-jointe nous donnons la partie méridionale de l'Amérique telle qu'elle se trouve dessinée et peinte dans le manuscrit de Pigafetta. Il s'en faut bien que ce dessin soit exact; mais les géographes du seizième siècle ne nous ont rien laissé de mieux, comme on peut s'en convaincre par la géographie d'Hortelius. La baie dont parle ici Pigafetta est la baie de la Possession.
(2) Cap de la Possession.
(3) Premier goulet.

toit pas fermé, ils continuèrent à le parcourir et se trouvèrent dans une autre baie (1) dans laquelle ils poursuivirent leur route, jusqu'à ce qu'ils se trouvèrent dans un autre détroit (2), d'où ils passèrent dans une autre baie encore plus grande que les précédentes. Alors, au lieu d'aller jusqu'au bout, ils jugèrent à propos de revenir rendre compte au capitaine-général de ce qu'ils avoient vu.

24. Deux jours s'étoient passés sans que nous vissions reparoître les deux vaisseaux envoyés à la recherche du fond de la baie; de manière que nous les crûmes submergés par la tempête que nous venions d'essuyer; et voyant de la fumée à terre, nous conjecturâmes que ceux qui avoient eu le bonheur de se sauver, avoient allumé des feux pour nous annoncer leur existance et leur détresse. Mais pendant que nous étions dans cette incertitude sur leur sort, nous les vîmes, cinglant à pleines voiles et pavillons flottans, revenir vers nous; et lorsqu'ils furent plus près, ils tirèrent plusieurs coups de bombardes, en poussant des cris de joie. Nous en fîmes autant; et quand nous eûmes appris d'eux qu'ils avoient vu la continuation de la baie, ou,

---

(1) Baie Boucault.
(2) Second Goulet.

pour mieux dire, du détroit, nous nous joignîmes à eux pour continuer notre route s'il étoit possible.

Quand nous fûmes entrés dans la troisième baie dont je viens de parler, nous vîmes deux débouchés ou canaux, l'un au sud-est et l'autre au sud-ouest (1). Le capitaine-général envoya les deux vaisseaux le Saint-Antoine et la Conception au sud-est, pour reconnoître si ce canal aboutissoit à une mer ouverte. Le premier partit aussitôt et fit force de voiles sans vouloir attendre le second, qu'il vouloit laisser en arrière, parce que le pilote avoit l'intention de profiter de l'obscurité de la nuit pour rebrousser chemin, et s'en retourner en Espagne par la même route que nous venions de faire.

Ce pilote étoit Etienne Gomez, qui haïssoit Magellan par la seule raison que lorsque celui-ci vint en Espagne faire à l'empereur la proposition d'aller aux îles Moluques par l'ouest, Gomez avoit demandé et étoit sur le point d'obtenir des caravelles pour une expédition dont il auroit été le commandant. Cette expédition avoit pour but de faire de nouvelles découvertes;

1520.
Octobre.

Gomez abandonne l'escadre.

---

(1) Le canal au sud-est est celui qui se trouve près du cap Monmouth, appelé Détroit Supposé dans la carte de M. de Bougainville.

1520.
Octobre.

mais l'arrivée de Magellan fit qu'on lui refusa sa demande, et qu'il ne put obtenir qu'une place subalterne de pilote; ce qui l'irritoit néanmoins le plus, c'étoit de se trouver sous les ordres d'un Portugais. Pendant la nuit il se concerta avec les autres Espagnols de l'équipage. Ils mirent aux fers, et blessèrent même, le capitaine du vaisseau, Alvaro de Meschita, cousin-germain du capitaine-général, et le conduisirent ainsi en Espagne. Ils comptoient y amener aussi l'un des deux géans que nous avions pris, et qui étoit sur leur vaisseau; mais nous apprîmes à notre retour qu'il mourut en approchant de la ligne équinoxiale, dont il ne put supporter la grande chaleur.

Le vaisseau la Conception, qui ne pouvoit suivre de près le Saint-Antoine, ne fit que croiser dans le canal pour attendre son retour; mais ce fut en vain.

Rivière des Sardines.

Nous étions entrés avec les deux autres vaisseaux dans l'autre canal qui nous restoit au sud-ouest; et poursuivant notre navigation, nous parvînmes à une rivière que nous appelâmes la rivière des Sardines (1), à cause de l'immense

---

(1) Dans les navigateurs postérieurs il n'est fait aucune mention de la rivière des Sardines, laquelle probablement descend des montagnes de la Terre de Feu. Ils ne parlent pas non plus de

quantité de ce poisson que nous y vîmes. Nous y mouillâmes pour attendre les deux autres vaisseaux, et y passâmes quatre jours; mais pendant ce tems on expédia une chaloupe bien équipée pour aller reconnoître le cap de ce canal, qui devoit aboutir à une autre mer. Les matelots de cette embarcation revinrent le troisième jour, et nous annoncèrent d'avoir vu le cap où finissoit le détroit, et une grande mer, c'est-à-dire, l'Océan. Nous en pleurâmes tous de joie. Ce cap fut appelé *il capo Dezeado* (cap Désiré), parce qu'en effet nous désirions depuis long-tems de le voir (1).

Nous retournâmes en arrière pour rejoindre les deux autres vaisseaux de l'escadre, et ne trouvâmes que la Conception. On demanda au pilote Jean Serano ce que l'autre navire étoit devenu? Il nous répondit qu'il le croyoit perdu, parce qu'il ne l'avoit plus revu du moment qu'il avoit embouqué le canal. Le capitaine-général donna

1520.
Octobre.
Feux de St. Elme.

Cap Désiré.

---

cette grande quantité de sardines qui surprit notre auteur ; ce qui n'est pas étonnant, car ces poissons, faisant leurs émigrations, ne restent que fort peu de tems dans le même endroit.

(1) Le cap Désiré forme l'extrémité occidentale de la côte méridionale que la chaloupe côtoya ; mais les navires rangèrent de près la côte septentrionale, et abandonnèrent l'Amérique au cap Victoire, ainsi appelé du nom du vaisseau qui le doubla le premier, et qui revint seul en Europe.

ordre alors de le chercher par-tout, mais particulièrement dans le canal où il avoit pénétré: il renvoya la Victoire jusqu'à l'embouchure du détroit, en ordonnant que s'il ne le trouvoit pas, de planter dans un endroit bien éminent un étendart (1) au pied duquel on devoit placer, dans une petite marmite, une lettre qui indiquoit la route qu'on alloit tenir, afin qu'il put suivre l'escadre. Cette manière de s'avertir en cas de séparation avoit été arrêtée au moment de notre départ. On planta de la même manière deux autres signaux sur des lieux éminens dans la première baie et sur une petite île de la troisième (2), dans laquelle nous vîmes quantité de loups marins et d'oiseaux. Le capitaine-général avec la Conception attendirent le retour de la Victoire près de la rivière des Sardines, et fit planter une croix sur une petite île, au pied de deux montagnes couvertes de neige, d'où la rivière tire son origine.

En cas que nous n'eussions pas découvert ce détroit pour passer d'une mer à une autre, le capitaine-général avoit déterminé de continuer sa route au sud jusque par le 75° de latitude

---

(1) La montagne que M. de Bougainville a appelé le *Père Aymon*.
(2) L'île des Lions.

méridionale, où pendant l'été il n'y a point de nuit, ou du moins très-peu; comme il n'y a point de jour en hiver. Pendant que nous étions dans le détroit nous n'avions que trois heures de nuit, et c'étoit au mois d'octobre.

1520.
Novembre.

La terre de ce détroit, qui à gauche tourne au sud-est, est basse. Nous lui donnâmes le nom de *Détroit des Patagons* (1). A chaque demi-lieue on y trouve un port sûr, de l'eau excellente, du bois de cèdre, des sardines, et une grande abondance de coquillages. Il y avoit aussi des herbes, dont quelques-unes étoient amères, mais d'autres étoient bonnes à manger, sur-tout une espèce de selleri doux, qui croît autour des fontaines, dont nous nous nourrîmes faute de meilleurs alimens (2). Enfin, je crois qu'il n'y a pas au monde de meilleur détroit que celui-ci.

Description du détroit.

Au moment que nous débouchions dans l'Océan nous fûmes témoins d'une chasse curieuse que quelques poissons faisoient à d'autres poissons. Il y en a de trois espèces, c'est-à-dire, des

Poissons volans.

---

(1) On sait qu'on l'a appelé ensuite détroit de Magellan, du nom de ce navigateur.

(2) *Apium dulce*, Cook l'y a trouvé également, ainsi que beaucoup de cochlearia; et à cause de cette abondance d'herbes anti-scorbutiques, il crut le passage du détroit préférable à celui du cap Horn (*Voyag. I*, tome *I*, pag. 70, 74).

dorades, des albicores et des bonites, qui poursuivent les poissons appelés *colondrins*, espèce de poissons volans (1). Ceux-ci, quand ils sont poursuivis, sortent de l'eau, déploient leurs nageoires, qui sont assez longues pour leur servir d'ailes, et volent à la distance d'un coup d'arbâlête; ensuite ils retombent dans l'eau. Pendant ce tems, leurs ennemis, guidés par leur ombre, les suivent, et au moment qu'ils rentrent dans l'eau, ils les prennent et les mangent. Ces poissons volans ont au-delà d'un pied de long, et sont une excellente nourriture.

Pendant le voyage j'entretenois le mieux que je pouvois le géant Patagon qui étoit sur notre vaisseau; et au moyen d'une espèce de pantomime je lui demandai le nom patagon de plusieurs objets, de manière que je parvins à en former un petit vocabulaire (2). Il s'y étoit si bien accoutumé qu'à peine me voyoit-il prendre la plume et le papier, qu'il venoit aussitôt me dire les noms des objets qu'il avoit sous les yeux et des opérations qu'il voyoit faire. Il nous fit voir, entre autres, la manière dont on allume le feu dans son pays; c'est-à-dire, en frottant

---

(1) *Trigla volitans*, Linn. Probablement le poisson dont parle l'auteur est l'*exocetus volitans*.

(2) Nous donnerons ce vocabulaire à la suite du voyage.

un morceau de bois pointu contre un autre jusqu'à ce que le feu prenne à une espèce de moëlle d'arbre qu'on place entre les deux morceaux de bois. Un jour que je lui montrai la croix, et que je la baisai, il me fit entendre par ses gestes que *Setebos* m'entreroit dans le corps et me feroit crêver. Lorsqu'il se sentit à l'extrémité dans sa dernière maladie, il demanda la croix qu'il baisa, et nous pria de le faire baptiser; ce que nous fîmes en lui donnant le nom de Paul.

1520.
Novembre.

Mort du Géant.

LIVRE II.

Sortie du Détroit jusqu'à la mort du capitaine Magellan et notre départ de Zubu.

1520.
NOVEMBRE.
28.
Sortie du détroit.

Mauv. nourriture dans la mer Pacifique.

LE mercredi, 28 novembre, nous débouquâmes du détroit pour entrer dans la grande mer, à laquelle nous donnâmes ensuite le nom de mer Pacifique, dans laquelle nous naviguâmes pendant le cours de trois mois et vingt jours, sans goûter d'aucune nourriture fraiche. Le biscuit que nous mangions n'étoit plus du pain, mais une poussière mêlée de vers qui en avoient dévoré toute la substance, et qui de plus étoit d'une puanteur insupportable, étant impregnée d'urine de souris. L'eau que nous étions obligés de boire étoit également putride et puante. Nous fûmes même contraints, pour ne pas mourir de faim, de manger des morceaux

danger. Leur gouvernail ressemble à une pêle de boulanger, c'est-à-dire, que c'est une perche au bout de laquelle est attachée une planche. Ils ne font point de différence entre la proue et la pouppe, et c'est pourquoi ils ont un gouvernail à chaque bout. Ils sont bons nageurs, et ne craignent pas de se hasarder en pleine mer comme des dauphins (1).

1521.
Mars.

Ils furent si émerveillés et si surpris de nous voir, que nous eûmes lieu de croire qu'ils n'avoient vu jusqu'alors d'autres hommes que les habitans de leurs îles.

Le seizième jour du mois de mars au lever du soleil, nous nous trouvâmes près d'une terre élevée, à trois cents lieues des îles des Larrons (2). Nous nous apperçûmes bientôt que c'étoit une île. Elle se nomme Zamal (3). Derrière cette île il y en a une autre qui n'est point habitée; et nous sûmes ensuite qu'on l'appe-

16.

***

(1) C'est par cette raison peut-être qu'une île située près des Marianes s'appelle l'île des Nageurs.
(2) C'est de ce point jusqu'à ce que le vaisseau la Victoire abandonna l'île de Timor, que la route est tracée sur la carte II qui se trouve ci-jointe.
(3) Dans les cartes plus modernes elle est appelée Samar; et elle est située effectivement à environ 15°, qui font un peu moins de trois cents lieues marines, à l'ouest de Guahan. Prevôt, se fiant à l'extrait de Fabre, dit que Samar n'est qu'à trente lieues des Marianes. (tome X, p. 198).

loit Humunu (1). C'est ici que le capitaine-général voulut prendre terre le lendemain pour faire aiguade avec plus de sûreté, et jouir de quelque repos après un si long et si pénible voyage. Il y fit aussitôt dresser deux tentes pour les malades, et ordonna de tuer une truie (2).

Le lundi, 18 du mois, dans l'après dîner, nous vîmes venir vers nous une barque avec neuf hommes. Le capitaine-général ordonna que personne ne fit le moindre mouvement, ou ne dit le moindre mot sans sa permission. Quand ils furent à terre, leur chef s'adressa au capitaine-général, en lui témoignant par des gestes le plaisir qu'il avoit de nous voir. Quatre des plus ornés d'entre eux restèrent auprès de nous; les autres allèrent appeler leurs compagnons qui étoient occupés à la pêche, et revinrent avec eux.

Le capitaine les voyant si paisibles, leur fit donner à manger, et leur offrit en même tems quelques bonnets rouges, de petits miroirs, des

―――――――――

(1) Humunu, qu'on appela ensuite l'île Enchantée (*Hist. général des voyages*, tome *XV*, p. 198) est située près du cap Guigan de l'île de Samar.

(2) Il avoit pris sans doute cette truie aux îles des Larrons, où tous les navigateurs postérieurs ont trouvé beaucoup de cochons. (Desbrosses, *tome I*, p. 55).

de cuirs de bœuf dont on avoit recouvert la grande vergue pour empêcher que le bois ne rongeât les cordes. Ces cuirs toujours exposés à l'eau, au soleil et aux vents, étoient si durs qu'il falloit les faire tremper pendant quatre à cinq jours dans la mer pour les rendre un peu tendres; ensuite nous les mettions sur de la braise pour les manger. Souvent même nous avons été réduits à nous nourrir de sciure de bois; et les souris même, si dégoûtantes pour l'homme, étoient devenues un mêts si recherché, qu'on les payoit jusqu'à un demi-ducat la pièce (1).

1520.
NOVEMBRE.

Disette extrême.

Ce n'étoit pas là tout encore. Notre plus grand malheur étoit de nous voir attaqués d'une espèce de maladie par laquelle les gencives se gonfloient au point de surmonter les dents tant de la mâchoire supérieure que de l'inférieure, et ceux qui en étoient attaqués ne pouvoient prendre aucune nourriture (2). Dix-neuf d'entre nous en moururent, et parmi eux étoient le géant Patagon et un Brésilien, que nous avions con-

Scorbut.

___

(1) Il n'est pas rare que la faim force les matelots à manger des souris et les cuirs des cables. En 1540, une souris se payoit quatre écus sur l'escadre de Pizarre. Les équipages de M. de Bougainville (*tome II*, page 173), et de Cook (*Troisième Voyage*, tome I, page xxx), ont mangé de ces cuirs.

(2) Effets du scorbut.

duits avec nous. Outre les morts nous avions vingt-cinq à trente matelots malades, qui souffroient des douleurs dans les bras, dans les jambes et dans quelques autres parties du corps; mais ils en guérirent. Quant à moi, je ne puis trop remercier Dieu de ce que pendant tout ce tems, et au milieu de tant de malades, je n'ai pas éprouvé la moindre infirmité.

Pendant cet espace de trois mois et vingt jours nous parcourûmes à peu près quatre mille lieues dans cette mer que nous appelâmes Pacifique, parce que durant tout le tems de notre traversée nous n'essuyâmes pas la moindre tempête (1). Nous ne découvrîmes non plus pendant ce tems aucune terre, excepté deux îles désertes, où nous ne trouvâmes que des oiseaux, et des arbres, et par cette raison nous les désignâmes par le nom d'*îles Infortunées*. Nous ne trouvâmes point de fond le long de leurs côtes et ne vîmes que plusieurs requins. Elles sont à deux cents lieues l'une de l'autre. La première est par le 15° de latitude méridionale; la seconde par le 9° (2). D'après le sillage de notre

---

(1) Quiros, M. de Bougainville et Cook n'ont certainement pas été si heureux.

(2) Pigafetta ne nous donne pas des renseignemens assez précis pour déterminer la position des *Iles Infortunées*. Notre ma-

vaisseau, que nous prîmes par le moyen de la chaîne de la poupe (le loc), nous parcourions chaque jour soixante à soixante-dix lieues ; et si Dieu et sa sainte-mère ne nous eussent pas accordé une heureuse navigation, nous aurions tous péris de faim dans une si vaste mer. Je ne pense pas que personne à l'avenir veuille entreprendre un pareil voyage (1).

Si en sortant du détroit nous avions continué à courir vers l'ouest, sur le même parallèle, nous aurions fait le tour du monde ; et,

---

nuscrit nous en fournit une figure par laquelle on voit seulement que la seconde est au nord-ouest de la première. Mais en lisant sa relation, et en la supposant exacte, nous trouverons qu'elles appartiennent aux îles de la Société, au nord et au nord-est d'Otaïti ; car Pigafetta dit qu'en sortant du détroit ils naviguèrent par le nord-ouest quart ouest ; ensuite dans la direction de nord-ouest jusqu'à la ligne équinoxiale, qu'ils passèrent par le 122° de la ligne de démarcation, c'est-à-dire, à 152° du premier méridien. Or, si de ce point nous traçons une ligne du nord-ouest au sud-est, elle passera entre les îles de la Société, au nord et ensuite à l'est d'Otaïti. Les îles Infortunées devoient donc se trouver sur cette ligne. Par conséquent Jaillot et Nolin les ont placées hors de leur véritable position géographique. Ce n'est pas mal à propos néanmoins qu'ils ont donné le nom de Saint-Pierre à l'une, et celui de Tiburon à l'autre, car l'*Anonyme portugais* leur donne les mêmes noms. Le Transilvain dit que nos navigateurs s'y arrêtèrent deux jours pour pêcher.

(1) Cinquante-six ans s'écoulèrent avant qu'aucun autre navigateur fit le tour du globe. Drake, en 1578, fut le premier après Magellan qui traversa cette mer.

1521.
JANVIER.

sans rencontrer aucune terre, nous serions revenus par le cap Désiré au cap des Onze mille Vierges, qui tous les deux sont par le 52° de latitude méridionale.

Pole antarctique.

Le pole antarctique n'a pas les mêmes étoiles que le pole arctique; mais on y voit deux amas de petites étoiles nébuleuses, qui paroissent des nubécules, à peu de distance l'un de l'autre (1). Au milieu de ces amas de petites étoiles on en découvre deux fort grandes et fort brillantes, mais dont le mouvement est peu apparent: elles indiquent le pole antarctique. Quoique l'aiguille aimantée déclinât un peu du véritable nord, elle cherchoit cependant toujours le pole arctique; mais elle n'agissoit pas avec autant de force que lorsqu'elle est vers son propre pole. Lorsque nous fûmes en pleine mer, le capitaine-général indiqua à tous les pilotes le point où ils devoient aller, et leur demanda quelle route ils pointoient (2) sur leurs car-

(1) Deux *nubécules*, c'est-à-dire, deux amas d'étoiles, sont indiqués par les astronomes au pole austral : l'un est au-dessus, l'autre au-dessous de l'Hydre. On voit près du pole plusieurs étoiles qui forment la constellation de l'Octant; mais comme ces étoiles sont de la cinquième ou sixième grandeur, il paroît que les deux étoiles grandes et brillantes dont parle Pigafetta sont la γ, et la β de la même Hydre.

(2) *Pointer*, c'est se servir de la pointe d'un compas pour trouver

tes ? Tous lui répondirent qu'ils pointoient selon les ordres qu'il leur avoit donnés : il répliqua qu'ils pointoient à faux, et qu'il falloit aider l'aiguille, parce que se trouvant dans le sud, elle n'avoit pas, pour chercher le véritable nord, autant de force qu'elle en avoit du côté du nord même. Etant au milieu de la mer nous découvrîmes à l'ouest cinq étoiles fort brillantes placées exactement en forme de croix (1).

1521.
Janvier.

Constellation de la croix.

Nous naviguâmes entre l'ouest et le nord-ouest quart nord-ouest, jusqu'à ce que nous arrivâmes sous la ligne équinoxiale à 122° de longitude de la *ligne de démarcation* (2).

---

l'air de vent qu'il faut faire pour arriver au lieu où l'on veut aller, le nord étant connu par le moyen de la boussole. *Aider l'aiguille*, c'est ajouter ou diminuer des degrés à sa direction pour avoir la vraie ligne méridienne, au moyen de procédés dont il sera parlé dans le *Traité de navigation*, à la fin de ce *Voyage*.

(1) Dante (*Purgat.*, lib. I) a parlé de cette croix dans ces vers :

> I' mi volsi a man destra, e posi mente
> All' altro polo, e vidi quattro stelle
> Non viste mai fuorchè alla prima gente.
> Goder pareva il ciel di lor fiammelle.
> Oh ! settentrional vedovo sito,
> Poichè privato sei di mirar quelle !

(2) Ligne idéale qui, partageant le globe en deux hémisphères, séparoit les conquêtes des Portugais de celles des Espagnols, d'après la bulle du pape Alexandre VI. Voyez l'*Introduction*, parag. *V*.

Cette ligne de division est à 30° à l'ouest du méridien (1), et le premier méridien est à 3° à l'ouest du cap Verd.

Dans notre route nous rangeâmes les côtes de deux îles très-élevées, dont l'une est par le 20° de latitude méridionale, et l'autre par le 15°. La première s'appelle Cipangu, et la seconde Sumbdit-Pradit (2).

Après que nous eûmes dépassé la ligne nous naviguâmes entre l'ouest et le nord-ouest quart ouest. Ensuite nous courûmes deux cents lieues à l'ouest ; après quoi nous changeâmes de nouveau de direction en courant à quart de sud-

---

(1) C'est-à-dire, du premier méridien.

(2) *Cipangu* est le Japon, qui a ce même nom sur le globe de Behaim, où il est dit qu'elle est *la plus riche île de l'Orient*. *Sumbdit-Pradit* est peut-être l'*Antilia* du même globe, appelée aussi *SepteRitaue*. Mais sur ce globe ces deux îles sont dans l'hémisphère boréal, l'une par le 20°, et l'autre par le 24°. Ramusio (*tome I, tav. III*) place *Cipangu* par le 25°; mais dans la carte XIX d'Urbain Monti, je trouve *Sumbdit* par le 9° de latitude méridionale. Delisle, j'ignore sur quel fondement, les place par le 17° et 20° de latitude méridionale. On doit cependant observer que Pigafetta ne dit pas d'y avoir été, mais qu'il y a passé *à peu de distance* ; c'est-à-dire, qu'il a cru d'en avoir approché ; parce que Marc-Paul avoit fait croire que *Cipanga* étoit l'île la plus orientale de la mer des Indes ; par conséquent notre navigateur y allant par l'Occident, devoit rencontrer la première; mais ne l'ayant pas trouvée, il s'est imaginé d'avoir passé à peu de distance de-là. A son retour en Espagne (*liv. IV*) il parle de *Sumbdit-Pradit* comme d'une île située près des côtes de la Chine.

ouest, jusqu'à ce que nous fûmes par le 13°
de latitude septentrionale (1). Nous espérions
d'arriver par cette route au cap de Gatticara,
que les cosmographes ont placé sous cette latitude; mais ils se sont trompés, ce cap étant à
12° plus au nord. Il faut cependant leur pardonner cette erreur, puisqu'ils n'ont pas, comme nous, visité ces parages (2).

1511.
Janvier.

---

(1) C'est d'après ces données que j'ai indiqué sur la carte le chemin que l'escadre a parcouru depuis le Détroit jusqu'aux îles des Larrons. J'ai tiré une ligne du cap Victoire vers l'équateur par l'ouest-nord-ouest quart nord-ouest. Ensuite, en partant du 122° de longitude de la ligne de démarcation sous l'équateur, de nord-ouest à sud-est, j'ai tracé une ligne qui rencontre la première, et forme avec elle un angle obtus dans l'endroit où l'escadre changea de direction. Au-delà de l'équateur dans l'hémisphère septentrional, j'ai tracé une ligne par l'ouest-nord-ouest quart ouest, longue à peu près de huit cents milles jusqu'au 13° de latitude nord, et de-là jusqu'aux îles des Larrons. Je sens bien que les degrés de longitude n'étant pas bien exacts, tout le reste est peu certain; mais cette ligne n'offre du moins aucune difficulté, et semble avoir quelque fondement. Le chemin de Magellan tracé par les autres géographes est totalement idéal.

(2) Le cap Cattigara, que notre auteur appelle Gatticara, étoit placé, selon Ptolomée, à 180° de longitude des îles Canaries, et au sud de l'équateur; mais Magellan savoit bien qu'il étoit au nord, et il est effectivement par le 8° 27′ de latitude septentrionale : par conséquent pour parvenir à ce cap, il s'étoit imaginé devoir rencontrer les îles Moluques. Ce cap s'appelle aujourd'hui cap Comorin. Vespuce s'est trompé davantage encore dans la latitude; car il l'a cru un cap occidental du continent auquel il a donné son nom. (Bartolozzi, *loc. cit.*).

Lorsque nous eûmes couru soixante-dix lieues dans cette direction, étant par le 12° de latitude septentrionale, et par le 146° de longitude, le 6 de mars, qui étoit un mercredi, nous découvrîmes au nord-ouest une petite île, et ensuite deux autres au sud-ouest. La première étoit plus élevée et plus grande que les deux autres. Le capitaine-général vouloit s'arrêter à la plus grande pour y prendre des rafraichissemens et des provisions (1); mais cela ne nous fut pas possible, parce que les insulaires venoient sur nos vaisseaux, et voloient tantôt une chose et tantôt une autre, sans qu'il nous fut possible de les en empêcher. Ils vouloient nous obliger à amener nos voiles et à nous rendre à terre; ils eurent même l'adresse d'enlever l'esquif qui étoit attaché à notre arrière. Alors le capitaine irrité fit une descente à terre avec quarante hommes armés, brûla quarante à cinquante maisons, ainsi que plusieurs de leurs ca-

---

(1) L'île où mouilla Magellan est probablement l'île de Guahan, que Maximilien Transylvain appelle *Ivagana*. On pourroit croire que c'est l'île Rota, où Georges Menriques, commandant d'un vaisseau de la flotte de Loaisa (qui, en 1526, alla du Pérou aux Marianes) trouva Gonsalve de Vigo, un des matelots de Magellan qui s'y étoit établi volontairement; mais ce Vigo pouvoit y avoir passé de Guahan. (Desbrosses, *tome I, p.* 156).

nots, et leur tua sept hommes (1). Il recouvra de cette manière l'esquif ; mais il ne jugea pas à propos de s'arrêter dans cette île après tous ces actes d'hostilité. Nous continuâmes donc notre route dans la même direction.

1521.
Mars.

Au moment que nous descendions à terre pour y punir les insulaires, nos malades nous prièrent que si quelqu'un des habitans venoit à être tué on leur en apportât les intestins ; étant persuadés qu'ils serviroient à les guérir en peu de tems.

Lorsque nos gens blessoient les insulaires avec leurs flèches (qu'ils ne connoissoient pas) de manière à les traverser d'outre en outre, ces malheureux tâchoient de retirer ces flèches de leur corps tantôt par un bout et tantôt par l'autre ; après quoi ils les regardoient avec surprise, et souvent ils mouroient de la blessure ; ce qui ne laissoit pas de nous faire pitié. Cependant lorsqu'ils nous virent partir, ils nous suivirent avec plus de cent canots, et nous montroient du poisson, comme s'ils vouloient nous le vendre ; mais quand ils étoient près de nous,

Perfidie des insulaires.

---

(1) L'auteur de l'*Histoire générale des voyages* dit que les insulaires connurent alors le feu pour la première fois, et il cite Pigafetta, qui ne le dit point. Il paroît plutôt qu'ils ne connoissoient point l'usage des flèches.

ils nous lançoient des pierres et prenoient la fuite. Nous passâmes à pleines voiles au milieu d'eux; mais ils surent éviter avec beaucoup d'adresse nos vaisseaux. Nous vîmes aussi dans leurs canots des femmes qui pleuroient et s'arrachoient les cheveux, probablement parce que nous avions tué leurs maris.

Mœurs. Ces peuples ne connoissent aucune loi, et ne suivent que leur propre volonté. Il n'y a parmi eux ni roi ni chef. Ils n'adorent rien, et vont tous nus. Quelques-uns d'entre eux ont une longue barbe, des cheveux noirs noués sur le front et qui leur descendent jusqu'à la ceinture. Ils portent aussi de petits chapeaux de palmier. Ils sont grands et fort bien faits. Leur tein est d'une couleur olivâtre; mais on nous dit qu'ils naissoient blancs, et qu'ils devenoient *Usages.* bruns avec l'âge. Ils ont l'art de se colorer les dents de rouge et de noir, ce qui passe chez *Femmes.* eux pour une beauté (1). Les femmes sont jolies, d'une belle taille et moins brunes que les hommes. Elles ont les cheveux fort noirs, plats

---

(1) L'usage de se noircir les dents se pratique encore dans les îles Pelew, voisines des Marianes. Leurs habitans font avec des herbes une espèce de pâte qu'ils s'appliquent pendant quelques jours sur les dents, malgré l'incommodité qu'ils en ressentent. (Keate. *An account of the Pelew islands*, p. 314).

et tombant à terre. Elles vont nues comme les hommes, si ce n'est qu'elles couvrent leurs parties sexuelles avec un tablier étroit de toile, ou plutôt d'une écorce mince comme du papier, qu'on tire de l'aubier du palmier. Elles ne travaillent que dans leurs maisons à faire des nattes et des corbeilles avec les feuilles de palmier, et d'autres ouvrages semblables pour l'usage domestique. Les uns et les autres s'oignent les cheveux et tout le corps d'huile de cocos et de séséli (1).

Ce peuple se nourrit d'oiseaux, de poissons volans, de patates, d'une espèce de figues longues d'un demi-pied (2), de cannes à sucre, et d'autres fruits semblables. Leurs maisons sont de bois, couvertes de planches, sur lesquelles on étend les feuilles de leurs figuiers, longues de quatre pieds (3). Ils ont des chambres assez propres avec des solives et des fenêtres; et leurs lits, assez doux, sont faits de nattes de palmier très-fines, étendues sur de la paille assez molle. Ils n'ont pour toute arme

---

(1) Espèce de petite graine huileuse fort commune à la Chine. C'est le *raphanus oleifer sinensis* de Linné.
(2) Ces figues sont les bananes, ou les fruits de la Musa. (*Musa pisang*, Linn. Dans la suite je me servirai toujours du nom de banane au lieu de celui de figue qu'emploie l'auteur.
(3) Telles sont les feuilles du bananier.

que des lances, garnies par le bout d'un os pointu de poisson. Les habitans de ces îles sont pauvres, mais très-adroits et sur-tout voleurs habiles ; c'est pourquoi nous les appelâmes *îles des Larrons* (1).

Canots.

Leur amusement est de se promener avec leurs femmes dans des canots semblables aux gondoles de Fusine près de Vénise (2); mais ils sont plus étroits ; tous sont peints en noir, en blanc ou en rouge. La voile est faite de feuilles de palmier cousues ensemble, et a la forme d'une voile latine. Elle est toujours placée d'un côté ; et du côté opposé, pour donner un équilibre à la voile, et en même tems pour soutenir le canot, ils attachent une grosse poutre pointue d'un côté avec des perches en travers pour la soutenir (3). C'est ainsi qu'ils naviguent sans

(1) Ensuite elles furent appelées îles des Voiles, à cause du grand nombre d'embarcations qui y passoient ; et du tems de Philippe IV, roi d'Espagne, on les nomma Marianes, en l'honneur de Marie d'Autriche, son épouse. Noort observe que même de son tems (1599) elles méritoient bien le nom d'îles des Larrons.

(2) Petites gondoles longues et étroites avec lesquelles ceux de Fusine vont à Vénise.

(3) C'est le balancier fort bien imaginé par ces peuples pour ne pas chavirer, ayant des bateaux très-étroits avec des voiles de nattes assez pesantes. L'auteur en a donné la figure qu'on trouve sur la carte II enluminée ci-jointe, laquelle a été copiée fidèlement d'après son manuscrit. Anson et Cook font le plus grand éloge de la construction de ces embarcations à balanciers.

Carte enluminée II. Page 62.

peignes, des grélots, des boccassins (1), quelques bijoux d'ivoire, et autres bagatelles semblables. Les insulaires, charmés de la politesse du capitaine, lui donnèrent du poisson, un vase plein de vin de palmier, qu'ils appellent *uraca*, des bananes longues de plus d'un palme, d'autres plus petites et de meilleur goût, et deux fruits du cocotier (2). Ils nous indiquèrent en même tems par des gestes qu'ils n'avoient alors rien d'autre à nous offrir; mais que dans quatre jours ils reviendroient à nous, et nous apporteroient du riz, qu'ils appellent *umai*, des noix de cocos, et d'autres vivres.

1521.
Mars.

Productions de l'île.

Les noix de cocos sont les fruits d'une espèce de palmier, dont ils tirent leur pain, leur vin, leur huile et leur vinaigre. Pour avoir le vin, ils font à la cîme du palmier une incision qui pénètre jusqu'à la moëlle, et d'où sort goutte à goutte une liqueur qui ressemble au moût blanc, mais qui est un peu aigrelet. On reçoit cette liqueur dans les tuyaux d'un roseau de la grosseur de la jambe, qu'on attache à l'ar-

Cocotiers.

---

(1) Le boccasin est une espèce de toile qui étoit fort en usage anciennement. *Voyez* du Cange.

(2) *Cocos nucifera*, Linn. Nous avons dans notre musée plusieurs fruits du cocotier, dont quelques-uns sont plus gros que la tête d'un homme, d'autres ont l'écorce filamenteuse.

bre, et qu'on a soin de vider deux fois par jour, le matin et le soir. Le fruit de ce palmier est de la grosseur de la tête d'un homme, quelquefois même il est plus gros. Sa première écorce, qui est verte, a deux doigts d'épaisseur : elle est composée de filamens, dont ils se servent pour faire des cordes pour amarrer leurs barques. Ensuite on trouve une seconde écorce plus dure et plus épaisse que celle de la noix. Ils brûlent cette écorce, et en tirent une poudre pour leur usage. Il y a dans l'intérieur une moëlle blanche de l'épaisseur d'un doigt qu'on mange en guise de pain avec la viande et le poisson. Dans le centre de la noix et au milieu de cette moëlle on trouve une liqueur limpide douce et corroborative. Si, après avoir versé cette liqueur dans un vase, on la laisse reposer, elle prend la consistance d'une pomme. Pour avoir de l'huile on prend la noix dont on laisse putrefier (1) la moëlle avec la liqueur ; ensuite on la fait bouillir et il en résulte une huile épaisse comme du beurre. Pour obtenir du vinaigre, on laisse reposer la liqueur seule, laquelle étant exposée au soleil devient acide, et semblable au vinaigre qu'on fait avec du vin blanc. Nous en faisions aussi une liqueur qui

---

(1) C'est-à-dire, fermenter.

ressembloit au lait de chèvre (1) en gratant la moëlle, la détrempant dans sa liqueur même, et la passant ensuite par un linge. Les cocotiers ressemblent aux palmiers qui portent les dattes (2); mais leurs troncs n'ont pas un si grand nombre de nœuds, sans être cependant bien lisses. Une famille de dix personnes peut subsister avec deux cocotiers en faisant alternativement chaque semaine des trous à l'un et laissant reposer l'autre, afin qu'un écoulement continuel de la liqueur ne le fasse pas périr. On nous a dit qu'un cocotier vit un siècle entier.

1521.
Mars.

Les insulaires se familiarisèrent beaucoup avec nous, et c'est par ce moyen que nous pûmes apprendre d'eux les noms de plusieurs choses, et sur-tout des objets qui nous environnoient. C'est d'eux aussi que nous apprîmes que leur île s'appeloit Zuluan. Elle n'est pas fort grande. Ils étoient polis et honnêtes. Par amitié pour notre capitaine ils le conduisirent dans leurs canots aux magasins de leurs marchandises, tels que clous de girofle, cannelle, poivre, noix-muscade, macis (3), or, etc., etc.; et

Productions de l'île.

---

(1) En 1684, un missionnaire apprit à Cowley à faire de cette manière du lait de cocos, qu'il trouva excellent. (Desbrosses, tome II, p. 55).

(2) *Phœnix dactylifera*, Linn.

(3) *Macis*. Notre auteur l'appelle *matia* : c'est la seconde écorce

nous firent connoître par leurs gestes que les pays vers lesquels nous dirigions notre course fournissoient abondamment de toutes ces denrées. Le capitaine-général les invita à son tour à se rendre sur son vaisseau, où il étala tout ce qui pouvoit les flatter par la nouveauté. Au moment qu'ils alloient partir il fit tirer un coup de bombarde, qui les épouvanta étrangement; de sorte que plusieurs étoient sur le point de se jeter à la mer pour s'enfuir; mais on n'eut pas beaucoup de peine à leur persuader qu'ils n'avoient rien à craindre : de sorte qu'ils nous quittèrent assez tranquillement et même de bonne grâce, en nous assurant qu'ils reviendroient incessamment, comme ils nous l'avoient promis auparavant. L'île déserte sur laquelle nous nous étions établis est nommée Humunu par les insulaires; mais nous l'appelâmes l'Aiguade aux bons indices (*Acquada da li buoni segnali*), parce que nous y avions trouvé deux fontaines d'une eau excellente, et que nous apperçûmes les premiers indices d'or dans ce pays. On y trouve aussi du corail blanc; et il y a des arbres dont les fruits, plus petits que nos amandes, res-

---

de la noix-muscade qui en a quatre : elle est recherchée pour son goût aromatique. *Macis officinalis*, Linn.

semblent aux pignons de pin (1). Il y a aussi plusieurs espèces de palmiers, dont quelques-unes donnent des fruits bons à manger, tandis que d'autres n'en produisent point.

Ayant apperçu autour de nous une quantité d'îles le cinquième dimanche de carême, qu'on appelle de Lazare, nous leur donnâmes le nom d'archipel de Saint-Lazare (2). Il est par le 10° de latitude septentrionale et à 161° de longitude de la ligne de démarcation (3).

Le vendredi 22 du mois, les insulaires tinrent parole, et vinrent avec deux canots remplis de noix de cocos, d'oranges, une cruche pleine de vin de palmier, et un coq pour nous faire voir qu'ils avoient des poules. Nous achetâmes tout ce qu'ils apportèrent. Leur chef étoit un vieillard; son visage étoit peint, et il avoit

1521.
MARS.

17.

Archipel de Saint-Lazare.

22.

Présens des insulaires.

---

(1) Peut-être le pistachier (*pistacia therebinthus*, Linn.).

(2) On les a appelé ensuite îles Philippines, du nom de Philippe d'Autriche, fils de Charles-Quint.

(3) Les Philippines sont situées entre le 125 et 135° de longitude occidentale de l'île de Fer; par conséquent entre le 195 et le 205° de la ligne de démarcation, comme on le voit sur la carte générale. Cet archipel n'est donc pas par le 161° de longitude de cette ligne. J'ignore si, en déterminant la longitude, Magellan et son astrologue San Martino, ont été de bonne foi, ou s'ils ne l'ont dit que pour trouver les Moluques en-deçà du 180°. Il est cependant certain qu'avant Dampierre on se trompoit de 25° dans la longitude. (Desbrosses, *tome II*, p. 72).

des pendans d'oreille d'or. Ceux de sa suite avoient des bracelets d'or aux bras et des mouchoirs autour de la tête.

Nous passâmes huit jours près de cette île, et le capitaine alloit journellement à terre visiter les malades, à qui il portoit du vin de cocotier qui leur faisoit beaucoup de bien.

Les habitans des îles près de celle où nous étions avoient de si grands trous aux oreilles, et le bout en étoit si allongé qu'on pouvoit y passer le bras (1).

Ces peuples sont Cafres, c'est-à-dire, Gentils (2). Ils vont nus, n'ayant qu'un morceau d'écorce d'arbre pour cacher les parties naturelles, que quelques-uns des chefs couvrent

---

(1) Tous les navigateurs parlent des grandes oreilles des peuples nouvellement découverts. L'auteur en raconte ailleurs des choses fabuleuses.

(2) Après que les Mogols eurent conquis les Indes ces pays furent habités par deux différentes nations, c'est-à-dire, les Maures, et les indigènes que notre auteur appelle tantôt Cafres et tantôt Gentils. Les Maures eurent ce nom de ce qu'ils sont Mahométans, comme les Maures d'Espagne. Ces deux nations se trouvent encore aujourd'hui dans plusieurs de ces îles, souvent soumises aux Européens; mais les Gentils diminuent toujours de population et de pouvoir, et n'habitent presque plus que les montagnes. (Sonnerat, *Voyage aux Indes*, tome *I*, *p.* 35). Les Maures en ont fait de même dans le centre de l'Afrique. (*Voyage de Mungo-Park dans l'intérieur de l'Afrique*).

d'une bande de toile de coton brodée en soie aux deux bouts. Ils sont de couleur olivâtre, et généralement assez replets. Ils se tatouent et se graissent tout le corps avec de l'huile de cocotier et de gengeli, pour se garantir, disent-ils, du soleil et du vent. Ils ont les cheveux noirs et si longs qu'ils leur tombent sur la ceinture. Leurs armes sont des coutelas, des boucliers, des massues et des lances garnies d'or. Pour instrumens de pêche, ils ont des dards, des harpons et des filets faits à peu près comme les nôtres. Leurs embarcations ressemblent aussi à celles dont nous nous servons.

 Le lundi-saint, 25 mars, je courus le plus grand danger. Nous étions sur le point de faire voile, et je voulois pêcher : ayant pour me placer commodément mis le pied sur une vergue mouillée par la pluie, le pied me glissa et je tombai dans la mer sans être apperçu de personne. Heureusement la corde d'une voile qui pendoit dans l'eau se présenta à moi; je m'y attachai, et criai avec tant de force qu'on m'entendit, et qu'on vint me sauver avec l'esquif; ce qu'il ne faut pas attribuer sans doute à mon propre mérite, mais à la protection miséricordieuse de la très-sainte Vierge.

 Nous partîmes le même jour, et gouvernant entre l'ouest et le sud-ouest, nous passâmes au

1521.
Mars.

25.

Péril que court l'auteur

Cenalo, Abarien.

milieu de quatre îles appelées Cenalo, Huinangan, Ibusson et Abarien.

Le jeudi, 28 mars, ayant vu pendant la nuit du feu dans une île, le matin nous mîmes le cap sur elle; et lorsque nous en fûmes à peu de distance nous vîmes une petite barque, qu'on appelle *boloto*, avec huit hommes, s'approcher de notre vaisseau. Le capitaine avoit un esclave natif de Sumatra, qu'on appeloit anciennement *Tapobrana* (1); il essaya de leur parler dans la langue de son pays; ils le comprirent (2), et vinrent se placer à quelque distance de notre vaisseau, mais ils ne voulurent pas monter sur notre bord, et sembloient même craindre de nous approcher trop. Le capitaine, voyant leur méfiance, jeta à la mer un bonnet rouge et quelques autres bagatelles attachées sur une planche. Ils les prirent, et en témoignèrent beaucoup de joie; mais ils partirent aussitôt, et nous sûmes ensuite qu'ils s'étoient empressés d'aller avertir leur roi de notre arrivée.

Deux heures après, nous vîmes venir à nous deux *balangais* (nom qu'ils donnent à leurs

---

(1) La *Taprobana* des anciens est l'île de Ceylan et non Sumatra.

(2) Depuis les Philippines jusqu'à Malacca on parle par-tout la langue malaise. Il n'est donc pas étonnant qu'un homme de Malacca soit entendu aux Philippines. Voyez les *Vocabulaires*.

grandes barques), tout rempli d'hommes. Le roi étoit dans le plus grand, sous une espèce de dai formé de nattes. Quand le roi fut près de notre vaisseau l'esclave du capitaine lui parla; ce qu'il comprit très-bien, car les rois de ces îles parlent plusieurs langues. Il ordonna à quelques-uns de ceux qui l'accompagnoient de monter sur le vaisseau; mais il resta lui-même dans son *balangai;* et aussitôt que les siens furent de retour il partit.

1521.
MARS.

Le capitaine fit un accueil fort affable à ceux qui étoient montés sur le vaisseau, et leur donna aussi quelques présens. Le roi l'ayant su, avant de partir, voulut donner au capitaine un lingot d'or et une corbeille pleine de gingembre (1); mais le capitaine, en le remerciant, refusa d'accepter ce présent. Vers le soir nous allâmes avec l'escadre mouiller près de la maison du roi.

Insulaires de Butuan.

Le jour suivant le capitaine envoya à terre l'esclave qui lui servoit d'interprête, pour dire au roi, que s'il avoit quelques vivres à nous envoyer nous les payerions bien; en l'assurant en même tems que nous n'étions pas venus vers lui pour commettre des hostilités, mais pour être ses amis. Sur cela le roi vint lui-même au vais-

29.

Visite du roi.

---

(1) *Amomum zinziber*, Linn.

seau dans notre chaloupe, avec six ou huit de ses principaux sujets. Il monta à bord, embrassa le capitaine, et lui fit présent de trois vases de porcelaine pleins de riz cru, et couverts de feuilles, de deux dorades assez grosses, et de quelques autres objets. Le capitaine lui offrit à son tour une veste de drap rouge et jaune faite à la turque et un bonnet rouge fin. Il fit aussi quelques présens aux hommes de sa suite : aux uns il donna des miroirs, aux autres des couteaux. Ensuite il fit servir le déjeûner, et ordonna à l'esclave interprète, de dire au roi qu'il vouloit vivre en frère avec lui, ce qui parut lui faire grand plaisir.

Il étala ensuite devant le roi des draps de différentes couleurs, des toiles, du corail (1), et autres marchandises. Il lui fit voir aussi toutes les armes à feu jusqu'à la grosse artillerie, et ordonna même de tirer quelques coups de canon, dont les insulaires furent fort épouvantés. Il fit armer de toutes pièces un d'entre nous, et chargea trois hommes de lui donner des coups d'épée et de stilet, pour montrer au roi que

---

(1) Ramusio dit couteaux (*coltelli*), ce qui paroît plus vraisemblable ; mais notre manuscrit porte *corali* ; et nous savons que les navigateurs ont souvent fait un trafic avantageux avec le corail.

rien ne pouvoit blesser un homme armé de cette manière; ce qui le surprit beaucoup, et se tournant vers l'interprète, il lui fit dire au capitaine qu'un tel homme pouvoit combattre contre cent. Oui, répondit l'interprète au nom du capitaine; et chacun des trois vaisseaux a deux cents hommes armés de cette façon. On lui fit examiner ensuite séparement chaque pièce de l'armure, et toutes nos armes, en lui montrant la manière dont on s'en servoit.

Après cela il le conduisit au château d'arrière (1), et s'étant fait apporter la carte et la boussole, il lui expliqua, à l'aide de l'interprète, comment il avoit trouvé le détroit pour venir dans la mer où nous étions, et combien de lunes il avoit passé en mer sans appercevoir la terre.

Le roi, étonné de tout ce qu'il venoit de voir et d'entendre, prit congé du capitaine, en le priant d'envoyer avec lui deux des siens pour leur faire voir, à son tour, quelques particularités de son pays. Le capitaine me nomma avec un autre pour accompagner le roi.

Lorsque nous mîmes pied à terre, le roi leva les mains au ciel, et se tourna ensuite vers

1521.
MARS.

L'auteur va chez le roi.

---

(1) Dans le vaisseau B de la pl. I on voit le château d'arrière à la lettre F.

nous : nous en fîmes autant, ainsi que tous ceux qui nous suivoient. Le roi me prit alors par la main, et un des principaux en fit de même à mon camarade, et nous nous rendîmes ainsi sous une espèce de hangard fait de roseaux, où étoit un *balangai* qui avoit environ cinquante pieds de long, et qui ressembloit à une galère. Nous nous assîmes sur la pouppe, et tâchâmes de nous faire entendre par des gestes, parce que nous n'avions point d'interprête avec nous. Ceux de la suite du roi l'entouroient, se tenant debout, armés de lances et de boucliers.

Souper.

On nous servit alors un plat de chair de porc, avec une grande cruche pleine de vin. A chaque bouchée de viande nous buvions une écuellée de vin, et lorsqu'on ne vidoit pas entièrement l'écuelle (ce qui n'arrivoit guère) on versoit le reste dans une autre cruche. L'écuelle du roi étoit toujours couverte; et personne n'osoit y toucher que lui et moi. Toutes les fois que le roi vouloit boire, il levoit avant de prendre l'écuelle les mains au ciel, les tournoit ensuite vers nous, et au moment qu'il la prenoit avec la main droite, il étendoit vers moi la gauche le poing fermé; de manière que la première fois qu'il fit cette cérémonie, je crus qu'il alloit me donner un coup de poing; et il restoit dans cette attitude pendant tout le tems

Cérémonie en buvant.

qu'il buvoit; m'étant apperçu que tous les autres l'imitoient en cela, j'en fis autant avec lui. Ce fut ainsi que nous fîmes notre repas, et je ne pus me dispenser de manger de la viande quoique ce fut un vendredi-saint.

Avant que l'heure de souper n'arrivât, je présentai au roi plusieurs choses que j'avois sur moi pour cet effet; et lui demandai en même tems les noms de plusieurs objets dans leur langue : ils furent surpris de me les voir écrire.

Le souper vint : on porta deux grands plats de porcelaine, dont l'un contenoit du riz, et l'autre du porc cuit dans son bouillon. On suivit en soupant les mêmes cérémonies qu'au goûter. Nous passâmes de-là au palais du roi, qui avoit la forme d'une meule de foin (1). Il étoit couvert de feuilles de bananier et se trouvoit soutenu assez loin de terre par quatre grosses poutres, pour que nous eussions besoin d'une échelle pour y monter.

Quand nous y fûmes, le roi nous fit asseoir sur des nattes de roseaux avec les jambes croisées, comme les tailleurs sur leur table. Une

---

(1) Par la carte III enluminée qui représente l'île de Zubu, copiée sur notre manuscrit, on peut se faire une idée de ces maisons soutenues sur des poutres, qui ont beaucoup de ressemblance avec les maisons et les chalets de nos Alpes.

demi-heure après on apporta un plat de poisson rôti, coupé par morceaux, du gingembre qu'on venoit de cueillir, et du vin. Le fils aîné du roi étant survenu, il le fit asseoir à notre côté. On servit alors deux autres plats, un de poisson cuit dans son bouillon, et l'autre de riz, pour en manger avec le prince héréditaire. Mon compagnon de voyage but sans mesure et s'enivra.

Leurs chandelles sont faites d'une espèce de gomme d'arbre (1) qu'ils appellent *anime*, qu'on enveloppe dans des feuilles de palmier ou de figuier.

Le roi, après nous avoir fait signe qu'il vouloit se coucher, s'en alla, et nous laissa avec son fils, avec qui nous dormîmes sur une natte de roseaux, ayant la tête appuyée sur des oreillers faits de feuilles d'arbre.

Le lendemain le roi vint me voir dans la matinée, et m'ayant pris par la main, me conduisit dans l'endroit où nous avions soupé la veille, pour y déjeûner ensemble ; mais comme notre chaloupe étoit venue nous chercher, je fis mes excuses au roi, et partis avec mon compagnon. Le roi étoit de très-bonne humeur ; il

---

(1) C'est plutôt de la résine.

nous baisa les mains, et nous lui baisâmes les siennes.

1521.
MARS.

Son frère, qui étoit roi d'une autre île (1), vint avec nous accompagné de trois hommes. Le capitaine-général le retint à dîner et lui fit présent de plusieurs bagatelles.

Le roi qui nous accompagna nous dit qu'on trouvoit dans son île des morceaux d'or gros comme des noix, et même comme des œufs, mêlés avec de la terre, qu'on passoit au crible pour les trouver, et que tous ses vases, et même quelques ornemens de sa maison, étoient de ce métal (2). Il étoit vêtu fort proprement selon l'usage du pays, et c'étoit le plus bel homme que j'aie vu parmi ces peuples. Ses cheveux noirs lui tomboient sur les épaules : un voile de soie lui couvroit la tête, et il portoit aux oreilles deux anneaux d'or. De la ceinture jusqu'aux genoux il étoit couvert d'un drap de

Roi de Butuan.

Son vêtement.

Ornemens.

---

(1) Nous verrons dans la suite que les rois dont il est question ici possédoient deux pays sur la côte orientale de l'île de Mindanao, dont l'un s'appeloit Butuan, et l'autre Calagan. Le premier a conservé le même nom, et le second s'appelle Caragua. Le roi de Butuan étoit aussi roi de Massana, ou Mazzana, qui est probablement la Limassava de Bellin.

(2) Sonnerat (*tome II, p.* 117) parle aussi de Mindanao comme d'une île qui abonde en or. Par cette raison on a cru que les Philippines étoient les îles de Salomon.

coton brodé en soie : il portoit au côté une espèce de dague, ou d'épée, qui avoit un manche d'or fort long : le fourreau étoit de bois très-bien travaillé. Sur chacune de ses dents on voyoit trois taches d'or (1); de manière qu'on auroit dit qu'il avoit toutes ses dents liées avec ce métal. Il étoit parfumé de storax et de benjoin. Sa peau étoit peinte, mais le fond en étoit olivâtre.

Il fait son séjour ordinaire dans une île où sont les pays de Butuan et de Calagan (2); mais quand les deux rois veulent conférer ensemble, ils se rendent dans l'île de Massana, où nous étions actuellement. Le premier s'appelle raja (roi) Colambu, et l'autre raja Siagu.

Le jour de Pâques, qui étoit le dernier du mois de mars, le capitaine-général envoya le matin de bonne heure à terre l'aumônier avec quelques matelots pour y faire les préparatifs nécessaires pour dire la messe; et en même tems

---

(1) Fabre et Ramusio disent qu'à chaque doigt il avoit trois bagues d'or ; mais notre manuscrit porte clairement : *in ogni dente haveva tre machie d'oro, che parevano fossono legati con oro*. La chose paroîtra moins étrange quand on saura qu'à Macassar, île peu éloignée des Philippines, quelques-uns se font arracher les dents pour y substituer des dents d'or. (*Hist. générale des voyages*, tome XV, p. 97).

(2) C'est-à-dire, Mindanao.

il dépêcha l'interprète vers le roi pour lui dire que nous nous rendrions dans l'île, non pour dîner avec lui, mais pour remplir une cérémonie de notre culte; le roi approuva tout, et nous envoya deux porcs tués.

Nous descendîmes à terre au nombre de cinquante, n'ayant pas notre entière armure; mais étant cependant armés et habillés le plus proprement possible: au moment que nos chaloupes touchèrent au rivage, on tira six coups de bombarde en signe de paix. Nous sautâmes à terre, où les deux rois, qui étoient venus à notre rencontre, embrassèrent le capitaine, et le mirent au milieu d'eux. Nous allâmes ainsi, en marchant en ordre, jusqu'à l'endroit où l'on devoit dire la messe, qui n'étoit pas fort éloigné du rivage.

Avant qu'on commençât la messe, le capitaine jeta de l'eau musquée sur les deux rois. Au tems de l'oblation, ils allèrent, comme nous, baiser la croix; mais ils ne firent point l'offrande. A l'élévation, ils adorèrent l'eucharistie avec les mains jointes, imitant toujours ce que nous faisions. Dans ce moment, les vaisseaux ayant reçu le signal, firent une décharge générale de l'artillerie. Après la messe quelques-uns d'entre nous communièrent, et ensuite le capitaine fit exécuter une danse avec des épées, ce qui fit beaucoup de plaisir aux deux rois.

Après cela il fit apporter une grande croix garnie des clous et de la couronne d'épines, devant laquelle nous nous prosternâmes, et les insulaires nous imitèrent encore en cela. Alors le capitaine fit dire aux rois, par l'interprête, que cette croix étoit l'étendard qui lui avoit été confié par son empereur, pour la planter partout où il aborderoit ; et que par conséquent il vouloit l'élever dans cette île, à laquelle ce signe seroit d'ailleurs favorable ; parce que tous les vaisseaux européens qui dorénavant viendroient la visiter connoîtroient en le voyant que nous y avions été reçus comme amis, et ne feroient aucune violence ni à leurs personnes ni à leurs propriétés ; et que, dans le cas même où quelqu'un d'entre eux seroit pris, il n'auroit qu'à montrer la croix pour qu'on lui rendit sur-le-champ la liberté. Il ajouta qu'il falloit placer cette croix sur la sommité la plus élevée des environs, afin que chacun pût la voir; et que chaque matin il falloit l'adorer. Il ajouta qu'en suivant ce conseil, ni la foudre ni l'orage ne leur feroient désormais aucun mal. Les rois, qui ne doutoient nullement de tout ce que le capitaine venoit de leur dire, le remercièrent, et le firent assurer, par l'interprête, qu'ils étoient parfaitement satisfaits, et que ce seroit avec plaisir qu'ils exécuteroient ce qu'il venoit de leur proposer.

1521.
Mars.

Il leur fit demander quelle étoit leur religion? s'ils étoient Maures ou Gentils (1)? Ils répondirent qu'ils n'adoroient aucun objet terrestre; mais, levant les mains jointes et les yeux au ciel, ils firent entendre qu'ils adoroient un Etre-Suprême, qu'ils appeloient *Abba*; ce qui fit un grand plaisir à notre capitaine. Alors le raja Colambu, levant les mains vers le ciel, lui dit qu'il auroit bien désiré de lui donner quelques preuves de son amitié. L'interprète lui ayant demandé pourquoi il y avoit si peu de vivres? Il répondit que cela venoit de ce qu'il ne faisoit pas sa résidence dans cette île, où il ne venoit que pour la chasse, ou pour y avoir des entretiens avec son frère; et que sa résidence ordinaire étoit dans une autre île, où demeuroit aussi sa famille.

Religion.

Le capitaine dit au roi que s'il avoit des ennemis, il se joindroit volontiers à lui avec ses vaisseaux et ses guerriers pour les combattre. Le roi lui fit répondre qu'il étoit véritablement en guerre avec les habitans de deux îles; mais que ce n'étoit pas alors le tems propre de les at-

(1) Voyez la seconde note de la page 70.

taquer, et il le remercia. On résolut d'aller l'après-midi planter la croix sur le sommet d'une montagne, et la fête finit par le feu de nos mousquetaires, qui s'étoient formés en bataillons; après quoi le roi et le capitaine-général s'embrassèrent, et nous retournâmes sur nos vaisseaux.

Dans l'après-dîner nous descendîmes tous à terre en simple gilet, et accompagnés des deux rois nous montâmes sur le sommet de la montagne la plus élevée des environs, et y plantâmes la croix. Pendant ce tems le capitaine fit connoître les avantages qui devoient en résulter pour les insulaires. Nous adorâmes tous la croix, et les rois en firent autant. En descendant nous traversâmes des champs cultivés, et nous nous rendîmes à l'endroit où étoit le *balangai*, dans lequel les rois firent apporter des rafraichissemens.

Le capitaine-général avoit déja demandé quel étoit dans les environs le port le plus propre pour ravitailler ses vaisseaux, et pour y trafiquer avec ses marchandises? On lui dit qu'il y en avoit trois; savoir, Ceylon, Zubu et Calagan (1); mais que Zubu étoit le meilleur;

---

(1) Ceylon est l'île de Leyte, que Pigafetta a coupé en deux, donnant à la partie septentrionale le nom de Baybay, qui est le

et comme il étoit décidé de s'y rendre, on lui offrit des pilotes pour le conduire. La cérémonie de l'adoration de la croix étant finie, le capitaine fixa au lendemain notre départ, et offrit aux rois de leur laisser un ôtage pour répondre des pilotes jusqu'à ce qu'il les eût renvoyés. Les rois y consentirent.

1521.
M a r s.

Le matin, lorsque nous étions sur le point de lever l'ancre, le roi Colambu nous fit dire qu'il viendroit volontiers nous servir lui-même de pilote; mais qu'il étoit obligé de différer encore de quelques jours pour faire la récolte du riz et d'autres produits de la terre : il prioit en même tems le capitaine de vouloir bien lui envoyer des gens de son équipage pour l'aider à achever plus vîte ce travail. Le capitaine lui envoya effectivement quelques hommes; mais les rois avoient tant mangé et tant bu le jour précédent, que soit que leur santé en eut été altérée, soit par suite d'ivresse, ils ne purent donner aucun ordre, et nos gens se trouvèrent par conséquent à rien faire. Pendant les deux jours suivans ils travaillèrent beaucoup, et on acheva la besogne.

Avril.
1.

Récolte du riz

2.

3 et 4.

Nous passâmes sept jours dans cette île, pen-

---

nom d'un port. Calagan est Caragua, dans l'île de Mindanao; et Zubu est l'île de Sebu, dont il sera beaucoup parlé.

dant lesquels nous eûmes occasion d'observer leurs usages et coutumes. Ils ont le corps peint, et vont tout nus, en couvrant seulement les parties naturelles d'un morceau de toile. Les femmes portent un jupon d'écorce d'arbre qui leur descend de la ceinture en bas. Leurs cheveux sont noirs et leur tombent quelquefois jusque sur les pieds. Leurs oreilles sont trouées et ornées de bagues et de pendans d'or. Ils sont grands buveurs, et mâchent toujours un fruit appelé *areca* (1), qui ressemble à une poire : ils le coupent par quartiers et l'enveloppent dans des feuilles du même arbre, appelé *betre* (2), qui ressemblent à celles du mûrier, et ils y mêlent un peu de chaux. Après qu'ils l'ont bien mâché ils le crachent, et leur bouche devient toute rouge. Il n'y a aucun de ces insulaires qui ne mâche le fruit du betre, lequel, à ce qu'on prétend, leur rafraîchit le cœur; on assure même qu'ils mourroient s'ils vouloient s'en abstenir. Les animaux de cette île sont les chiens, les chats, les cochons, les chèvres et les poules; et on y trouve pour végétaux commestibles le riz, le millet, le panis, le maïs, les noix de

---

(1) L'usage de mâcher l'arec (*areca catlucu*, Linn.) enveloppé dans les feuilles de bétel, **subsiste toujours**.

(2) C'est le bétel.

coco, l'orange, le citron, la banane, et le gingembre. Il y a aussi de la cire.

L'or y est en abondance, ainsi que le prouveront deux faits dont j'ai été témoin. Un homme nous apporta une jatte de riz et des figues, et demanda en échange un couteau. Le capitaine, au lieu du couteau, lui offrit quelques pièces de monnoie, et entr'autres, une double pistole d'or; mais il les refusa, et préféra le couteau. Un autre offrit un gros lingot d'or massif pour avoir six fils de grains de verroterie; mais le capitaine défendit expressément de faire cet échange, de peur que cela ne donnât à comprendre à ces insulaires que nous apprécions plus l'or que le verre et nos autres marchandises.

L'île de Massana est par le 9° 40' de latitude nord, et à 162° de longitude occidentale de la ligne de démarcation. Elle est à vingt-cinq lieues de l'île de Humunu (1).

De-là, dirigeant au sud-est, nous partîmes, et passâmes au milieu de cinq îles qu'on appelle Ceylon, Bohol, Canigan, Baybay et Gatigan (2).

---

(1) Limassava est véritablement dans la latitude indiquée par l'auteur; mais il y a une grande erreur dans la longitude.

(2) Bohol a toujours le même nom. Candigan et Gatigan, se trouvent dans les anciennes cartes, et particulièrement dans la carte XVIII d'Urbain Monti. Bellin a placé ici des îles sans nom.

Dans cette dernière, nous vîmes des chauve-souris aussi grosses que des aigles. Nous en tuâmes une que nous mangeâmes, et à laquelle nous trouvâmes un goût de poulet (1). Il y a aussi des pigeons, des tourterelles, des perroquets, et d'autres oiseaux noirs et gros comme une poule, qui font des œufs aussi gros que ceux de canard et qui sont fort bons à manger. On nous dit que la femelle pond ses œufs dans le sable, et que la chaleur du soleil suffit pour les faire éclorre. De Massana à Gatigan il y a vingt lieues.

Nous partîmes de Gatigan en mettant le cap à l'ouest; et comme le roi de Massana, qui voulut être notre pilote, ne pouvoit pas nous suivre avec sa pirogue, nous l'attendîmes près de trois îles appelées Polo, Ticobon et Pozon (2). Lorsqu'il nous eut rejoint, nous le fîmes monter avec quelques-uns de sa suite sur notre vaisseau; ce qui lui fit grand plaisir, et nous nous rendîmes à l'île de Zubu (3). De Gatigan à Zubu il y a quinze lieues.

---

(1) *Vespertilio vampyrus*, Linn.
(2) Polo et Pozon, îles qu'on voit aussi dans les cartes de Monti et de Ramusio; mais trop éloignées l'une de l'autre.
(3) Dans la planche III enluminée ci-jointe on voit les îles de Zubu et de Mattam copiées exactement sur notre manuscrit.

Carte enluminée III.   Page 88.

Quivi mori il capt.^o Me *Mattam.*

Zzubu.

Le dimanche, 7 avril, nous entrâmes dans le port de Zubu. Nous passâmes près de plusieurs villages, où nous vîmes des maisons construites sur les arbres. Quand nous fûmes près de la ville (1), le capitaine fit arborer tous les pavillons et amener toutes les voiles, et l'on fit une décharge générale de l'artillerie; ce qui causa une grande alarme parmi les insulaires.

Le capitaine envoya alors un de ses élèves avec l'interprête comme ambassadeur au roi de Zubu. En arrivant à la ville, ils trouvèrent le roi environné d'un peuple immense alarmé du bruit des bombardes. L'interprête commença par rassurer le roi, en lui disant que c'étoit notre usage, et que ce bruit n'étoit qu'un salut en signe de paix et d'amitié pour honorer en même tems le roi et l'île. Ce propos rassura tout le monde.

Le roi fit demander par son ministre à l'interprête ce qui pouvoit nous attirer dans son île, et ce que nous voulions? L'interprête répondit que son maître, qui commandoit l'escadre, étoit capitaine au service du plus grand roi de la terre; et que le but de son voyage étoit de se rendre à Malucco; mais que le roi de Massana, où il avoit touché, lui ayant fait de grands

1521.
AVRIL.
7.

Ambassade au roi.

―――――

(1) La ville dessinée sur la carte III enluminée, qui a le même nom que l'île.

éloges de sa personne, il étoit venu pour avoir le plaisir de lui rendre visite, et en même tems pour prendre des rafraichissemens en donnant en échange de nos marchandises.

Le roi lui fit dire qu'il étoit le bien-venu; mais qu'il l'avertissoit en même tems que tous les vaisseaux qui entroient dans son port pour y trafiquer, devoient commencer par lui payer un droit : en preuve de quoi il ajouta qu'il n'y avoit pas quatre jours que ce droit avoit été payé par une jonque (1) de Ciam (2), qui y étoit venu prendre des esclaves et de l'or; il appela ensuite un marchand Maure qui venoit aussi de Ciam, pour le même objet, afin qu'il témoignât la vérité de ce qu'il venoit d'avancer.

L'interprête répondit que son maître, étant le capitaine d'un si grand roi, ne payeroit de droit à aucun roi de la terre : que si le roi de Zubu vouloit la paix, il avoit apporté la paix; mais que s'il vouloit la guerre, il lui feroit la guerre. Le marchand de Ciam, s'approchant alors du roi, lui dit en son langage : *cata raja chita*; c'est-à-dire, seigneur, prenez bien garde à cela. Ces gens-là (ils nous croyoit Portugais) sont ceux qui ont conquis Calicut,

---

1521.
AVRIL.

Présent demandé.

---

(1) Jonque, gros navire dont il donne ailleurs la description.
(2) Siam.

Malacca, et toutes les Grandes-Indes. L'interprête, qui avoit compris ce que le marchand venoit de dire, ajouta que son roi étoit encore beaucoup plus puissant, tant par ses armées que par ses escadres, que le roi de Portugal, dont le Ciamois avoit voulu parler : que c'étoit le roi d'Espagne et l'empereur de tout le monde chrétien ; et que s'il eut préféré l'avoir plutôt pour ennemi que pour ami, il auroit envoyé un nombre assez considérable d'hommes et de vaisseaux pour détruire son île entière. Le Maure confirma au roi ce que venoit de dire l'interprête. Le roi se trouvant alors embarrassé, dit qu'il se concerteroit avec les siens, et donneroit le lendemain sa réponse. En attendant il fit apporter au député du capitaine-général et à l'interprête un déjeûner de plusieurs mêts, tous composés de viande, dans des vases de porcelaine.

Après le déjeûner nos députés revinrent à bord, et nous firent le rapport de tout ce qui leur étoit arrivé. Le roi de Massana, qui, après celui de Zubu, étoit le plus puissant roi de ces îles, se rendit à terre pour annoncer au roi les bonnes dispositions de notre capitaine-général à son égard.

Le jour suivant, l'écrivain de notre vaisseau et l'interprête allèrent à Zubu. Le roi vint au-devant d'eux accompagné de ses chefs, et après avoir fait asseoir nos deux députés devant lui, il leur dit, que, convaincu par ce qu'il venoit d'entendre, non-seulement il ne prétendoit aucun droit, mais que, si on l'exigeoit, il étoit prêt à se rendre lui-même tributaire de l'empereur. On lui répondit alors qu'on ne demandoit d'autre droit que le privilège d'avoir le commerce exclusif de son île. Le roi y consentit, et les chargea d'assurer notre capitaine, que s'il vouloit être véritablement son ami, il n'avoit qu'à se tirer un peu de sang du bras droit et le lui envoyer, et qu'il en feroit autant de son côté; ce qui seroit de part et d'autre le signe d'une amitié loyale et solide. L'interprête l'assura que tout cela se feroit comme il le désiroit. Le roi ajouta alors que tous les capitaines ses amis qui venoient dans son port lui faisoient des présens, et qu'ils en recevoient d'autres en retour; qu'il laissoit au capitaine le choix de donner le premier ces présens ou de les recevoir. L'interprête répondit que puisqu'il paroissoit mettre tant d'importance à cet usage, il n'avoit qu'à commencer; ce que le roi consentit à faire.

Le mardi au matin, le roi de Massana vint à bord de notre vaisseau avec le marchand Maure, et après avoir salué le capitaine de la part du roi de Zubu, il lui dit qu'il étoit chargé de le prévenir que le roi étoit occupé à rassembler tous les vivres qu'il pouvoit trouver pour lui en faire présent, et que dans l'après-midi il lui enverroit son neveu avec quelques-uns de ses ministres pour établir la paix. Le capitaine les remercia, et il leur fit en même tems voir un homme armé de pied en cap, en leur disant que dans le cas qu'il fallût combattre, nous nous armerions tous de la même manière. Le Maure fut saisi de peur en voyant un homme armé de cette manière; mais le capitaine le tranquillisa en l'assurant que nos armes étoient aussi avantageuses à nos amis que fatales à nos adversaires; que nous étions en état de dissiper tous les ennemis de notre roi et de notre foi avec autant de facilité que nous en avions à nous essuyer la sueur du front avec un mouchoir. Le capitaine prit ce ton fier et menaçant pour que le Maure allât en rendre compte au roi.

1521.
Avril.

Effectivement après dîner nous vîmes venir à notre bord le neveu (1) du roi et qui étoit son héritier, avec le roi de Massana, le Maure, le gouverneur ou ministre et le prévôt-major avec huit chefs de l'île, pour contracter une alliance de paix avec nous. Le capitaine les re-

Ambassade au capitaine.

---

(1) L'héritier présomptif du royaume.

çut avec beaucoup de dignité : il s'assit dans un fauteuil de velours rouge, donnant des chaises de la même étoffe au roi de Massana et au prince : les chefs furent s'asseoir sur des chaises de cuir, et les autres sur des nattes.

...itaine fit demander par l'interprête si c'ét... ...ur coutume de faire les traités en public, et si le prince et le roi de Massana avoient les pouvoirs nécessaires pour conclure un traité d'alliance avec lui ? On répondit qu'ils y étoient autorisés, et qu'on pouvoit en parler en public. Le capitaine leur fit sentir alors tous les avantages de cette alliance, pria Dieu de la confirmer dans le ciel, et ajouta plusieurs autres choses qui leur inspirèrent de l'amour et du respect pour notre religion.

Il demanda si le roi avoit des enfans mâles ? On lui répondit qu'il n'avoit que des filles, dont l'aînée étoit la femme de son neveu, qui étoit alors son ambassadeur, et qui, à cause de ce mariage, étoit regardé comme prince héréditaire. En parlant de la succession parmi eux, on nous apprit que quand les pères ont un certain âge on n'a plus de considération pour eux, et que le commandement passe alors aux fils. Ce discours scandalisa le capitaine, qui condamna cet usage, attendu que Dieu, qui a créé le ciel et la terre, disoit-il, a expressément crdonné aux enfans d'honorer leurs père et mère, et menaçoit de châtier du feu éternel ceux qui transgressent ce commandement ; et pour leur faire mieux sentir la force de ce précepte divin, il leur dit que nous étions tous également sujets aux mêmes loix divines, parce que nous sommes tous également descendus d'Adam et d'Eve. Il ajouta d'autres passages de l'histoire sacrée, qui firent grand plaisir à ces insulaires, et excitèrent en eux le désir d'être instruits des principes de notre religion ; de manière qu'ils prièrent le capitaine de leur laisser, à son départ, un ou deux hommes capables de les enseigner, et qui ne manqueroient pas d'être bien honorés parmi eux. Mais le capitaine leur fit entendre que la chose la plus essentielle pour eux étoit de se faire baptiser, ce qui pouvoit se faire avant son départ ; qu'il ne pouvoit maintenant laisser parmi eux aucune personne de son équipage ; mais qu'il reviendroit un jour leur conduire plusieurs prêtres et moines pour les instruire sur tout ce qui regarde notre sainte religion. Ils témoignèrent leur satisfaction à ces discours, et ajoutèrent qu'ils seroient bien contens de recevoir le baptême ; mais qu'ils vouloient auparavant consulter leur roi à ce sujet. Le capitaine leur dit alors qu'ils eussent soin de ne pas se faire baptiser par la seule

1521.
Avril.

Commencement de conversion.

crainte que nous pouvions leur inspirer, ou par l'espoir d'en tirer des avantages temporels; parce que son intention n'étoit pas d'inquiéter personne parmi eux pour avoir préféré de conserver la foi de ses pères; il ne dissimula pas cependant que ceux qui se feroient chrétiens seroient les plus aimés et les mieux traités. Tous s'écrièrent alors que ce n'étoit ni par crainte ni par complaisance pour nous qu'ils alloient embrasser notre religion, mais par un mouvement de leur propre volonté.

Le capitaine leur promit alors de leur laisser des armes et une armure complette, d'après l'ordre qu'il en avoit reçu de son souverain; mais il les avertit en même tems, qu'il falloit baptiser aussi leurs femmes, sans quoi ils devoient se séparer d'elles et ne point les connoître, s'ils ne vouloient pas tomber en pêché. Ayant su qu'ils prétendoient avoir des fréquentes apparitions du diable qui leur faisoit grand'peur, il les assura que s'ils se faisoient chrétiens, le diable n'oseroit plus se montrer à eux qu'au moment de la mort (1). Ces insulaires, émus et persuadés de tout ce qu'ils ve-

---

(1) Candish et Noort (*Histoire générale des voyages*, tome *XV*, *p.* 222) parlent de la crainte que les habitans des Philippines ont de l'apparition du diable.

noient d'entendre, répondirent qu'ils avoient pleine confiance en lui; sur quoi le capitaine, pleurant d'attendrissement, les embrassa tous.

1521.
AVRIL.

Il prit alors entre ses mains la main du prince et celle du roi de Massana, et dit que par la foi qu'il avoit en Dieu, par la fidélité qu'il devoit à l'empereur son seigneur, et par l'habit même (1) qu'il portoit, il établissoit et promettoit une paix perpétuelle entre le roi d'Espagne et le roi de Zubu. Les deux ambassadeurs firent la même promesse.

Alliance avec l'Espagne.

Après cette cérémonie on servit à déjeûner; ensuite les Indiens présentèrent au capitaine de la part du roi de Zubu des grands paniers pleins de riz, des cochons, des chèvres et des poules, en faisant leurs excuses de ce que le présent qu'ils offroient n'étoit pas plus digne d'un si grand personnage.

Dons du roi.

De son côté, le capitaine-général donna au prince un drap blanc de toile très-fine, un bonnet rouge, quelques fils de verroterie, et une tasse de verre dorée, le verre étant très-recherché par ces peuples. Il ne fit aucun présent au roi de Massana, parce qu'il venoit de lui

Dons du capitaine.

---

(1) Probablement c'étoit la soubre-veste de l'ordre de Saint-Jacques dont il étoit commandeur.

7

donner une veste de Cambaie (1) et quelques autres choses. Il fit aussi des présens à toutes les personnes qui accompagnoient les ambassadeurs.

Pigafetta porte les dons au roi.

Après que les insulaires furent partis, le capitaine m'envoya à terre avec un autre porter les présens destinés au roi, lesquels consistoient en une veste de soie jaune et violette faite à la turque, un bonnet rouge et quelques fils de grains de cristal, le tout dans un plat d'argent, avec deux tasses de verre dorées que nous portions à la main.

Vêtement du roi et ses ornemens.

En arrivant dans la ville, nous trouvâmes le roi dans son palais, accompagné d'un grand cortège. Il étoit assis par terre sur une natte de palmier. Son corps étoit tout nu, n'ayant qu'une pièce de toile de coton qui lui couvroit les parties naturelles, un voile brodé à l'aiguille autour de la tête, un collier de grand prix au cou, et et aux oreilles deux grands cercles d'or entourés de pierres précieuses. Il étoit petit, replet et peint de différentes manières par le moyen du feu (2). Il mangeoit à terre sur une autre

---

(1) Cambaie est une des villes les plus commerçantes de l'Inde, particulièrement pour les toiles.

(2) Aujourd'hui les Sauvages ne se servent plus du feu pour se tatouer; mais ils se font des incisions dans lesquelles ils ver-

natte, des œufs de tortue contenus dans deux vases de porcelaine, ayant devant lui quatre cruches pleines de vin de palmier couvertes d'herbes odoriférantes. Dans chacune de ces cruches il y avoit un tuyau de roseau, par le moyen duquel il buvoit (1).

Après que nous eûmes rendu notre salut au roi, l'interprète lui dit que le capitaine son maître le faisoit remercier du présent qu'il venoit de lui faire, et lui envoyoit en retour quelques objets, non comme une récompense, mais comme une marque de l'amitié sincère qu'il venoit de contracter avec lui. Après ce préambule nous lui endossâmes la veste, lui mîmes sur la tête le bonnet, et lui présentâmes les autres dons que nous avions pour lui. Avant de lui offrir les tasses de verre je les baisai et les élevai au-dessus de ma tête. Le roi en fit de même en les recevant. Ensuite il nous fit manger de ses œufs et boire de son vin avec les tuyaux dont il se servoit. Pendant que nous mangions, ceux qui étoient venus sur le vaisseau lui rapportèrent tout ce que le capitaine avoit dit touchant la paix, et de

---

sent des liqueurs colorantes, ou bien ils y appliquent des sucs caustiques.

(1) L'usage de boire par le moyen d'un roseau a été observé aussi par Noort chez ces peuples.

quelle manière il les avoit exhortés à embrasser le christianisme.

Le roi voulut aussi nous donner à souper; mais nous nous excusâmes et prîmes congé de lui. Le prince son gendre nous conduisit dans sa propre maison, où nous trouvâmes quatre filles qui faisoient de la musique à leur manière: une battoit un tambour pareil aux nôtres, mais posé par terre (1); l'autre avoit auprès d'elle deux timballes et dans chaque main une espèce de cheville ou petite massue dont l'extrémité étoit garnie de toile de palmier, dont elle frappoit tantôt sur l'une et tantôt sur l'autre; la troisième battoit de la même manière une grande timballe; la quatrième tenoit à la main deux petites cimballes, qu'elle frappoit alternativement l'une contre l'autre, et qui rendoient un son fort doux. Elles se tenoient toutes si bien en mesure qu'on devoit leur supposer une grande intelligence de la musique. Ces timballes, qui sont de métal ou de bronze, se fabriquent dans le pays du *Sign' Magno* (2), et leur tiennent lieu de cloches; on les appelle *agon*. Ces

---

(1) Même aujourd'hui dans les îles de la mer du Sud les tambours et les cimballes sont les principaux instrumens de musique des habitans.

(2) Le *Sinus Magnus* de Ptolomée, qui est le golfe de la Chine.

insulaires jouent aussi d'une espèce de violon, dont les cordes sont de cuivre.

1521.
AVRIL.

Ces filles étoient fort jolies, et presque aussi blanches que nos Européennes; et quoiqu'elles fussent déja adultes, elles n'en étoient pas moins nues; quelques-unes avoient cependant un morceau de toile d'écorce d'arbre qui leur descendoit depuis la ceinture jusqu'aux genoux, mais les autres étoient dans une parfaite nudité; le trou de leurs oreilles étoit fort grand, et se trouvoit garni d'un cercle de bois pour l'élargir davantage et lui donner de la rondeur (1). Elles avoient les cheveux longs et noirs, et se ceignoient la tête d'un petit voile. Elles ne portent jamais de souliers ni aucune autre chaussure. Nous goûtâmes chez le prince, et retournâmes ensuite à nos vaisseaux.

Nudité des filles.

Un de nos gens étant mort pendant la nuit, je retournai le mercredi matin chez le roi avec l'interprète, pour lui demander la permission de l'enterrer, et de nous indiquer un lieu pour cela. Le roi, que nous trouvâmes environné d'un nombreux cortège, nous répondit que, puisque le capitaine pouvoit disposer de lui et de tous ses

10.

Enterrement.

---

(1) Cook (*second Voyage*, tome *II*, p. 194) a expliqué la manière dont, au moyen de cercles élastiques de feuilles de roseau, on dilate les trous faits au bout des oreilles.

sujets, à plus forte raison il pouvoit disposer de sa terre. J'ajoutai que pour enterrer le mort nous devions consacrer l'endroit de la sépulture, et y planter une croix. Le roi, non-seulement y donna son consentement, mais ajouta qu'il adoreroit, comme nous, la croix.

On consacra le mieux qu'il fut possible la place même de la ville destinée à servir de cimetière aux chrétiens, selon les rites de l'église, afin d'inspirer aux Indiens une bonne opinion de nous, et y enterrâmes ensuite le mort. Le même soir nous en enterrâmes un autre.

Ayant débarqué ce jour-là beaucoup de nos marchandises, nous les mîmes dans une maison que le roi prit sous sa protection ainsi que quatre hommes que le capitaine y laissa pour trafiquer en gros. Ce peuple, qui est ami de la justice, a des poids et des mesures. Ses balances sont faites d'un bâton de bois soutenu au milieu par une corde. D'un côté est le bassin de la balance attaché à un bout du bâton par trois petites cordes : de l'autre il y a un poids en plomb équivalant au poids du bassin. Du même côté on attache des poids qui représentent des livres, des demi-livres, des tiers, etc., et on met sur le bassin les marchandises qu'on veut peser. Ils ont aussi leurs mesures de longueur et de capacité.

Ces insulaires sont adonnés au plaisir et à l'oisiveté. Nous avons déjà dit la manière dont les filles battent des timballes : elles jouent aussi d'une espèce de musette qui ressemble beaucoup à la nôtre, et qu'ils appellent *subin*.

Leurs maisons sont faites de poutres, de planches et de roseaux, et il y a des chambres comme chez nous. Elles sont bâties sur pilotis ; de manière qu'au-dessous il y a un vide, qui sert d'étable et de poulaillier, pour les cochons, les chèvres et les poules.

On nous dit qu'il y a dans ces mers des oiseaux noirs semblables à des corbeaux, qui, lorsque la baleine paroît à la surface de l'eau, attendent qu'elle ouvre la gueule pour se jeter dedans, et vont directement lui arracher le cœur, qu'ils emportent ailleurs pour s'en nourrir. La seule preuve qu'ils nous donnoient de ce fait, étoit qu'on voit l'oiseau noir mangeant le cœur de la baleine, et qu'on trouve la baleine morte sans cœur. Ils ajoutoient que cet oiseau s'appelle *lagan*; qu'il a le bec dentelé, la peau noire; mais que sa chair est blanche et bonne à manger (1).

---

(1) C'est un des contes que Pigafetta a entendu faire, et qu'il rapporte de bonne foi. Cependant on a observé que plusieurs oiseaux vivent de baleines mortes, et jetées sur le rivage. Un cor-

1521.
AVRIL.
12.
Trafic.

Le vendredi nous ouvrîmes notre magasin et exposâmes toutes nos marchandises, que les insulaires admiroient avec étonnement. Pour le bronze, le fer, et autres grosses marchandises, ils nous donnoient de l'or. Nos bijoux et autres petits objets se troquoient contre du riz, des cochons, des chèvres et autres commestibles. On nous donnoit dix pièces d'or, chacune de la valeur d'un ducat et demi, pour quatorze livres de fer. Le capitaine-général défendit de montrer trop d'empressement pour l'or; sans cet ordre chaque matelot auroit vendu tout ce qu'il possédoit pour se procurer ce métal, ce qui auroit ruiné pour toujours notre commerce.

14.
Baptême du roi de Zubu.

Le roi ayant promis à notre capitaine d'embrasser la religion chrétienne, on avoit fixé pour cette cérémonie le dimanche 14 avril. On dressa pour cet effet dans la place que nous avions déjà consacrée un échafaud garni de tapisseries et de branches de palmier. Nous fûmes à terre au nombre de quarante, outre deux hommes armés de pied en cap qui précédoient la bannière royale. Au moment que nous mîmes pied à terre les vaisseaux firent une dé-

---

beau qui est entré dans la gueule ouverte d'une baleine morte, peut avoir donné lieu à ce conte.

charge de toute l'artillerie, ce qui ne laissa pas d'épouvanter les insulaires. Le capitaine et le roi s'embrassèrent. Nous montâmes sur l'échafaud où il y avoit pour eux deux chaises de velours verd et bleu. Les chefs des insulaires s'assirent sur des coussins, et les autres sur des nattes.

1521.
Avril.

Alors le capitaine fit dire au roi que parmi les autres avantages dont il alloit jouir en se faisant chrétien, il auroit celui de vaincre plus facilement ses ennemis. Le roi répondit qu'il étoit bien content de se faire chrétien même sans cette raison; mais qu'il auroit été fort charmé de pouvoir se faire respecter de certains chefs de l'île, qui refusoient de lui être soumis, en disant qu'ils étoient hommes comme le roi, et qu'ils ne vouloient pas lui obéir. Le capitaine les ayant fait appeler, leur fit dire par l'interprête, que s'ils n'obéissoient pas au roi comme à leur souverain, il les feroit tous tuer, et donneroit leurs biens au roi. A cette menace tous les chefs promirent de reconnoître l'autorité du roi.

Avantages pour le roi se faisant chrétien.

Le capitaine promit de son côté au roi qu'à son retour en Espagne il reviendroit dans ces pays avec des forces beaucoup plus considérables, et qu'il le rendroit le plus puissant monarque de toutes ces îles; récompense qu'il croyoit lui être due comme ayant le premier embrassé la religion chrétienne. Le roi levant les mains au ciel le remercia; et le pria instamment de laisser chez lui quelques gens pour l'instruire dans les mystères et les devoirs de la religion chrétienne; ce que le capitaine promit de faire, mais à condition qu'on confieroit deux fils des principaux de l'île, pour les conduire avec lui en Espagne, où ils apprendroient la langue espagnole, afin de pouvoir à leur retour donner une idée de ce qu'ils y auroient vu.

Baptême du roi. Après avoir planté une grande croix au milieu de la place, on publia un avis que quiconque vouloit embrasser le christianisme devoit détruire toutes ses idoles, et mettre la croix à leur place. Tous y consentirent. Le capitaine prenant alors le roi par la main, le conduisit vers l'échafaud, où on l'habilla entièrement en blanc, et on le baptisa avec le roi de Massana, le prince son neveu, le marchand Maure et autres au nombre de cinq cents. Le roi, qui se nommoit raja Humabon, fut appelé Charles, du nom de l'empereur. Les autres reçurent d'autres noms. On célébra ensuite la messe, après laquelle le capitaine invita le roi à dîner; mais celui-ci s'en excusa, et nous accompagna jusqu'aux chaloupes, qui nous ramenèrent à l'escadre qui fit une autre décharge de toute l'artillerie.

Après dîner nous allâmes en grand nombre à terre avec notre aumônier pour baptiser la reine et d'autres femmes. Nous montâmes avec elles sur le même échafaud. Je fis voir à la reine une petite statue qui représentoit la Vierge avec l'enfant Jésus ; ce qui lui plut beaucoup et l'attendrit. Elle me la demanda pour la mettre à la place de ses idoles, à quoi je consentis volontiers (1). On donna à la reine le nom de Jeanne, d'après la mère de l'empereur ; le nom de Catherine à la femme du prince ; et celui d'Elisabeth à la reine de Massana. Nous baptisâmes ce jour-là près de huit cents personnes, hommes, femmes et enfans.

1521.
AVRIL.
Baptême de la reine.

La reine, jeune et belle personne, étoit vêtue entièrement d'un drap blanc et noir, ayant la tête garnie d'un grand chapeau fait de feuilles de palmier, en forme de parasol, surmonté d'une triple couronne formée des mêmes feuilles, qui ressembloit à la thiare du pape, et sans laquelle elle ne sort jamais. Elle avoit la bouche et les ongles peints d'un rouge très-vif.

Vêtemens de la reine.

---

(1) Le hasard, ou les soins de quelqu'habitant qui la regardoit comme une idole, fit qu'elle s'y conserva jusqu'en 1598. Les Espagnols y étant retournés avec des missionnaires, la trouvèrent, et la mirent en vénération ; et c'est à son occasion qu'ils donnèrent le nom de ville de Jésus à la ville qu'ils y bâtirent. (*Histoire générale des voyages*, tome *XV*, p. 35).

Vers le soir le roi et la reine vinrent sur le rivage où nous étions, et entendirent avec plaisir le bruit innocent des bombardes qui les avoit tant effrayé précédemment.

1521. Avril.

23. Intolérance.

Pendant ce tems tous les habitans de Zubu et des îles voisines furent baptisés. Il y eut cependant un village dans une des îles dont les habitans refusèrent d'obéir au roi et à nous : après l'avoir brûlé on y planta une croix parce que c'étoit un village d'idolâtres : si les habitans eussent été des Maures, c'est-à-dire, Mahométans, on y auroit dressé une colonne de pierre, pour désigner l'endurcissement de leur cœur.

Le capitaine-général descendoit tous les jours à terre pour y entendre la messe à laquelle accouroient aussi plusieurs nouveaux chrétiens, auxquels il faisoit une espèce de catéchisme, en leur expliquant plusieurs points de notre religion.

Faste de la reine à la messe

Un jour la reine vint aussi dans toute sa pompe à la messe. Elle étoit précédée de trois jeunes filles lesquelles tenoient à la main trois de ses chapeaux : elle étoit vêtue d'un habit blanc et noir, et d'un grand voile de soie à raies d'or, qui lui couvroit la tête et les épaules. Elle étoit accompagnée de plusieurs femmes, dont la tête étoit ornée d'un petit voile surmonté d'un chapeau : tout le reste de leur corps, et leurs pieds même étoient nus, n'ayant qu'une petite pagne de toile de palmier pour couvrir leurs parties naturelles. Leurs cheveux étoient épars. La reine, après avoir fait la révérence à l'autel, s'assit sur un coussin de soie brodée; et le capitaine versa sur elle, ainsi que sur les femmes de sa suite, de l'eau de rose musquée; odeur qui plait infiniment aux femmes de ces pays.

1521.
AVRIL.

Afin que le roi fut plus respecté et mieux obéi qu'il n'étoit, notre capitaine-général le fit un jour venir à la messe vêtu de son habit de soie, et ordonna d'y conduire ses deux frères, dont l'un s'appeloit Bondara, qui étoit le père du prince, et l'autre Cadaro; avec plusieurs chefs nommés Simiut, Sibuaia, Sisacai (1), Magalibe, etc. Il exigea qu'ils fissent serment d'obéir au roi; après quoi tous lui baisèrent la main.

Serment des chefs au roi.

Ensuite le capitaine fit jurer au roi de Zubu, qu'il resteroit soumis et fidèle au roi d'Espagne. Ce serment ayant été fait, le capitaine-général tira son épée devant l'image de Notre-Dame, et dit au roi que lorsqu'on avoit fait un pareil serment, on devoit mourir plutôt que d'y man-

Serment du roi à l'Espagne.

―――――
(1) Il paroît que *si* ou *ci*, placé devant un nom propre, est un titre d'honneur.

quer, et que lui-même étoit prêt à périr mille fois avant que de fausser les sermens qu'il avoit faits, ayant juré par l'image de Notre-Dame, par la vie de l'empereur son maître, et par son propre habit. Il lui fit ensuite présent d'une chaise de velours, en lui disant de la faire porter devant lui par un de ses chefs par-tout où il iroit, et lui indiqua la manière dont il falloit s'y prendre pour cela.

Joyaux préparés pour le capitaine.

Le roi promit au capitaine de faire exactement tout ce qu'il venoit de lui dire, et pour lui donner une marque d'attachement à sa personne, il fit préparer les joyaux dont il vouloit lui faire présent, qui consistoient en deux pendans d'oreille d'or assez grands, deux bracelets d'or pour les bras, et deux autres pour les chevilles des pieds, le tout orné de pierreries. Ces anneaux sont le plus bel ornement des rois de ces contrées, qui vont toujours nus et sans chaussure, n'ayant, comme je l'ai déja dit, pour tout vêtement qu'un morceau de toile qui leur descend de la ceinture aux genoux.

Idolâtrie continuée.

Le capitaine, qui avoit commandé au roi et aux autres nouveaux chrétiens de brûler leurs idoles, ce qu'ils avoient tous promis de faire; voyant que non-seulement ils les gardoient encore, mais qu'ils leur faisoient des sacrifices de

viandes, selon leur ancien usage, s'en plaignit
hautement et les réprimanda. Ils ne cherchè-
rent point à nier le fait; mais crurent s'ex-
cuser en disant que ce n'étoit pas pour eux-mêmes qu'ils faisoient ces sacrifices; mais pour un
malade, auquel ils espéroient que les idoles rendroient la santé. Ce malade étoit le frère du
prince, qu'on regardoit comme l'homme le plus
sage et le plus vaillant de l'île; et sa maladie
étoit montée au point qu'il avoit déja perdu la
parole depuis quatre jours.

1521.
AVRIL.

Le capitaine ayant entendu ce rapport, et
animé d'un saint zèle, dit, que s'ils avoient une
véritable foi en Jésus-Christ, ils eussent à brûler sur-le-champ toutes leurs idoles, et à faire
baptiser le malade, qui se trouveroit guéri. Il
ajouta qu'il étoit si convaincu de ce qu'il disoit, qu'il consentoit à perdre la tête si ce qu'il
promettoit n'arrivoit pas sur-le-champ. Le roi
promit de souscrire à tout. Nous fîmes alors,
avec toute la pompe possible, une procession
de la place où nous étions à la maison du malade, que nous trouvâmes effectivement dans
un fort triste état, de manière même qu'il ne
pouvoit ni parler ni se mouvoir. Nous le baptisâmes avec deux de ses femmes et dix filles.
Le capitaine lui demanda aussitôt après le baptême comment il se trouvoit, et il répondit sou-

Guérison mi-
raculeuse.

dainement, que, grace à notre Seigneur, il se portoit bien. Nous fûmes tous témoins oculaires de ce miracle. Le capitaine sur-tout en rendit graces à Dieu. Il donna au prince une boisson rafraichissante, et continua de lui en envoyer tous les jours jusqu'à ce qu'il se fut entièrement rétabli. Il lui fit remettre en même tems un matelas, des draps, une couverture de laine jaune, et un oreiller.

Au cinquième jour le malade se trouva parfaitement guéri et se leva. Son premier soin fut de faire brûler en présence du roi et de tout le peuple une idole pour laquelle on avoit une grande vénération, et que quelques vieilles femmes gardoient soigneusement dans sa maison. Il fit aussi abattre plusieurs temples placés sur le bord de la mer, où le peuple s'assembloit pour manger la viande consacrée aux idoles. Tous les habitans applaudirent à ces faits, et se proposèrent d'aller détruire toutes les idoles, celles même qui servoient dans la maison du roi, criant en même tems : *Vive la Castille*, en l'honneur du roi d'Espagne.

Les idoles de ces pays sont de bois, concaves ou évidées par derrière; elles tiennent les bras et les jambes écartés, et les pieds tournés en haut; ils ont une grande face, avec quatre très-grosses dents semblables à celles du sanglier (1). Généralement ils sont tous peints.

Puisque je viens de parler des idoles, je vais raconter à votre seigneurie quelques-unes de leurs cérémonies superstitieuses, dont l'une est celle de la bénédiction du cochon. On commence cette cérémonie par battre des grandes timballes. On porte ensuite trois grands plats, dont deux sont chargés de poisson rôti et de gâteaux de riz et de millet cuit, enveloppés dans des feuilles ; sur l'autre il y a des draps de toile de Cambaie et deux bandes de toile de palmier. On étend par terre un de ces linceuils de toile. Alors viennent deux vieilles femmes, dont chacune tient à la main une grande trompette (2) de roseau. Elles se placent sur le drap, font une salutation au soleil, et s'enveloppent des autres draps de toile qui étoient sur le plat. La première de ces deux vieilles se couvre la tête d'un mouchoir qu'elle lie sur son front, de manière qu'il y forme deux cornes; et prenant un autre mouchoir dans ses mains, elle danse et sonne en même tems de la trompette, en invoquant

1521.
AVRIL.
Bénédiction
du cochon.

―――――――――

(1) Vitsnou, dans une de ses incarnations, est représenté avec un visage de sanglier. Sonnerat, *tome I, p.* 161.

(2) Parmi les instrumens de musique des Indiens, Sonnerat a trouvé et dessiné une grande trompette semblable à celle dont l'auteur parle ici, (*voyez planche XXVII, fig.* 4).

de tems en tems le soleil. L'autre vieille prend une des bandes de toile de palmier, danse et sonne également de sa trompette, et se tournant vers le soleil lui adresse quelques mots. La première saisit alors l'autre bande de toile de palmier, jette le mouchoir qu'elle tenoit à la main, et toutes les deux sonnent ensemble de leurs trompettes et dansent long-tems autour du cochon qui est lié et couché par terre. Pendant ce tems la première parle toujours d'une voix basse au soleil, tandis que l'autre lui répond. Après cela on présente une tasse de vin à la première, qu'elle prend, sans cesser de danser et de s'adresser au soleil, l'approche quatre ou cinq fois de sa bouche en feignant de vouloir boire, mais elle verse la liqueur sur le cœur du cochon. Elle rend ensuite la tasse, et on lui donne une lance, qu'elle agite, toujours en dansant et parlant, et la dirige plusieurs fois contre le cœur du cochon, qu'elle perce à la fin d'outre en outre d'un coup prompt et bien mesuré. Aussitôt qu'elle a retiré la lance de la blessure, on la ferme et on la panse avec des herbes salutaires. Durant toute cette cérémonie il y a un flambeau allumé, que la vieille qui a percé le cochon prend et met dans sa bouche pour l'éteindre. L'autre vieille trempe dans le sang du cochon le bout de sa trompette dont elle va toucher et ensanglanter le front des assistans, en commençant par celui de son mari; mais elle ne vint pas à nous. Cela fini les deux vieilles se déshabillent, mangent ce qu'on avoit apporté dans les deux premiers plats et invitent les femmes, et non les hommes, à manger avec elles. On dépile ensuite le cochon au feu. Jamais on ne mange de cet animal qu'il n'ait été auparavant purifié de cette manière, et il n'y a que de vieilles femmes qui puissent faire cette cérémonie.

A la mort d'un de leurs chefs on fait également des cérémonies singulières, ainsi que j'en ai été le témoin. Les femmes les plus considérées du pays se rendirent à la maison du mort, au milieu de laquelle le cadavre étoit placé dans une caisse, autour de laquelle on tendit des cordes pour former une espèce d'enceinte. On attacha à ces cordes des branches d'arbres; et au milieu de ces branches on suspendit des draps de coton en forme de pavillon. C'est sous ces pavillons que s'assirent les femmes dont je viens de parler couvertes d'un drap blanc. Chaque femme avoit une suivante, qui la rafraichissoit avec un éventail de palmier. Les autres femmes étoient assises d'un air triste tout autour de la chambre. Il y en avoit une parmi elles qui avec un couteau coupa peu à peu les cheveux du mort. Une autre, qui en avoit été la femme principale (car quoiqu'un homme puisse avoir autant de femmes qu'il lui plait, une seule est la principale), s'étendit sur lui de façon qu'elle avoit sa bouche, ses mains et ses pieds, sur sa bouche, sur ses mains et sur ses pieds. Tandis que la première coupoit les cheveux, celle-ci pleuroit; et elle chantoit quand la première s'arrêtoit. Tout autour de la chambre il y avoit plusieurs vases de porcelaine remplis de feu, où l'on jetoit de tems en tems de la myrrhe, du storax et du benjoin, qui répandoient une odeur fort agréable. Ces cérémonies continuent cinq à six jours, pendant lesquels le mort ne sort pas de la maison; je crois qu'on a soin de l'embaumer avec du camphre pour le préserver de la putréfaction. On l'enterre enfin dans la même caisse, qu'on ferme avec des chevilles de bois, dans le cimetière qui est un endroit enclos et couvert d'ais.

On nous assura que toutes les nuits un oiseau noir, de la grandeur du corbeau, venoit à minuit se percher sur les maisons, et par ses cris faisoit peur aux chiens, qui se mettoient tous à heurler, et qui ne cessoient d'aboyer qu'à l'aube du jour. On ne voulut jamais nous dire la cause de ce phénomène, dont nous fûmes tous témoins.

J'ajouterai une autre observation sur leurs étranges coutumes. J'ai déja dit que ces Indiens vont tout nus, n'ayant qu'un pagne de toile de palmier pour couvrir les parties naturelles. Tous les hommes, tant jeunes que vieux, ont une espèce d'infibulation au prépuce par lequel ils passent un petit cylindre d'or ou d'étain de la grosseur d'une plume d'oie, qui le perce de haut en bas, avec une ouverture au milieu pour le passage de l'urine, et garni aux deux bouts de têtes pareilles à celles de nos gros clous; lesquelles même sont quelquefois hérissées de pointes en forme d'étoile.

Ils me dirent qu'ils n'ôtoient jamais cette espèce d'ornement, pas même pendant l'acte de la génération; que c'étoient leurs femmes qui vouloient cela, et que c'étoient elles aussi qui y préparent leurs fils dès l'enfance (1); mais ce qu'il y a de certain, c'est que, malgré cet étrange appareil, toutes les femmes nous préféroient à leurs maris (2).

---

(1) Dans la première traduction de l'extrait de Pigafetta, on lit: *Grandi et picoli hanno il membro bucato da una parte all'altra appresso il capo, e in quel buco hanno messo come una verghetta d'oro grossa come una penna d'oca ; i altri mettono come una stella acuta sopra la testa del membro pur d'oro.*

(2) J'ai beaucoup abrégé le texte par décence : cependant je donnerai ici l'original même du manuscrit. *Grandi et picoli hanno*

118   PREMIER VOYAGE

1521.
AVRIL.
Produits de
l'île.

On ne manque pas dans cette île des vivres. Outre les animaux que j'ai déja nommés, il y a des chiens et des chats, qu'on mange également. Il y croît aussi du riz, du millet, du panicum et du maïs, des oranges, des citrons, des cannes à sucre, des noix de coco, des citrouilles, de l'ail, du gingembre, du miel et autres productions. On y fait du vin de palmier, et il y a une grande quantité d'or.

passato il suo membro circa de la testa de luna parte a laltra con uno fero de oro hovero de stanio grosso como una penna de ocha e in uno capo et laltro del medesimo fero alguni anno como una stella con ponte soura li capi altri como una testa de chiodo da caro assaissime volte lo volsi vedere da molti cosi vequi como joveni perchè non lo poteva credere nel mezo del fero e un buso per il qualle vrinano il fero e le stelle sempre stanno ferme. Loro dicono che le sue moglie voleno cussi et se fossero de altra sorte non vzariano con elli. Quando questi vogliono uzare loro medesime lo pigliano non in ordine..... Questi popoli uzanno questo perchè sono di debille natura..... A tuete da sey anni insu apoco apoco li aprono la natura per cagione, etc. On ne sera pas surpris que la lubricité des femmes de ces pays-là ait imaginé ce moyen, si on a lu dans les rapports des voyageurs quelles sont leurs mœurs, et leur industrie sur ce point. Voyez la lettre d'Americ Vespuce dans Ramusio, *tome I, p.* 131 ; et de Paw, *Recherches sur les Américains, part. I.* Noort et Candisch, qui voyagèrent dans la même mer en 1600, y trouvèrent le même usage ; mais ils disent qu'on pouvoit ôter le cylindre ; et on leur raconta que cette infibulation avoit été imaginée par les femmes pour empêcher la pédérastie, (*Histoire générale des voyages, tome X, p.* 357). Il faut que la mode en soit passée, car les navigateurs modernes n'en parlent point.

Lorsque quelqu'un d'entre nous descendoit à terre, soit de jour soit de nuit, il trouvoit toujours des Indiens qui l'invitoient à manger et à boire. Ils ne donnent à tous leurs mêts qu'une demi-cuisson, et les salent extrêmement; ce qui les porte à boire beaucoup, et ils boivent fort souvent, en suçant avec des tuyaux de roseau le vin contenu dans les vases. Ils passent ordinairement cinq à six heures à table.

Dans cette île il y a plusieurs villages dont chacun a quelques personnages respectables qui en sont les chefs. Voici les noms des villages et de leurs chefs respectifs : Cingapola, ses chefs sont Cilaton, Ciguibucan, Cimaninga, Cimaticat, Cicanbul; — Mandani, qui a pour chef Aponoaan; — Lalan, dont Teten est le chef; — Lalutan, qui a pour chef Japau; — Lubucin, dont Cilumai est le chef. Tous ces villages étoient sous notre obéissance, et nous payoient une espèce de tribut.

Près de l'île de Zubu il y en a une autre appelée Matan, qui a un port du même nom, où mouilloient nos vaisseaux. Le principal village de cette île s'appelle aussi Matan, dont Zula et Cilapulapu étoient les chefs. C'est dans cette île qu'étoit situé le village de Bulaia que nous brûlâmes.

Vendredi, 26 avril, Zula, un des chefs de

l'île de Matan, envoya au capitaine-général un de ses fils avec deux chèvres, en lui faisant dire que s'il ne lui envoyoit pas tout ce qu'il avoit promis, ce n'étoit pas sa faute, mais celle de l'autre chef appelé Cilapulapu, qui ne vouloit point reconnoître l'autorité du roi d'Espagne; que si cependant le capitaine vouloit seulement envoyer à son secours, la nuit suivante, une chaloupe avec des hommes armés, il s'engageoit à battre et à subjuger entièrement son rival.

A ce message, le capitaine-général se détermina à y aller lui-même avec trois chaloupes. Nous le priâmes de ne pas y venir en personne; mais il nous répondit qu'en bon pasteur il ne devoit pas abandonner son troupeau.

Nous partîmes à minuit au nombre de soixante hommes armés de cuirasses et de casques. Le roi chrétien, le prince son gendre et plusieurs chefs de Zubu avec une quantité d'hommes armés nous suivirent dans vingt ou trente baiangais. Nous arrivâmes à Matan trois heures avant le jour. Le capitaine ne voulut pas attaquer alors; mais il envoya à terre le Maure dire à Cilapulapu et aux siens, que s'ils vouloient reconnoître la souveraineté du roi d'Espagne, obéir au roi chrétien de Zubu, et payer le tribut qu'on venoit de leur demander, ils seroient regardés comme leurs amis; sans quoi ils apprendroient à connoître la force de nos lances. Les insulaires ne furent point épouvantés de nos menaces. Ils répondirent qu'ils avoient des lances aussi bien que nous, quoiqu'elles ne fussent que de roseaux pointus, et de pieux endurcis au feu. Ils demandèrent seulement à n'être pas attaqués pendant la nuit, parce qu'ils attendoient des renforts, et seroient alors en plus grand nombre : ce qu'ils dirent malicieusement, pour nous encourager à les attaquer tout de suite, dans l'espoir que nous tomberions dans des fossés qu'ils avoient creusés entre le bord de la mer et leurs maisons.

Nous attendîmes effectivement le jour. Nous sautâmes alors dans l'eau jusqu'aux cuisses, les chaloupes ne pouvant approcher de terre, à cause des rochers et des bas-fonds. Nous étions quarante-neuf en tout, ayant laissé onze personnes pour garder nos chaloupes. Il nous fallut marcher pendant quelque tems dans l'eau, avant de pouvoir gagner la terre.

Nous trouvâmes les insulaires au nombre de quinze cents, formés en trois bataillons, qui aussitôt se jetèrent sur nous avec un bruit horrible; deux de ces bataillons nous attaquèrent en flanc, et le troisième de front. Notre capitaine partagea alors sa troupe en deux pelotons. Les mousquetaires et les arbalettiers tirèrent de loin pendant une demi-heure sans faire le moindre mal aux ennemis ou du moins fort peu; car, quoique les balles et les flèches pénétrassent dans leurs boucliers formés d'ais assez minces, et les blessassent même quelquefois aux bras, cela ne les arrêtoit point, parce que ces blessures ne leur donnoient pas une mort subite, comme ils se l'étoient imaginés; ils devenoient même plus hardis et plus furieux. D'ailleurs, se fiant à la supériorité de leur nombre, ils nous jetoient des nuées de lances de roseaux, de pieux durcis au feu, de pierres et même de la terre; de manière qu'il nous étoit fort difficile de nous défendre. Il y en avoit même qui lancèrent des pieux ferrés au bout contre notre capitaine-général, qui, pour les écarter et les intimider, ordonna à quelques-uns d'entre nous d'aller mettre le feu à leurs cases; ce qu'ils exécutèrent sur-le-champ. La vue des flammes ne fit que les rendre plus féroces et plus acharnés; quelques-uns même accoururent vers le lieu de l'incendie, qui consuma vingt à trente maisons, et tuèrent deux de nos gens sur la place. Leur nombre paroissoit augmenter, ainsi que l'impétuosité avec laquelle ils se jetoient sur nous. Une flèche empoisonnée vint percer la jambe du capitaine, qui ordonna aussitôt de nous retirer lentement et en bon ordre ; mais la plus grande partie de nos gens prit précipitamment la fuite, de manière que nous restâmes à peine sept ou huit avec le capitaine.

Les Indiens s'étant apperçus que leurs coups ne nous faisoient aucun mal quand ils étoient portés à notre tête ou à notre corps à cause de notre armure; mais que nos jambes étoient sans défense, ils ne dirigèrent plus que vers nos jambes leurs flèches, leurs lances et leurs pierres, et cela en si grande quantité que nous ne pûmes y résister. Les bombardes que nous avions sur les chaloupes ne nous étoient d'aucune utilité, à cause que les bas-fonds ne permettoient pas de les approcher assez de nous. Nous nous retirâmes peu à peu en combattant toujours, et nous étions déja à la distance d'une portée d'arbalète, ayant de l'eau jusqu'aux genoux, lorsque les insulaires, qui nous suivoient toujours de près, reprirent et nous jetèrent jusqu'à cinq ou six fois la même lance. Comme ils connoissoient notre capitaine, c'étoit principalement vers lui qu'ils dirigeoient leurs coups, de façon qu'ils firent sauter deux fois le casque de sa tête ; cependant il ne céda pas, et nous combattions en très-petit nombre à ses côtés. Ce combat si inégal dura près d'une heure. Un insulaire réussit enfin à pousser le bout de sa lance dans le front du

1521.
Avril.

Mort de Magellan.

capitaine, qui, irrité, le perça avec la sienne, qu'il lui laissa dans le corps. Il voulut alors tirer son épée, mais cela lui fut impossible à cause qu'il avoit le bras droit fortement blessé. Les Indiens, qui s'en apperçurent, se portèrent tous vers lui; et l'un d'entre eux lui assena un si grand coup de sabre sur la jambe gauche qu'il alla tomber sur le visage; au même instant les ennemis se jetèrent sur lui. C'est ainsi que périt notre guide, notre lumière et notre soutien. Lorsqu'il tomba, et qu'il se vit accablé par les ennemis, il se tourna plusieurs fois vers nous, pour voir si nous avions pu nous sauver. Comme il n'y avoit aucun d'entre nous qui ne fut blessé, et que nous nous trouvions tous hors d'état de le secourir ou de le venger, nous nous rendîmes sur-le-champ à nos chaloupes qui étoient sur le point de partir. C'est donc à notre capitaine que nous dûmes notre salut, parce qu'au moment où il périt tous les insulaires se portèrent vers l'endroit où il étoit tombé.

Le roi chrétien auroit pu nous secourir, et il l'auroit fait sans doute; mais le capitaine-général, loin de prévoir ce qui venoit d'arriver, lorsqu'il mit pied à terre avec ses gens, lui ordonna de ne point sortir de son balangai, et de rester simple spectateur de notre manière de combattre. Il pleura amèrement lorsqu'il le vit succomber.

Mais la gloire de Magellan survivra à sa mort. Il étoit orné de toutes les vertus ; il montra toujours une constance inébranlable au milieu de ses plus grandes adversités. En mer, il se condamnoit lui-même à de plus grandes privations que le reste de l'équipage. Versé plus qu'aucun autre dans la connoissance des cartes nautiques, il possédoit parfaitement l'art de la navigation, ainsi qu'il l'a prouvé en faisant le tour du monde qu'aucun autre n'avoit osé tenter avant lui (1).

Cette malheureuse bataille se donna le 27 avril 1521, qui étoit un samedi, jour que le capitaine avoit choisi lui-même, parce qu'il l'avoit en dévotion particulière. Huit de nos gens et quatre Indiens baptisés périrent avec lui, et peu d'entre nous retournèrent à nos vaisseaux sans être blessés. Ceux qui étoient restés dans les chaloupes s'imaginèrent à la fin de nous protéger avec les bombardes ; mais la grande distance où ils étoient fut cause qu'elles nous firent plus de mal qu'à nos ennemis, qui cependant perdirent quinze hommes.

---

(1) Magellan n'avoit fait que la moitié du tour du globe ; mais Pigafetta dit avec raison qu'il l'avoit fait presqu'en entier, parce que les Portugais connoissoient très-bien le reste de la route des îles Moluques en Europe par le Cap de Bonne Espérance.

Dans l'après-midi, le roi chrétien, de notre consentement, envoya dire aux habitans de Matan, que s'ils vouloient nous rendre les corps de nos soldats tués, et particulièrement celui du capitaine-général, nous leur donnerions la quantité de marchandises qu'ils pourroient demander ; mais ils répondirent que rien ne pourroit les engager à se défaire du corps d'un homme tel que notre chef, et qu'ils vouloient le garder comme un monument de leur victoire sur nous.

En apprenant la perte de notre capitaine, ceux qui étoient dans la ville pour trafiquer, firent sur-le-champ transporter toutes les marchandises sur les vaisseaux. Nous élûmes alors à sa place deux gouverneurs, qui furent Odoard Barbosa (1), Portugais, et Jean Serano, Espagnol.

Notre interprète, appelé Henri, qui étoit l'esclave de Magellan, ayant été légérement blessé dans le combat, prit ce prétexte pour ne plus descendre à terre où il étoit nécessaire pour notre service, et passoit toute la journée dans

---

(1) Odoard Barbosa avoit déjà été aux Moluques par le Cap; il a donné une relation des Indes très-intéressante (Ramusio, tom. I, pag. 288). Un de ses compagnons a écrit aussi une petite relation de ce voyage (voyez notre *Introduction*, parag. XXIV).

l'oisiveté, étendu sur sa natte. Odoard Barbosa, gouverneur du vaisseau que montoit auparavant Magellan, le réprimanda fortement, et lui dit que, malgré la mort de son maître, il n'en étoit pas moins esclave, et qu'à notre retour en Espagne, il le rendroit à dona Béatrix, femme de Magellan; il le menaça ensuite de le faire fustiger avec des verges s'il ne se rendoit pas sur-le-champ à terre pour le service de l'escadre.

L'esclave se leva, et fit semblant de n'avoir pas fait attention aux injures et aux menaces du gouverneur. Etant descendu à terre, il se rendit chez le roi chrétien, à qui il dit que nous comptions partir sous peu; et que s'il vouloit suivre le conseil qu'il avoit à lui donner, il pourroit se rendre maître de tous nos vaisseaux et de toutes nos marchandises. Le roi l'écouta favorablement, et ils ourdirent ensemble une trahison. L'esclave revint ensuite à bord, et montra plus d'activité et d'intelligence qu'il n'avoit fait auparavant.

Le matin du mercredi, 1er. mai, le roi chrétien envoya dire aux gouverneurs, qu'il avoit préparé un présent de pierreries pour le roi d'Espagne, et que pour la leur remettre il les prioit de venir ce jour-là dîner chez lui avec quelques-uns de leur suite. Ils y allèrent en effet au nombre de vingt-quatre, parmi lesquels étoit notre astrologue, qui s'appeloit San-Martino de Séville. Je ne fus pas du nombre, à cause que j'avois le visage gonflé par la blessure d'une flèche empoisonnée qui m'avoit atteint au front. Jean Carvajo et le prévôt revinrent sur-le-champ aux vaisseaux, parce qu'ils soupçonnoient les Indiens de mauvaise foi; ayant vu, disoient-ils, celui qui avoit été guéri miraculeusement conduire notre aumônier chez lui.

A peine eurent-ils achevé ces mots que nous entendîmes des cris et des plaintes. Ayant aussitôt levé les ancres, nous nous approchâmes avec les vaisseaux près du rivage, et tirâmes plusieurs coups de bombarde sur les maisons. Nous vîmes alors Jean Serano qu'on conduisoit vers le bord de la mer, blessé et garotté. Il nous pria de ne plus tirer de bombarde, sans quoi on alloit, disoit-il, le massacrer. Nous lui demandâmes ce qu'étoient devenus ses compagnons et l'interprète? il nous répondit que tous avoient été égorgés, excepté l'interprète qui s'étoit joint aux insulaires. Il nous conjura de le racheter par des marchandises; mais Jean Carvajo, quoique son compère, joint à quelques autres, refusèrent de traiter de sa rançon, et ils ne permirent plus à nos chaloupes d'approcher de l'île; parce que le commandement de l'escadre leur appartenoit par la mort des deux gouverneurs. Jean Serano continuoit à implorer la pitié de son compère, en disant qu'il seroit massacré au moment que nous mettrions à la voile; et voyant enfin que ses plaintes étoient inutiles, il se livra aux imprécations, et pria Dieu qu'au jour du jugement universel il fit rendre compte de son ame à Jean Carvajo, son compère. Mais on ne l'écouta point; et nous partîmes, sans que nous ayons eu depuis aucune nouvelle de sa vie ou de sa mort.

L'île de Zubu est grande : elle a un bon port, qui a deux entrées, l'une à l'ouest et l'autre à l'est-nord-est. Elle est par le 10° de latitude nord, et à 154° de longitude de la ligne de démarcation. C'est dans cette île que nous eûmes, avant la mort de Magellan, des renseignemens sur les îles Malucco (1).

1521.
M A 1.

Départ de Zubu.

---

(1) Dans le manuscrit de Pigafetta se trouve placé ici le vocabulaire des insulaires de Zubu que nous donnerons à la fin du voyage.

LIVRE III.

Départ de Zubu, jusqu'au départ des îles Malucco.

1521.
MAI.
Ile de Bohol.

On brûle un vaisseau.

Panilongon.

Nous quittâmes l'île de Zubu, et allâmes mouiller à la pointe d'une île qu'on appelle Bohol, distante de dix-huit lieues de Zubu; et voyant que nos équipages, diminués par tant de pertes, n'étoient pas assez nombreux pour les trois vaisseaux, nous nous déterminâmes à en brûler un (la Conception), après avoir transporté sur les deux autres tout ce qui pouvoit nous être utile. Nous mîmes alors le cap au sud-sud-ouest, et côtoyâmes une île appelée Panilongon, où les hommes sont noirs comme les Ethiopiens.

En poursuivant notre route, nous parvînmes

à une île qu'on appelle Butuan (1), où nous mouillâmes. Le roi de l'île vint sur notre vaisseau, et pour nous donner une preuve d'amitié et d'alliance, il se tira du sang de la main gauche, et en souilla sa poitrine et le bout de sa langue : nous fîmes la même cérémonie. Lorsqu'il quitta notre bord, j'allai seul avec lui pour voir l'île. Nous entrâmes dans une rivière (2) où nous rencontrâmes plusieurs pêcheurs, qui offrirent du poisson au roi, qui étoit nu comme tous les habitans de cette île et des îles voisines, n'ayant qu'un pagne d'étoffe pour couvrir ses parties sexuelles, et qu'il ôta aussi. Les principaux de l'île, qui étoient avec lui, en firent autant ; ensuite ils prirent les rames et voguèrent en chantant. Nous passâmes le long de plusieurs habitations situées sur le bord de la rivière, et à deux heures de la nuit nous arrivâmes à la maison du roi, qui se trouvoit à deux lieues de distance de notre mouillage.

En entrant dans la maison, on vint à notre rencontre avec des flambeaux faits de cannes et de feuilles de palmier roulées et pleines de la gomme appelée *anime*. Pendant qu'on préparoit notre souper, le roi avec deux de ses

---

(1) Partie de Mindanao.
(2) Rivière qui forme la baie de Chipit.

chefs et deux de ses femmes assez jolies, vidèrent un grand vase plein de vin de palmier sans rien manger. On m'invita à boire comme eux ; mais je m'excusai en disant que j'avois déja soupé, et je ne bus qu'une seule fois. En buvant ils faisoient la même cérémonie que le roi de Massana. On servit le souper, qui n'étoit composé que de riz et de poisson fort salé dans des jattes de porcelaine. Ils mangeoient le riz en guise de pain. Voici comment on fait cuire le riz : on met dans un pot de terre, semblable à nos marmittes, une grande feuille qui couvre entièrement le dedans du vase ; ensuite on y jette l'eau et le riz, et on couvre le pot. On laisse bouillir le tout jusqu'à ce que le riz ait acquis la fermeté de notre pain, et on l'en tire par morceaux. C'est de cette même manière qu'on cuit le riz dans toutes les îles de ces parages.

Le souper étant fini, le roi fit apporter une natte de roseaux, avec une autre de palmier et un oreiller de feuilles. C'étoit mon lit, où je couchai avec un des chefs. Le roi alla coucher ailleurs avec ses deux femmes.

Le jour suivant, pendant qu'on préparoit le dîner, j'allai faire une tournée dans l'île; j'entrai dans plusieurs cases, qui sont bâties comme celles des autres îles que nous avions visitées, et où je vis une quantité d'ustensiles d'or, mais fort peu de vivres. Je me rendis chez le roi ; nous dînâmes avec du riz et du poisson.

Je réussis à faire comprendre par mes gestes au roi que je désirois de voir la reine. Il me fit signe que cela lui étoit agréable ; et nous nous acheminâmes vers la cîme d'une montagne où est la demeure de la reine. En entrant je lui fis ma révérence, qu'elle me rendit. Je m'assis auprès d'elle, tandis qu'elle étoit occupée à faire des nattes de palmier pour un lit. Toute sa maison étoit garnie de vases de porcelaine lesquels étoient appendus aux parois, ainsi que quatre timballes, dont l'une étoit fort grande, une autre moyenne et deux autres petites : la reine s'amusoit à en jouer. Il y avoit une quantité d'esclaves des deux sexes pour la servir. Nous prîmes congé, et retournâmes à la case du roi qui fit apporter un déjeûner de cannes à sucre.

Nous trouvâmes dans cette île des cochons, des chèvres, du riz, du gingembre, et tout ce que nous avions vu dans les autres. Ce qui y abonde néanmoins le plus, c'est l'or. On m'indiqua des vallons, et on me fit entendre par des gestes qu'il y avoit là plus d'or que nous n'avions de cheveux sur la tête ; mais que, n'ayant point de fer, il faudroit un grand travail pour l'exploiter, ce qu'ils refusent de faire.

Après midi, ayant demandé à me rendre aux

vaisseaux, le roi avec quelques-uns des principaux de l'île voulut m'y accompagner dans le même balangai. Pendant que nous descendions la rivière, je vis à la droite sur un monticule trois hommes pendus à un arbre. Ayant demandé ce que cela signifioit? on me répondit que c'étoient des malfaiteurs?

Cette partie de l'île, qui s'appelle Chipit, est une continuation de la même terre que Butuan et Calagan; elle passe au-dessus de Bohol, et confine à Massana (1) Le port en est assez bon. Elle est par le 8° de latitude nord, à 167° de longitude de la ligne de démarcation, et à cinquante lieues de Zubu. Au nord-ouest gît l'île de Lozon (2), qui en est distante de deux journées. Celle-ci est grande, et il y vient tous les ans six à huit jonques des peuples appelés Lequies (3) pour y commercer. Je parlerai ailleurs de Chipit.

En partant de cette île, et courant à l'ouest-

------

(1) C'est l'île de Mindanao, que notre auteur écrit Maingdanao. Dans la carte de Bellin, comme dans celle de notre manuscrit, on voit les ports de Chipit, de Butuan et de Calagan. Elle s'étend au-delà de Bohol et avoisine avec sa pointe septentrionale à Massana.

(2) Luçon ou Manille.

(3) Dans la tab. III de Ramusio, on lit à l'ouest de Luçon (qu'il écrit Pozon): *Canali donde vengono gli Lequii.*

sud-ouest, nous allâmes mouiller à une île presque déserte. Les habitans, qui y sont en très-petit nombre, sont des Maures exilés d'une île qu'on appelle Burné (Bornéo). Ils vont nus comme ceux des autres îles, et sont armés de sarbacanes et de carquois pleins de flèches, et d'une herbe qui sert à les empoisonner. Ils ont aussi des poignards avec des manches garnis d'or et de pierres précieuses, des lances, des massues et de petites cuirasses faites de peau de buffle. Ils nous crurent des dieux ou des saints. Il y a dans cette île de grands arbres, mais peu de vivres. Elle est par le 7° 30′ de latitude septentrionale, à quarante-trois lieues de Chipit; elle s'appelle Cagayan (1).

De cette île, en suivant la même direction vers l'ouest-sud-ouest, nous arrivâmes à une grande île que nous trouvâmes bien pourvue de toutes sortes de vivres; ce qui fut un grand bonheur pour nous; car nous étions si affamés et si mal approvisionnés, que nous nous vîmes plusieurs fois sur le point d'abandonner nos vaisseaux, et de nous établir sur quelque terre pour y terminer nos jours. Cette île, qui s'ap-

1521.
JUIN.

Disette de l'équipage.

---

(1) Dans la tab. XVIII d'Urbain Monti, l'île de Cagayan, entourée de petites îles, est marquée sur la même direction. Elle est également environnée d'îles dans l'atlas de Robert.

1521.
JUIN.
Abondance de l'île.

pelle Palaoan (1), nous fournit des cochons, des chèvres, des poules, des bananes de plusieurs espèces dont quelques-unes d'une coudée de long et grosses comme le bras; d'autres n'avoient qu'un palme de longueur, et d'autres étoient plus petites encore : ces dernières étoient les meilleures. Ils ont aussi des noix de coco, des cannes à sucre et des racines semblables à des navets. Ils font cuire le riz sous le feu dans des cannes ou des vases de bois ; de cette manière il se conserve plus long-tems que celui qu'on fait cuire dans des marmittes. Du même riz on tire, au moyen d'une espèce d'alembic, un vin plus fort et meilleur que le vin de palmier. En un mot, cette île fut pour nous une

---

(1) Sur les anciennes cartes, Palaoan est au nord-ouest de Manille; par conséquent cette île ne se trouvoit pas sur la route de notre voyageur, car Manille est au nord-nord-est de Cagayan. Sur cette route se trouve l'île de Paragua ou Paragoia ; et je lis Palaoan sur un globe de quatre pieds de diamètre appartenant à la famille Cusani, chez laquelle j'ai le bonheur de vivre depuis près de trente ans ; et je saisis avec empressement cette occasion pour lui en témoigner publiquement ma reconnoissance. Ce globe, de même qu'un pareil globe céleste, ont été faits vers le milieu du dix-septième siècle par le père Sylvestre Amangio Moroncelli di Fabriano, moine célestin. Dans la carte jointe au voyage de Macartney, on lit près de cette île *Palawan or Paragua;* ce qui prouve que Palaoan et Paragua ou Paragoia ne sont que le même nom, ou deux noms différens de la même île.

terre promise. Elle est par le 9° 20' de latitude septentrionale et à 171° 20' de longitude de la ligne de démarcation.

1521.
JUIN.

Nous nous présentâmes au roi qui contracta alliance et amitié avec nous ; et pour nous en donner l'assurance, il demanda un de nos couteaux qui lui servit à tirer du sang de sa poitrine, avec lequel il se toucha le front et la langue. Nous répétâmes la même cérémonie.

Alliance avec le roi.

Les habitans de Palaoan vont nus comme tous ces peuples ; mais ils aiment à s'orner de bagues, de chaînettes de laiton et de grelots. Ce qui leur plait néanmoins le plus est le fil d'archal, auquel ils attachent leurs hameçons.

Usages.

Presque tous cultivent leurs propres champs. Ils ont des sarbacanes et de grosses flèches de bois, longues de plus d'un palme, et garnies d'un harpon : quelques-unes ont la pointe d'une arête de poisson, et d'autres de roseau empoisonnée avec une certaine herbe : ces flèches ne sont pas garnies de plumes par le haut-bout, mais d'un bois fort mou et fort léger. Au bout des sarbacanes ils attachent un fer, et quand ils n'ont plus de flèches, ils se servent de la sarbacane en forme de lance.

Armes.

Ils ont aussi d'assez grands coqs domestiques qu'ils ne mangent pas par une espèce de superstition ; mais ils les entretiennent pour les faire

Combat de coqs.

1521.
Juillet.

combattre entre eux : à cette occasion on fait des gageures et on propose des prix pour les propriétaires des coqs vainqueurs.

De Palaoan, dirigeant au sud-ouest, après avoir parcouru dix lieues, nous reconnûmes une autre île. En longeant sa côte, elle nous parut monter (1). Nous la côtoyâmes pendant l'espace de cinquante lieues au moins (2), avant de trouver un mouillage. A peine y eûmes-nous jeté l'ancre qu'il s'éleva une tempête, le ciel s'obscurcit, et nous vîmes le feu de Saint-Elme attaché à nos mâts.

9. Ambassade du roi.

Le jour suivant, le roi envoya aux vaisseaux une assez belle pirogue dont la proue et la poupe étoient ornées d'or. La proue portoit un pavillon blanc et bleu, avec une touffe de plumes de paon au bout du bâton. Il y avoit dans cette pirogue des joueurs de cornemuse et de tambour, et plusieurs autres personnes. La pirogue, qui est une espèce de fuste ou de galère, étoit suivie de deux *almadies*, qui sont des bateaux de pêcheurs. Huit des principaux vieillards de l'île, qui étoient dans la pirogue, montèrent sur notre

Présens

---

(1) C'est-à-dire, aller contre le fil de l'eau, à cause des courans.

(2) Fabre marque dix lieues et Ramusio dit cinq lieues; notre manuscrit porte clairement cinquante, et c'est-là aussi la véritable distance.

bord et s'assirent sur un tapis qu'on leur avoit préparé dans le gaillard d'arrière, où ils nous présentèrent un vase de bois rempli de bétel et d'arec, racines qu'ils mâchent continuellement, avec des fleurs d'orange et de jasmin; le tout étoit couvert d'un drap de soie jaune. Ils nous donnèrent aussi deux cages pleines de poules, deux chèvres, trois vases de vin de riz distillé et des cannes à sucre. Ils firent le même présent à l'autre vaisseau; et après nous avoir embrassé, ils prirent congé de nous.

1521.
JUILLET.

Le vin de riz est aussi clair que l'eau; mais si fort que plusieurs de notre équipage s'enivrèrent. Ils l'appellent *arach*.

Six jours après, le roi nous envoya trois autres pirogues fort ornées, qui vinrent au son des cornemuses, des timbales et des tambours, et firent le tour de nos vaisseaux. Les hommes nous saluèrent en ôtant leurs bonnets de toile, qui sont si petits qu'ils leur couvrent à peine le sommet de la tête. Nous leur rendîmes le salut avec nos bombarbes, mais sans être chargées de pierres. Ils nous apportoient plusieurs mets tous faits avec du riz, soit en morceaux oblongs et enveloppés dans des feuilles, soit de la forme conique d'un pain de sucre, soit en manière de gâteau avec des œufs et du miel.

15.
Autres présens du roi.

Après nous avoir fait ces dons au nom du

roi, ils nous dirent qu'il étoit bien satisfait de ce que nous fissions dans l'île notre provision d'eau et de bois, et que nous pouvions trafiquer autant qu'il nous plairoit avec les insulaires. A cette réponse, nous nous déterminâmes à aller au nombre de sept porter des présens au roi, à la reine et aux ministres. Le présent destiné au roi consistoit en un habit à la turque de velours vert, une chaise de velours violet, cinq brasses de drap rouge, un bonnet, une tasse de verre dorée, une autre tasse de verre avec son couvercle, un écritoire doré, et trois cahiers de papier ; pour la reine, nous portâmes trois brasses de drap jaune, une paire de souliers argentés, et un étui d'argent plein d'épingles ; pour le gouverneur ou ministre du roi, trois brasses de drap rouge, un bonnet et une tasse de verre dorée ; pour le roi d'armes ou héraut, qui étoit venu avec la pirogue, un habit à la turque de drap rouge et vert, un bonnet et un cahier de papier ; aux autres sept principaux personnages qui étoient venus avec lui, nous préparâmes aussi des présens, tels que quelques aunes de toile, un bonnet ou un cahier de papier. Quand tous les présens furent préparés, nous entrâmes dans l'une des trois pirogues.

Etant arrivés à la ville, il nous fallut rester deux heures dans la pirogue, pour attendre l'arrivée de deux éléphans couverts de soie, et de douze hommes, dont chacun portoit un vase de porcelaine couvert de soie pour y placer les dons que nous allions présenter. Nous montâmes sur les éléphans, précédés par les douze hommes qui portoient nos dons dans leurs vases, et nous allâmes ainsi jusqu'à la maison du gouverneur, qui nous donna un souper de plusieurs mêts. Nous passâmes la nuit sur des matelas de coton doublés de soie, dans des draps de toile de Cambaie.

Le jour suivant, nous passâmes la matinée sans rien faire dans la maison du gouverneur. A midi nous allâmes au palais du roi. Nous étions montés sur les mêmes éléphans et précédés par les hommes qui portoient les présens. Depuis la maison du gouverneur jusqu'au palais du roi, toutes les rues étoient gardées par des hommes armés de lances, d'épées et de massues, d'après un ordre particulier du roi.

Nous entrâmes sur nos éléphans dans la cour du palais, où, ayant mis pied à terre, nous montâmes par un escalier, accompagnés du gouverneur et de quelques officiers; ensuite nous entrâmes dans un grand sallon plein de courtisans, que nous appelerions barons du royaume. Là nous nous assîmes sur un tapis, et les présens furent placés près de nous.

1521.
JUILLET.

Lits.

16.

Palais du roi.

Au bout de ce sallon il y avoit une autre salle un peu moins grande tapissée de draps de soie, où l'on haussa deux rideaux de brocard qui nous permirent de voir deux fenêtres par lesquelles l'appartement se trouva éclairé. Nous y vîmes trois cents hommes de la garde du roi armés de poignards dont ils appuyoient la pointe sur leur cuisse. Au bout de cette salle il y avoit une grande porte fermée aussi par un rideau de brocard qu'on haussa également, et nous vîmes alors le roi assis devant une table avec un petit enfant, et mâchant du bétel. Derrière lui il n'y avoit que des femmes.

Alors un des courtisans nous avertit qu'il ne nous étoit pas permis de parler au roi ; mais que si nous avions quelque chose à lui faire savoir, nous pouvions nous adresser à lui, qui le diroit à un courtisan d'un rang supérieur, qui le diroit au frère du gouverneur qui étoit dans la petite salle, lequel au moyen d'une sarbacane placée dans un trou de la muraille exposeroit nos demandes à un des principaux officiers qui étoient auprès du roi, et qui les lui diroit.

Il nous avertit qu'il falloit que nous fissions trois révérences au roi, en élevant nos mains jointes au-dessus de nos têtes, et en levant tantôt un pied et tantôt l'autre. Ayant fait les trois révérences de la manière qu'on nous l'avoit indiqué, nous fîmes savoir au roi que nous appartenions au roi d'Espagne qui désiroit de vivre en paix avec lui, et ne demandoit autre chose que de pouvoir trafiquer dans son île.

1521.
JUILLET.

Le roi nous fit répondre qu'il étoit charmé que le roi d'Espagne fut son ami, et que nous pouvions nous pourvoir dans ses états, d'eau et de bois, et y trafiquer à notre volonté.

Réponse du roi.

Nous lui offrîmes alors les présens que nous avions apportés pour lui; et à chaque chose qu'il recevoit il faisoit un petit mouvement de la tête. On donna à chacun de nous de la brocatelle, et des draps d'or et de soie, qu'on nous mettoit sur l'épaule gauche, ensuite on l'ôtoit pour le garder pour nous. On nous servit un déjeûné de clous de girofle et de cannelle; après quoi on laissa tomber tous les rideaux, et on ferma les fenêtres.

Présens donnés et reçus du roi.

Tous ceux qui étoient dans le palais du roi avoient autour de la ceinture des draps d'or pour couvrir les parties naturelles, des poignards avec des manches d'or garnis de perles et de pierreries, et plusieurs bagues aux doigts.

Luxe des courtisans.

Nous remontâmes sur les éléphans, et retournâmes à la maison du gouverneur. Sept hommes, portant les présens que le roi venoit de nous donner, marchoient devant nous; et lorsque nous y fûmes arrivés, on remit à cha-

1521.
Juillet.

cun de nous le don du roi, en le plaçant sur notre épaule gauche comme on avoit fait auparavant. Nous donnâmes pour récompense deux couteaux à chacun des sept hommes qui nous avoient accompagné.

Nous vîmes ensuite arriver à la maison du gouverneur neuf hommes dont chacun portoit un plat de bois, sur chacun desquels il y avoit dix à onze jattes de porcelaine, contenant de la viande de différens animaux ; c'est-à-dire, du veau, des chapons, des poules, des paons et autres, avec plusieurs espèces de poissons : il y avoit plus de trente mêts différens de viande seule.

Souper.

Nous soupâmes assis à terre sur une natte de palmier. A chaque morceau qu'on mangeoit il falloit boire, dans une tasse de porcelaine grande comme un œuf, de la liqueur extraite de riz distillé. Nous mangeâmes aussi du riz et d'autres mêts faits de sucre avec des cueillères d'or semblables aux nôtres.

Nous couchâmes dans le même endroit où nous avions passé la nuit précédente; et il y eut toujours deux flambeaux de cire blanche allumés sur deux candelabres d'argent, et deux grandes lampes garnies d'huile et à quatre mêches chacune. Deux hommes veillèrent pendant toute la nuit pour en avoir soin.

Le lendemain nous nous rendîmes au bord de la mer, où nous trouvâmes deux pirogues destinées à nous conduire à nos vaisseaux.

La ville est bâtie dans la mer même, excepté la maison du roi, et de quelques principaux chefs. Elle contient vingt-cinq mille feux (1) ou familles. Les maisons sont construites de bois et portées sur de grosses poutres pour les garantir de l'eau. Lorsque la marée monte, les femmes qui vendent les denrées nécessaires traversent la ville dans des barques. Au-devant de la maison du roi il y a une grande muraille bâtie de grosses briques, avec des barbacanes en manière de forteresse, sur laquelle on voit cinquante-six bombardes de bronze, et six de fer : on en tira plusieurs coups pendant les deux jours que nous passâmes dans la ville.

Le roi, qui est Maure, s'appelle raja Siripada. Il est fort replet, et peut avoir environ quarante ans. Il n'est servi que par des femmes qui sont les filles des principaux habitans de l'île. Personne ne peut lui parler que par le moyen d'une sarbacane, comme nous avons été obligés de le faire. Il a dix scribes uniquement

1521.
JUILLET.
17.
Ville de Burné

---

(1) Ce nombre paroît exagéré. A présent elle n'a que deux à trois mille maisons. (*Histoire générale des voyages*, tome XV, p. 138).

occupés à écrire ce qui le concerne sur des écorces d'arbre très-minces qu'on appelle *chiritoles*. Il ne sort jamais de son palais que pour aller à la chasse.

Le matin, 29 juillet, qui étoit un lundi, nous vîmes venir vers nos vaisseaux plus de cent pirogues, partagées en trois escadres, avec autant de *tungulis*, qui sont leurs petites barques. Comme nous craignions d'être attaqués par trahison, nous mîmes sur-le-champ à la voile, et cela avec tant d'empressement que nous fûmes obligés d'abandonner une ancre. Nos soupçons s'augmentèrent lorsque nous fîmes attention à plusieurs grandes embarcations, appelées jonques, qui étoient venues le jour précédent mouiller à l'arrière de nos vaisseaux; ce qui nous fit craindre d'être assaillis de tous côtés. Notre premier soin fut de nous délivrer des jonques contre lesquelles nous fîmes feu, de sorte que nous y tuâmes beaucoup de monde. Quatre jonques devinrent notre proie; les quatre autres se sauvèrent en allant échouer à terre. Dans l'une des jonques que nous prîmes étoit le fils du roi de l'île de Lozon, qui étoit capitaine-général du roi de Burné, et venoit de conquérir avec ces jonques une grande ville appelée Laoë (1), bâ-

―――――――――――――――――――――――
(1) Laoë n'est pas une ville, mais une petite île près de la

tie sur une pointe de l'île vers la grande Java. Dans cette expédition il avoit saccagé cette ville, parce que ses habitans préféroient d'obéir au roi Gentil de Java, plutôt qu'au roi Maure de Burné.

1521.
Juillet.

Jean Carvajo, notre pilote, sans nous en avertir, rendit la liberté à ce capitaine; y ayant été engagé, comme nous le sûmes par la suite, pa une forte somme d'or qu'on lui avoit offert. Si nous eussions gardé ce capitaine, le roi Siripada nous auroit donné sans doute pour sa rançon tout ce que nous aurions voulu; car il s'étoit rendu formidable aux Gentils, qui sont ennemis du roi Maure.

Mis en liberté.

Dans le port où nous étions, il n'y a pas seulement la ville dont Siripada est le maître; mais il y en a une autre habitée par des Gentils, bâtie également dans la mer, et plus grande encore que celle des Maures. L'inimitié entre les deux peuples, est si grande qu'il ne se passe pas de jour sans qu'ils se livrent à des querelles et à des combats. Le roi des Gentils est aussi puissant que le roi des Maures; il n'est cependant pas si vain; et il paroît même qu'il seroit

Ville des Gentils.

---

pointe méridionale de Burné. Pigafetta n'y ayant point été, a sans doute mal compris ce qu'on lui avoit dit à cet égard.

facile d'introduire chez lui le christianisme (1).

1521.
JUILLET.

Le roi Maure ayant été instruit de tout le mal que nous venions de faire à ses jonques, se hâta de nous faire savoir par un de nos gens qui s'étoient établis à terre pour trafiquer, que ce n'étoit pas contre nous que ses embarcations venoient; qu'elles ne faisoient que passer pour aller porter la guerre aux Gentils; et pour nous le prouver, ils nous montrèrent quelques têtes de ces derniers tués à la bataille. Alors nous fîmes dire au roi, que si cela étoit ainsi il n'avoit qu'à nous renvoyer les deux hommes qui étoient encore à terre avec nos marchandises, et le fils de Jean Carvajo; mais le roi ne voulut pas y consentir. Ainsi Carvajo fut puni par la perte de son fils (qui lui étoit né pendant qu'il étoit au Brésil), qu'il auroit sans doute recouvré en échange du capitaine-général qu'il délivra pour de l'or. Nous retînmes à bord seize hommes des principaux de l'île, et trois femmes que nous comptions conduire en Espagne, pour présenter ces dernières à la reine; mais Carvajo les garda pour lui-même.

Maures prisonniers.

---

(1) Les Portugais y apportèrent le christianisme, qui s'y maintint jusqu'en 1590. (Sonnerat, *loco cit.*); où il dit aussi que les Maures ont forcé les Gentils à abandonner le bord de la mer, et à se retirer dans les montagnes.

Les Maures vont nus comme tous les habitans de ces climats. Ils estiment sur-tout le vif-argent, qu'ils boivent, prétendant qu'il conserve la santé autant qu'il guérit les maladies. Ils adorent Mahomet et suivent sa loi. Par cette raison ils ne mangent point de porc. Ils se lavent le derrière avec la main gauche, dont ils ne se servent jamais pour manger, et n'urinent point debout, mais en s'accroupissant. Ils se lavent le visage de la main droite ; mais ne se frottent jamais les dents avec les doigts. Ils sont circoncis comme les Juifs. Ils ne tuent ni chèvres, ni poulets, sans s'adresser auparavant au soleil. Ils coupent le bout des ailes aux poulets et la peau qu'elles ont sous les pieds, et ensuite ils les fendent en deux. Ils ne mangent d'aucun animal qu'il n'ait été tué par eux-mêmes.

1521.
Aout.

Usages et superstitions.

Cette île produit le camphre, espèce de baume qui suinte goutte à goutte d'entre l'écorce et le bois de l'arbre ; ces gouttes sont petites comme les brins du son. Si on laisse le camphre exposé à l'air, il s'évapore insensiblement. L'arbre qui le produit est appelé *capor* (1). On

Productions de l'île.

---

(1) Le meilleur camphre nous vient encore actuellement de Bornéo. (*Histoire générale des voyages*, loc. cit., p. 140).

y trouve aussi de la cannelle, du gingembre, des mirabolans, des oranges, des citrons, des cannes à sucre, des melons, des citrouilles, des radis, des oignons, etc. Parmi les animaux il y a des éléphans, des chevaux, des buffles, des cochons, des chèvres, des poules, des oies, des corbeaux et plusieurs autres espèces d'oiseaux.

On dit que le roi de Burné a deux perles grosses comme des œufs de poule, et si parfaitement rondes, qu'étant posées sur une table bien unie ils ne peuvent jamais rester en répos. Quand nous lui apportâmes nos présens je lui fis connoître par mes gestes que je désirois beaucoup de les voir : il promit de nous les montrer ; mais nous ne les avons jamais vues. Quelques-uns des chefs me dirent qu'ils les connoissoient.

Les Maures de ce pays ont une monnoie de bronze et perforée pour l'enfiler. D'un côté elle porte quatre lettres qui sont les quatre caractères du grand roi de la Chine. On l'appelle *pici* (1). Dans notre trafic, on nous donnoit pour un *cathil* de vif-argent six jattes de porcelaine. Le cathil est un poids de deux livres. Pour un cahier de papier nous recevions da-

---

(1) Le *pici*, qu'aujourd'hui on appelle *pecia*, est la plus petite monnoie des Indes Orientales.

vantage encore. Le cathil de bronze nous valoit un petit vase de porcelaine ; et pour trois couteaux nous en recevions un plus grand : un *bahar* de cire pour cent soixante cathils de bronze. Le bahar est un poids de deux cents trois cathils. Pour quatre-vingt cathils un bahar de sel ; et pour quarante cathils un bahar d'*anime*, espèce de gomme dont on se sert pour goudronner les vaisseaux ; car dans ce pays il n'y a point de goudron. Vingt *tabils* font un cathil. Les marchandises qu'on recherche ici de préférence sont le cuivre, le vif-argent, le cinabre, le verre, les draps de laine, les toiles, mais sur-tout le fer et les lunettes.

Les jonques dont nous avons parlé sont leurs plus grandes embarcations. Voici comment elles sont construites : les œuvres vives, jusqu'à deux palmes des œuvres mortes, sont construites d'ais joints ensemble par des chevilles de bois ; et la construction en est assez bien faite. Dans la partie supérieure elles sont de très-gros roseaux qui saillissent en dehors de la jonque pour former contrepoids (1). Ces jonques portent une cargaison aussi forte que nos navires. Les mâts

---

(1) C'est le balancier. Le texte ne dit pas que les roseaux, ou cannes de bambou, dépassent les bords de la jonque, mais il faut le croire, puisque notre auteur dit qu'ils y servent de contrepoids.

1521.
Aout.
Porcelaine.

sont faits des mêmes roseaux, et les voiles d'écorce d'arbre.

Ayant vu à Burné beaucoup de porcelaine je voulus prendre aussi quelques renseignemens sur cet objet. On me dit qu'on la fait avec une espèce de terre très-blanche, qu'on laisse sous terre pendant un demi-siècle pour la raffiner; de sorte qu'ils ont un proverbe qui dit que le père s'enterre pour le fils. On prétend que si l'on met du poison dans un de ces vases de porcelaine, il se casse sur-le-champ.

L'île de Burné (Bornéo) est si grande que pour en faire le tour avec une embarcation, il faudroit y employer trois mois. Elle est située par le 5° 15′ de latitude septentrionale et à 176° 40′ de longitude de la ligne de démarcation (1).

Départ de Burné.

En partant de cette île nous retournâmes en arrière pour chercher un endroit propre à radouber nos vaisseaux, dont l'un avoit une forte voie d'eau; et l'autre, faute du pilote, avoit donné

(1) A cette latitude est la pointe septentrionale de Bornéo. La longitude n'est pas exacte comme on peut le voir dans la carte I. Le chevalier Pigafetta a bien eu soin de marquer dans le dessin de l'île de Bornéo son voyage à cinquante lieues de la pointe au port, et Laoë à la pointe méridionale de l'île. N'ayant pas entendu parler des autres pays, il a donné à l'île la forme d'un triangle, y ayant placé les deux villes situées sur la baie.

contre un bas-fonds près d'une île appelée Bibalon (1) ; mais, grace à Dieu, nous le remîmes à flot. Nous courûmes aussi un autre grand danger : un matelot en mouchant une chandelle, jeta par inadvertence la mêche allumée dans une caisse de poudre à canon ; mais il fut si prompt à l'en retirer, que la poudre ne prit point feu.

Chemin faisant nous vîmes quatre pirogues. Nous en prîmes une chargée de noix de coco destiné pour Burné ; mais l'équipage s'en sauva dans une petite île. Les trois autres pirogues nous évitèrent en se retirant derrière d'autres îlots.

Entre le cap nord de Burné et l'île de Cimbonbon, par le 8° 7' de latitude septentrionale, nous trouvâmes un port fort commode pour radouber nos vaisseaux ; mais, comme nous manquions de plusieurs choses nécessaires à cet objet, nous fûmes obligés d'y employer quarante-deux jours. Chacun de nous travailloit de son mieux, l'un d'une manière et l'autre d'une autre. Ce qui nous coutoit le plus de peine, c'étoit d'aller chercher le bois dans les forêts, parce que tout le terrain étoit couvert

1521.
Aout.
Dangers.

Prise d'une pirogue.

Cimbonbon.

Radoub de nos vaisseaux.

---

(1) Aujourd'hui on l'appelle Balaba.

de ronces et d'arbustes épineux, et que nous étions tous pieds nus.

Sangliers. — Il y a dans cette île de très-grands sangliers. Nous en tuâmes un pendant qu'il passoit à la nage d'une île à l'autre. Sa tête avoit deux palmes et demi de longueur, avec de très-grosses défenses (1). *Crocodiles.* — On y trouve aussi des crocodiles qui habitent également et la terre et la mer; des huîtres, des coquillages de toutes les espèces, *Grandes tortues.* — et de fort grandes tortues. Nous en prîmes deux, dont la chair seule de l'une pesoit vingt-six livres, et celle de l'autre quarante-quatre livres. Nous prîmes aussi un poisson dont la tête, qui ressembloit à celle du cochon, avoit deux cornes; son corps étoit revêtu d'une substance osseuse; il avoit sur le dos une espèce de selle, mais il n'étoit pas bien grand.

Feuilles animées. — Ce que j'ai trouvé de plus étrange, ce sont des arbres dont les feuilles qui tombent sont animées. Ces feuilles ressemblent à celles du mûrier, si ce n'est qu'elles sont moins longues; leur pétiole est court et pointu; et près du pé-

---

(1) C'est le babi-rousa (*sus-babirussa*, Linn.) qui a la propriété de nager, et dont le grouin allongé est armé de longues défenses. Voyez la description de cet animal dans le *Voyage par le Cap de Bonne-Espérance et Batavia à Samarang, à Macassar, à Amboine et à Surate*; par *Stavorinus*, tome I, p. 254, où on en trouve aussi la figure.

tiole d'un côté et de l'autre elles ont deux pieds.
Si on les touche, elles s'échappent ; mais elles
ne rendent point de sang quand on les écrase.
J'en ai gardé une dans une boîte pendant neuf
jours : quand j'ouvrois la boîte, la feuille s'y
promenoit tout à l'entour : je suis d'opinion
qu'elles vivent d'air (1).

1521.
Septembre.

En quittant cette île, c'est-à-dire, le port,
nous rencontrâmes une jonque qui venoit de
Burné. Nous lui fîmes signal d'amener ; mais
n'ayant pas voulu obéir nous la poursuivîmes,
la prîmes, et la pillâmes. Elle portoit le gouverneur de Pulaoan avec un de ses fils et son
frère, que nous contraignîmes à payer pour
rançon, dans l'espace de sept jours, quatre cents
mesures de riz, vingt cochons, un pareil nombre de chèvres et cent cinquante poules. Nonseulement il nous donna tout ce que nous demandions, mais il y ajouta de son propre mou-

Prise du gouverneur de Pulaoan.

---

(1) D'autres voyageurs ont vu de semblables feuilles, et les ont mieux examinées. Quelques-uns ont cru que ces feuilles étoient mues par un insecte qui s'y étoit logé. (*Histoire générale des voyages*, tome XV, p. 58); d'autres ont remarqué que ce ne sont pas des feuilles, mais une espèce de sauterelles couvertes de quatre ailes de forme ovale, et d'environ trois pouces de longueur dont les ailes supérieures sont tellement repliées l'une sur l'autre qu'elles semblent former exactement une feuille brune avec ses fibres. (Stedman, *Voyage à Surinam*, tome II, p. 261).

vement des noix de coco, des bananes, des cannes à sucre et des vases pleins de vin de palmier. Pour répondre à sa générosité nous lui rendîmes une partie de ses poignards et de ses fusils, et lui donnâmes un étendart, un habit de damas jaune et quinze brasses de toile. A son fils nous fîmes présent d'un manteau de drap bleu, etc. Son frère reçut un habit de drap vert. Nous fîmes aussi des dons aux gens qui étoient avec eux, de manière que nous nous séparâmes bons amis.

Cagayan et Chipit.

Nous rebroussâmes chemin pour repasser entre l'île de Cagayan et le port de Chipit, en courant à l'est quart sud-est, pour aller chercher les îles Malucco. Nous passâmes près de certains îlots où nous vîmes la mer couverte d'herbes, quoiqu'il y eut une grande profondeur : il nous sembloit être dans d'autres parages (1).

En laissant Chipit à l'est, nous reconnûmes à l'ouest les deux îles de Zolo (2) et Taghima (3), où, à ce qu'on nous dit, l'on pêche les plus belles perles. C'est là qu'on a trouvé

---

(1) Stedmar, à peu près à la même latitude, trouva la mer couverte d'herbes dans l'Océan Atlantique. (*Tome III, p.* 211).
(2) Bellin l'appelle *Jolo*, et Cook *Sooloo*.
(3) A présent on l'appelle *Basilan*.

celles du roi de Burné dont j'ai parlé : voici comment il réussit à s'en rendre maître. Ce roi avoit épousé une fille du roi de Zolo, qui lui dit un jour que son père possédoit ces deux grosses perles. L'envie prit au roi de Burné de les avoir, et dans une nuit il partit avec cinq cents embarcations pleines d'hommes armés, se saisit du roi de Zolo, son beau-père et de deux de ses fils ; il ne leur rendit la liberté qu'à condition qu'on lui donneroit les deux perles en question.

1521. Septembre. Perles du roi de Zolo.

Continuant de cingler à l'est quart nord-est, nous longeâmes deux habitations appelées Cavit et Subanin, et passâmes près d'une île également habitée qu'on nomme Monoripa, à dix lieues des îlots dont je viens de parler. Les habitans de cette île n'ont point de maisons ; ils vivent toujours sur leurs barques.

Cavit, Subanin, Monoripa.

Les villages de Cavit et Subanin sont dans les îles de Butuan et de Calagan, où croît la meilleure cannelle. Si nous avions pu nous y arrêter quelque tems, nous en aurions chargé le vaisseau ; mais nous ne voulûmes pas perdre de tems pour profiter du vent ; car nous devions doubler une pointe et dépasser quelques petites îles qui l'environnent. Chemin faisant, nous vîmes des insulaires qui s'approchèrent de nous, et nous donnèrent dix-sept livres de can-

Butuan, Calagan.

nelle pour deux grands couteaux que nous avions pris au gouverneur de Pulaoan.

Ayant vu le cannellier, je puis en donner la description. Il est haut de cinq à six pieds, et n'a que l'épaisseur d'un doigt. Il n'a jamais au-delà de trois à quatre branches : sa feuille ressemble à celle du laurier : la cannelle dont nous faisons usage n'est que son écorce, qu'on récolte deux fois par an. Le bois même et les feuilles vertes ont le même goût que l'écorce. On l'appelle *cainmana* (d'où est venu le nom de *cinnamomum*), parce que *caiu* signifie bois, et *mana* doux.

Ayant mis le cap au nord-est, nous nous rendîmes à une ville appelée Maingdanao (1), située dans la même île où sont Butuan et Calagan, pour y prendre une connoissance exacte de la position des îles Malucco. Ayant rencontré dans notre route un *bignadai*, barque qui ressemble à une pirogue, nous nous déterminâmes à le prendre ; mais comme ce ne fut pas sans trouver quelque résistance, nous tuâmes sept hommes des dix-huit qui formoient l'équipage du bignadai. Ils étoient mieux faits et plus robustes que tous ceux que nous avions

---

(1) Maingdanao est la même que Mindauao, ville située près d'un lac qui porte le même nom que l'île.

vus jusqu'alors. C'étoient des chefs de Maingdanao, parmi lesquels il y avoit le frère du roi, qui nous assura qu'il savoit très-bien la position des îles Malucco.

Sur son rapport nous changeâmes de course, et mîmes le cap au sud-est. Nous étions alors par le 6° 7′ de latitude nord, et à trente lieues de distance de Cavit.

On nous dit qu'à un cap de cette île, près d'une rivière, il y a des hommes vélus, grands guerriers, et sur-tout grands archers. Ils ont des dagues d'un palme de largeur ; et lorsqu'ils prennent quelque ennemi, ils leur mangent le cœur tout cru, avec du jus d'orange ou de citron. On les appelle Bénaians (1).

Nous rencontrâmes sur notre route au sud-est quatre îles appelées Ciboco, Biraham-Batolach, Sarangani et Candigar (2). Le samedi, 26 octobre, à l'entrée de la nuit, en côtoyant l'île de Biraham-Batolach, nous essuyâmes une

---

(1) Bénaian, cap septentrional de l'île qui porte le même nom.

(2) Dans la carte de Bellin je ne trouve ici que deux îles, dont l'une est appelée Saranga. Sarangani est nommée dans la note des quatre-vingt-deux îles, qui en 1682 appartenoient au roi de Ternate. (*Histoire générale des voyages*, tome *XI*, p. 17, éd. de Hollande). Cette île offre un mouillage excellent pour ravitailler les vaisseaux. (*Ibid.*, p. 18).

bourrasque, pendant laquelle nous amenâmes toutes nos voiles, et priâmes Dieu de nous sauver. Alors nous vîmes au bout des mâts nos trois saints qui dissipèrent l'obscurité. Ils s'y tinrent pendant plus de deux heures, Saint-Elme sur le mât du milieu, Saint-Nicolas sur le mât de misaine, et Sainte-Claire sur celui de trinquet. En reconnoissance de la grace qu'ils venoient de nous accorder, nous promîmes à chacun d'eux un esclave, et leur fîmes aussi une offrande.

En poursuivant notre route nous entrâmes dans un port qui est au milieu de l'île de Sarangani, vers Candigar; nous y mouillâmes près d'une habitation de Sarangani, où il y a beaucoup de perles et d'or. Ce port est par le 5° 9′, à cinquante lieues de Cavit. Les habitans sont des Gentils, et vont nus comme les autres peuples de ces parages.

Nous nous y arrêtâmes un jour, et y prîmes par force deux pilotes pour nous conduire aux îles Malucco. Selon leur avis nous courumes au sud-sud-ouest, et passâmes au milieu de huit îles en partie habitées et en partie désertes, qui forment une espèce de rue. Voici leurs noms: Cheava, Caviao, Cabiao, Camanuca, Cabaluzao, Cheai, Lipan et Nuza; au bout desquelles nous nous trouvâmes vis-à-vis d'une île assez belle (1); mais ayant le vent contraire nous ne pûmes jamais en doubler la pointe, de manière que pendant toute la nuit nous fûmes obligés de faire des bordées. C'est à cette occasion que les prisonniers que nous avions faits à Sarangani sautèrent du vaisseau et se sauvèrent à la nage avec le frère du roi de Mandanao; mais nous apprîmes par la suite que son fils, n'ayant pu se tenir sur le dos de son père, s'étoit noyé.

Voyant l'impossibilité de doubler la pointe de la grande île, nous la passâmes sous le vent près de plusieurs petites îles. Cette grande île, qui s'appelle Sanghir, a quatre rois dont voici les noms : raja Matandatu, raja Laga, raja Bapti et raja Parabu. Elle est par le 3° 30′ de latitude septentrionale, et à vingt-sept lieues de Sarangani.

Continuant de courir toujours dans la même direction, nous passâmes auprès de cinq îles, appelées Chéoma, Carachita, Para, Zanga-

1521.
OCTOBRE.

Nos captifs se sauvent à la nage.

Sanghir.

NOVEMBRE.

Chéoma, Carachita, etc.

---

(1) Les îles dont il est mention ici appartiennent à ce groupe, où les géographes modernes placent Kararotan, Linop et Cabrocana, après lesquelles on trouve Sanghir, qui est l'île assez belle dont parle l'auteur. Au sud-sud-ouest de cette île il y a plusieurs îlots dont Pigafetta parle plus bas. Cabiou, Cabalousu, Limpang et Noussa sont nommées dans la note des îles qui appartenoient en 1682 au roi de Ternate.

lura, Ciau (1), dont la dernière est distante de dix lieues de Sanghir. On y voit une montagne assez étendue, mais de peu d'élévation. Son roi s'appelle raja Ponto.

Nous vînmes à l'île de Paghinzara (2), où l'on voit trois hautes montagnes : son roi s'appelle raja Babintan. A douze lieues à l'est de Paghinzara, nous trouvâmes, outre Talaut, deux petites îles habitées, Zoar et Mean (3).

Mercredi, le 6 de novembre, ayant dépassé ces îles, nous en reconnûmes quatre autres assez hautes, à quatorze lieues vers l'est. Le pilote que nous avions pris à Sarangani, nous dit que c'étoient les îles Malucco. Nous rendîmes alors graces à Dieu, et en signe de rejouissance nous fîmes une décharge de toute notre artillerie; et on ne sera pas étonné de la grande joie que nous éprouvâmes à la vue de ces îles, quand on considérera qu'il y avoit vingt-sept mois moins deux jours que nous courions les

---

(1) Dans l'atlas de Robert il y a ici plusieurs petites îles, parmi lesquelles Regalarda et Siapi, noms qui ont quelque ressemblance avec Zangalura et Ciau ou Siau. Sonnerat parle aussi de cette dernière. Dans la note des îles du roi de Ternate on lit, Karkitang, Para, Sangalouhan, Siau.
(2) Paghinzara, Talaut et Mahono sont dans la même note.
(3) Zoar et Mean sont à l'endroit où Robert a placé Saranbal et Meyan.

mers, et que nous avions visité une infinité d'îles, toujours en cherchant les Maiucco.

Les Portugais ont débité que les îles Malucco sont placées au milieu d'une mer impraticable à cause des bas-fonds qu'on rencontre partout, et de l'atmosphère nébuleuse et couverte de brouillards ; cependant nous avons trouvé le contraire, et jamais nous n'eûmes moins de cent brasses d'eau jusqu'aux Malucco mêmes.

Le vendredi, 8 du mois de novembre, trois heures avant le coucher du soleil, nous entrâmes dans le port d'une île appelée Tadore (1). Nous allâmes mouiller près de la terre par vingt brasses d'eau, et déchargeâmes toute notre artillerie.

Le lendemain le roi vint dans une pirogue, et fit le tour de nos vaisseaux. Nous allâmes à sa rencontre avec nos chaloupes pour lui témoigner notre reconnoissance : il nous fit entrer dans sa pirogue, où nous nous plaçâmes auprès de lui. Il étoit assis sous un parasol de soie qui le couvroit entièrement. Devant lui se tenoit un de ses fils qui portoit le sceptre royal ; deux hommes tenant chacun un vase d'or plein d'eau pour laver ses mains, et deux autres avec

---

(1) Maintenant Tidor.

deux petits coffrets dorés remplis de *betre* (bétel).

Il nous complimenta sur notre arrivée, en nous disant que depuis long-tems il avoit rêvé que quelques navires devoient venir des pays lointains à Malucco; et que pour s'assurer si ce rêve étoit véritable, il avoit examiné la lune, où il avoit remarqué que ces vaisseaux arrivoient effectivement, et que c'étoit nous qu'il attendoit.

Il monta ensuite sur nos vaisseaux, et nous lui baisâmes tous la main. On le conduisit vers le gaillard d'arrière, où, pour ne pas être obligé de se baisser, il ne voulut entrer que par l'ouverture d'en haut. Là nous le fîmes asseoir sur une chaise de velours rouge, et lui endossâmes une veste à la turque de velours jaune, et pour lui témoigner mieux notre respect, nous nous assîmes à terre vis-à-vis de lui.

Accueil du roi. Lorsqu'il eut appris qui nous étions, et quel étoit le but de notre voyage, il nous dit que lui, et tous ses peuples seroient bien contens d'être les amis et les vassaux du roi d'Espagne; qu'il nous recevroit dans son île comme ses propres enfans; que nous pouvions descendre à terre y demeurer comme dans nos propres maisons; et que, pour l'amour du roi notre souverain, il vouloit que dorénavant son île ne portât plus le nom de Tadore, mais celui de Castille.

Nous lui fîmes alors présent de la chaise sur laquelle il étoit assis, et de l'habit que nous lui avions endossé. Nous lui donnâmes aussi une pièce de drap fin, quatre brasses d'écarlate, une veste de brocard, un drap de damas jaune, d'autres draps indiens tissus en or et soie, une pièce de toile de Cambaie très-blanche, deux bonnets, six fils de verroterie, douze couteaux, trois grands miroirs, six ciseaux, six peignes, quelques tasses de verre dorées, et autres choses. Nous offrîmes à son fils un drap indien d'or et de soie, un grand miroir, un bonnet et deux couteaux. Chacun des neuf principaux personnages qui l'accompagnoient reçut un drap de soie, un bonnet et deux couteaux. Nous fîmes aussi quelques dons à tous les autres qui se trouvoient à sa suite, tels qu'un bonnet, un couteau, etc., jusqu'à ce que le roi nous eut averti de ne plus rien donner. Il dit qu'il étoit fâché de n'avoir rien à présenter au roi d'Espagne qui fut digne de lui; mais qu'il ne pouvoit offrir que sa personne. Il nous conseilla d'approcher avec nos vaisseaux des habitations, et que si quelqu'un des siens osoit, pendant la nuit, tenter de venir nous voler, nous n'avions qu'à le tuer à coups de fusil.

Après cela il partit fort satisfait de nous; mais il ne voulut jamais incliner la tête, malgré toutes les révérences que nous fîmes. A son départ nous décharge âmes toute notre artillerie.

Ce roi est Maure, c'est-à-dire, Arabe, âgé à peu près de quarante-cinq ans, assez bien fait, et d'une belle physionomie. Ses vêtemens consistoient en une chemise très-fine dont les manches étoient brodées en or: une draperie lui descendoient de la ceinture jusqu'aux pieds; un voile de soie couvroit sa tête, et sur ce voile il y avoit une guirlande de fleurs. Son nom est raja sultan Manzor. Il est grand astrologue.

Le 10 novembre, jour de dimanche, nous eûmes un nouvel entretien avec le roi, qui nous demanda quels étoient nos appointemens, et quelle ration le roi d'Espagne donnoit à chacun de nous? Nous satisfîmes sa curiosité. Il nous pria aussi de lui donner un sceau du roi et un pavillon royal; voulant, disoit-il, que son île, ainsi que celle de Tarenate (1), où il se proposit de placer comme roi son neveu appelé Calanogapi, fussent dorénavant soumises au roi d'Espagne, pour l'honneur duquel il combattroit à l'avenir; et que, si par malheur il étoit obligé de succomber sous ses ennemis, il

---

(1) Aujourd'hui Ternate.

passeroit en Espagne sur un de ses propres bâtimens, et emporteroit avec soi le sceau et le pavillon. Il nous pria ensuite de lui laisser quelques-uns d'entre nous, qui lui seroient bien plus chers que toutes nos marchandises ; lesquelles, ajouta-t-il, ne lui rappeleroient pas aussi long-tems que nos personnes le souvenir du roi d'Espagne et le nôtre.

Voyant notre empressement à charger nos vaisseaux de clous de girofle, il nous dit que n'en ayant pas assez de secs dans son île pour notre besoin, il iroit en chercher à l'île de Bachian, où il espéroit en trouver la quantité qu'il nous faudroit.

Ce jour-là étant un dimanche, nous ne fîmes aucun achat. Le jour de fête pour ces insulaires est le vendredi.

Il vous sera agréable sans doute, monseigneur, d'avoir quelques détails sur les îles où croissent les girofliers. Il y en a cinq, Tarenate, Tadore, Mutir, Machian et Bachian (1).

1521.
Novembre.

Détails sur les Malucco.

Gouvernemens.

_____

(1) On croyoit que les girofliers ne se trouvoient que dans ces cinq îles qu'on appelle proprement les Moluques ; mais ensuite on les trouva aussi dans plusieurs autres îles, auxquelles, par cette raison, on étendit le nom des Moluques; de façon que sous ce nom on comprend aujourd'hui toutes les îles qui sont entre les Philippines et Java. Les Hollandois, pour avoir le commerce exclusif des clous de girofle, tâchèrent de détruire par la force,

Tarenate (Ternate) est la principale. Le dernier roi dominoit presqu'entièrement sur les quatre autres. Tadore (Tidor), où nous étions alors, a son roi particulier. Mutir et Machian n'ont point de roi : leur gouvernement est populaire ; et lorsque les rois de Tarenate et de Tadore sont en guerre entre eux, ces deux républiques démocratiques fournissent des combattans aux deux partis. La dernière est Bachian, laquelle a de même son roi. Toute cette province où croît le girofle s'appelle Malucco (Moluques).

François Serano.

Lors de notre arrivée à Tadore, on nous dit que huit mois auparavant il y étoit mort un certain François Serano, Portugais. Il étoit capitaine-général du roi de Tarenate, qui étoit en guerre contre celui de Tadore; qu'il contraignit à donner sa fille en mariage au roi de Tarenate, et en outre presque tous les enfans mâles des seigneurs de Tadore en ôtage. Par cet arrangement on parvint à établir la paix. De ce mariage nacquit le petit-fils du roi de Tadore,

---

ou par artifice, tous les girofliers qui étoient hors de leur dépendance ; mais ils n'y réussirent pas. Après la révolution de France il y a eu bien de changemens aussi dans la mer du Sud. Pigafetta, qui a dessiné les îles Moluques de la manière qu'on le voit dans la carte IV enluminée, y a joint un arbre de girollier, qui n'y ressemble guère.

appelé Calanopagi, dont j'ai parlé. Cependant le roi de Tadore ne pardonna jamais sincèrement à François Serano, et fit serment de se venger de lui. En effet, quelques années après que Serano s'avisa un jour d'aller à Tadore pour acheter des clous de girofle, le roi lui fit prendre du poison préparé dans des feuilles de betre; de sorte qu'il n'y survécut que quatre jours. Le roi voulut le faire enterrer selon les usages du pays; mais trois domestiques chrétiens que Serano avoit conduits avec lui, s'y opposèrent. Serano laissa en mourant un fils et une fille encore enfans que lui avoit donnés une femme qu'il avoit épousée à Java. Tout son bien ne consistoit, pour ainsi dire, qu'en deux cents bahars de clous de girofle.

Serano avoit été grand ami, et même parent de notre malheureux capitaine-général; et ce fut lui qui le détermina à entreprendre ce voyage; car du tems que Magellan se trouvoit à Malaca, il avoit appris par des lettres de Serano qu'il étoit à Tadore, où il y avoit un commerce avantageux à faire. Magellan n'avoit pas perdu de vue ce que Serano lui avoit écrit, lorsque le feu roi de Portugal, Don Emanuel, refusa d'augmenter ses appointemens d'un seul teston (1)

---

(1) Le teston valoit un demi-ducat; et le ducat valoit un sequin.

par mois ; récompense qu'il croyoit bien mériter pour les services qu'il avoit rendus à la couronne. Pour s'en venger il vint en Espagne, et proposa à sa majesté l'empereur d'aller à Malucco par l'ouest, ce qu'il obtint.

Dix jours après la mort de Serano, le roi de Tarenate, appelé raja Abuleis (1), qui avoit épousé une fille au roi de Bachian, déclara la guerre à son gendre et le chassa de son île. Sa fille se rendit alors chez lui pour être médiatrice entre son père et son mari, et empoisonna son père, qui ne survécut que deux jours au poison. Il mourut en laissant neuf fils, dont voici les noms : Chechili-Momuli, Jadore-Vunghi, Chechilideroix, Cilimanzur, Cilipagi, Chialinchechilin, Cataravajecu, Serich et Calanogapi.

Lundi, 11 novembre, Chechilideroix, un des fils du roi de Tarenate que nous venons de nommer, vint près de nos vaisseaux avec deux pirogues où il y avoit des joueurs de timballes. Il étoit vêtu d'un habit de velours rouge. Nous sûmes ensuite qu'il avoit avec lui la veuve et les fils de Serano. Cependant il n'osa pas venir à

---

(1) Lorsque Brito ou Breo fut envoyé comme gouverneur au îles Moluques en 1511, le roi Abuleis régnoit à Ternate, et il est appelé raja Beglif.

notre bord, et nous n'osâmes pas non plus l'inviter à s'y rendre sans le consentement du roi de Tadore, son ennemi, dans le port duquel nous étions, et à qui nous fîmes demander si nous pouvions le recevoir? Il nous fit répondre que nous étions les maîtres de faire ce qui nous plairoit. Pendant cet intervalle Chechilideroix, voyant notre incertitude, eut quelques soupçons, et s'éloigna de nous; ce qui nous détermina à aller vers lui avec la chaloupe, et à lui faire présent d'une pièce de drap indien de soie et d'or, de quelques miroirs, ciseaux et couteaux, qu'il accepta d'assez mauvaise grâce, et il partit ensuite.

1521.
Novembre.

Il avoit avec lui un Indien qui s'étoit fait chrétien, appelé Manuel, domestique de Pierre Alphonse de Lorosa, qui, après la mort de Serano, étoit venu de Bandan à Tarenate. Ce Manuel, qui parloit la langue portugaise, vint sur notre vaisseau, et nous dit que les fils du roi de Tarenate, quoiqu'ennemis du roi de Tadore, étoient fort disposés à abandonner le Portugal pour s'attacher à l'Espagne. Nous écrivîmes par son moyen une lettre à de Lorosa pour l'inviter à venir à notre bord sans avoir la moindre crainte à notre égard. Nous verrons par la suite qu'il se rendit à notre invitation.

Manuel.
Pierre-Alphonse de Lorosa.

En m'informant des usages du pays, j'ap-

1521.
NOVEMBRE.
Coutumes du
roi de Tadore.

Son sérail.

pris que le roi peut avoir pour son plaisir autant de femmes qu'il le trouve bon ; mais une seule est réputée son épouse, et toutes les autres ne sont que ses esclaves. Il avoit hors de la ville une grande maison où logeoient deux cents de ses femmes les plus jolies, avec un pareil nombre d'autres destinées à les servir. Le roi mange toujours seul, ou avec son épouse, sur une espèce d'estrade élevée, d'où il voit toutes ses autres femmes assises autour de lui, et après avoir dîné il choisit la compagne de sa couche pour la nuit suivante. Lorsque le roi a fini son repas, ses femmes mangent toutes ensemble, s'il y consent; sinon chacune va dîner en particulier dans sa chambre. Personne ne peut voir les femmes du roi sans une permission expresse de sa part; et si quelqu'imprudent osoit approcher de leur habitation, soit de jour, soit de nuit, il seroit tué sur-le-champ. Pour garnir de femmes le sérail du roi, chaque famille est obligée de lui fournir une ou deux filles. Raja sultan Manzour avoit vingt-six enfans, dont huit garçons, et dix-huit filles (1).

---

(1) Forster (Cook, *troisième Voyage*, tome *V*, p 356), observe que par-tout où les hommes et même les animaux sont polygames, il naît beaucoup plus de femelles que de mâles; ce qui peut s'expliquer fort bien par les molécules organiques

Il y a dans l'île de Tadore une espèce d'évêque (1) qui avoit quarante femmes et un grand nombre d'enfans.

Le mardi, 12 novembre, le roi fit construire un hangard pour nos marchandises, lequel fut achevé en un jour. Nous y portâmes tout ce que nous avions destiné à faire des échanges, et employâmes trois de nos gens pour le garder. Voici comment on fixa la valeur des marchandises que nous comptions donner en échange des clous de girofle. Pour dix brasses de drap rouge de bonne qualité, on devoit nous donner un bahar de clous de girofle. Le bahar est de quatre quintaux et six livres, et chaque quintal pèse cent livres. Pour quinze brasses de drap de qualité moyenne, un bahar de clous de girofle; pour quinze haches, un bahar; pour trente-cinq tasses de verre, un bahar. Nous échangeâmes ensuite de cette manière toutes nos tasses de verre avec le roi. Pour dix-sept cathils de cinabre, un bahar; et la même quantité pour autant de vif-argent : pour vingt-six brasses de toile, un bahar; et d'une toile plus fine, on n'en donnoit que vingt-cinq brasses :

---

de Buffon. La famille du roi de Tidor sert à prouver cette assertion.

(1) C'est-à-dire, un mufti.

pour cent cinquante couteaux, un bahar; pour cinquante paires de ciseaux, ou pour quarante bonnets, un bahar; pour dix brasses de drap de Guzzerate (1), un bahar; pour trois de leurs timballes, un bahar; pour un quintal de cuivre, un bahar. Nous aurions tiré un fort bon parti des miroirs; mais la plus grande partie s'étoient cassés en route; et le roi s'appropria presque tous ceux qui étoient restés entiers. Une partie de nos marchandises venoit des jonques dont j'ai déja parlé. Par ce moyen nous avons certainement fait un trafic bien avantageux : cependant nous n'en avons pas tiré tout le bénéfice que nous aurions pu, à cause que nous voulions nous hâter autant qu'il étoit possible de retourner en Espagne. Outre les clous de girofle, nous faisions tous les jours une bonne provision de vivres; les Indiens venant sans cesse avec leurs barques nous apporter des chèvres, des poules, des noix de coco, des bananes et autres comestibles, qu'ils nous donnoient pour des choses de peu de valeur. Nous fîmes en même tems bonne provision d'une eau excessivement chaude, mais qui, exposée à l'air,

---

(1) Guzzerate étoit un royaume des Indes soumis au roi de Cambaie, dont parle Barbosa, compagnon de Pigafetta. *Voyez* Ramusio, *tome I, p.* 295.

devenoit très-froide dans l'espace d'une heure. On prétend que cela provient de ce que l'eau sourd de la montagne des girofliers (1). Nous reconnûmes par-là l'imposture des Portugais qui veulent faire croire qu'on manque entièrement d'eau douce aux îles Malucco, et qu'on est obligé d'aller la chercher dans des pays lointains.

1521.
NOVEMBRE.

Le lendemain le roi envoya son fils Mossahap à l'île de Mutir, pour y chercher des clous de girofle, afin que nous pussions promptement faire notre cargaison. Les Indiens que nous avions pris chemin faisant, trouvèrent l'occasion de parler au roi, qui s'intéressa pour eux, et nous pria de les lui donner, pour qu'il put les renvoyer chez eux accompagnés de cinq insulaires de Tadore, qui, en les accompagnant, auroient occasion de faire l'éloge du roi d'Espagne, et rendroient par-là le nom espagnol cher et respectable à tous ces peuples. Nous lui remîmes les trois femmes que nous comptions présenter à la reine d'Espagne, ainsi que tous les hommes, à l'exception de ceux de Burné.

13.

Prisonniers mis en liberté

---

(1) On a observé que plusieurs îles de la mer du Sud sont volcaniques; par conséquent cette eau chaude sera une simple eau thermale, et non une eau échauffée par les girofliers.

Le roi nous demanda une autre faveur : c'étoit de tuer tous les cochons que nous avions à bord, pour lesquels il nous offrit une ample compensation en chèvres et en volaille. Nous eûmes encore cette complaisance pour lui, et les tuâmes dans l'entrepont, afin que les Maures ne s'en apperçussent pas ; car ils avoient une telle répugnance pour ces animaux, que, quand par hasard ils venoient à en rencontrer quelqu'un, ils se fermoient les yeux, et se bouchoient le nez, pour ne pas le voir ou en sentir l'odeur.

Rapport de de Lorosa. Le même soir le Portugais Pierre-Alphonse de Lorosa vint à bord du vaisseau dans une pirogue. Nous sûmes que le roi l'avoit envoyé chercher pour l'avertir que, quoiqu'il fut de Tarenate, il devoit bien prendre garde d'en imposer dans les réponses qu'il feroit à nos demandes. Effectivement, étant venu sur notre vaisseau, il nous donna tous les renseignemens qui pouvoient nous intéresser. Il nous dit, qu'il étoit dans les Indes depuis seize ans, dont il en avoit passé dix aux îles Malucco, où il étoit venu avec les premiers Portugais, qui véritablement s'y étoient établis depuis dix ans ; mais qui gardoient le plus profond silence sur la découverte de ces îles. Il ajouta, qu'il y avoit onze mois et demi qu'un gros navire étoit venu de Malaca aux îles Malucco pour y charger des clous de girofle, et y avoit fait effectivement sa cargaison ; mais que le mauvais tems l'avoit retenu pendant quelques mois à Bandan. Ce navire venoit d'Europe, et le capitaine portugais, qui s'appeloit Tristan de Menèzes, dit à de Lorosa que la nouvelle la plus importante pour-lors étoit qu'une escadre de cinq vaisseaux sous le commandement de Ferdinand Magellan étoit partie de Séville pour aller découvrir Malucco au nom du roi d'Espagne ; et que le roi de Portugal, qui étoit d'autant plus fâché de cette expédition, que c'étoit un de ses sujets qui cherchoit à lui nuire, avoit envoyé des vaisseaux au cap de Bonne-Espérance, et au cap Sainte-Marie (1), dans le pays des cannibales, pour lui intercepter le passage dans la mer des Indes ; mais qu'ils ne l'avoient pas rencontré. Ayant appris ensuite qu'il étoit passé par une autre mer, et qu'il alloit aux îles Malucco par l'ouest, il avoit ordonné à don Diego Lopez de Sichera, son capitaine en chef dans les Indes (2), d'envoyer six vaisseaux de guerre à Malucco contre Magellan ; mais Sichera ayant

---

(1) Cap septentrional de Rio della Plata.
(2) Boismélé, *Histoire de la marine*, dit que Lopez de Sichera alla aux Indes en 1518.

été instruit dans ce tems que les **Turcs** préparoient une flotte contre Malaca, avoit été contraint d'envoyer soixante bâtimens contre eux au détroit de la Mecque, dans la terre de Juda (1), lesquels y ayant trouvé des galères turques échouées sur le bord de la mer près de la belle et forte ville d'Adem, ils les brûlèrent toutes. Cette expédition avoit empêché le capitaine-général portugais de faire celle dont il étoit chargé contre nous; mais peu de tems après, il avoit envoyé à notre rencontre un galion à deux mains de bombardes (2), commandé par le capitaine François Faria, Portugais. Ce galion ne vint pas non plus nous combattre aux îles Malucco; car, soit par les bas-fonds qu'on trouve auprès de Malaca, soit par les courans et les vents contraires qu'il rencontra, il fut obligé de s'en retourner au port d'où il étoit sorti. De Lorosa ajouta que peu de jours aupa-

---

(1) Plutôt Idda sur la mer Rouge, port qui sert au commerce de la Mecque. Cela a rapport à la malheureuse expédition que Soliman le Magnifique entreprit à la sollicitation des Vénitiens contre les établissemens des Portugais dans les Indes, pour rappeler dans la mer Rouge le commerce que la navigation des Portugais par le cap de Bonne-Espérance avoit anéanti. Les Vénitiens avoient fourni pour cet objet le bois de construction et des armes. (Robertson, *Disquis. on ant. India*, sect. III.

(2) A deux rangs de canons.

ravant une caravelle avec deux jonques étoient venues aux îles Malucco pour avoir de nos nouvelles. Les jonques allèrent en attendant à Bachian pour y charger des clous de girofle, ayant à bord sept Portugais, qui, malgré les remontrances du roi, n'ayant voulu respecter ni les femmes des habitans, ni celles du roi même, furent tous massacrés. A cette nouvelle le capitaine de la caravelle jugea à propos de partir au plus vîte, et de s'en retourner à Malaca, après avoir abandonné à Bachian les deux jonques avec quatre cents bahars de clous de girofle, et une assez grande quantité de marchandises pour en obtenir cent autres.

Il nous dit aussi que chaque année plusieurs jonques vont de Malaca à Bandan acheter du macis et de la noix muscade, et de-là viennent aux îles Malucco y charger des clous de girofle. On fait en trois jours le voyage de Bandan aux îles Malucco, et en quinze jours on va de Bandan à Malaca. Ce commerce, disoit-il, est celui de ces îles qui donne le plus grand bénéfice au roi de Portugal; aussi a-t-il grand soin de le cacher aux Espagnols.

Ce que de Lorosa venoit de dire étoit extrêmement intéressant pour nous; aussi cherchâmes-nous à le persuader à s'embarquer avec nous pour l'Europe, en lui faisant espérer de

1521.
NOVEMBRE.

Commerce de Malaca.

grands appointemens de la part du roi d'Espagne.

Vendredi, le 15 novembre, le roi nous dit qu'il vouloit aller à Bachian prendre les clous de girofle que les Portugais y avoient laissés, et nous demanda des présens pour les gouverneurs de Mùtir, qu'il leur donneroit au nom du roi d'Espagne. Il s'amusa en même tems, étant monté sur notre vaisseau, à voir l'usage que nous faisions de nos armes; c'est-à-dire, de l'arbalête, du fusil et des bersils (1), qui est une arme plus grande qu'un fusil. Il tira lui-même trois coups d'arbalête; mais il ne voulut jamais toucher aux fusils.

Vis-à-vis de Tadore il y a une fort grande île appelée Giailolo, habitée par les Maures et les Gentils. Les Maures y ont deux rois, dont l'un, à ce que nous dit le roi de Tadore, a eu six cents enfans, et l'autre cinq cents vingt-cinq. Les Gentils n'ont pas autant de femmes que les Maures, et sont aussi moins superstitieux. La première chose qu'ils rencontrent le matin est l'objet de leur adoration pendant toute la journée. Le roi de ces Gentils s'appelle raja Papua : il est très-riche en or, et habite l'intérieur de l'île. On voit ici croître parmi

---

(1) Le bersil est une espèce de grosse arbalête.
(2) Gilolo.

les rochers des roseaux aussi gros que la jambe d'un homme, qui sont remplis d'une eau fort bonne à boire (1) : nous en achetâmes plusieurs. L'île de Giailolo est si grande qu'un canot a de la peine à en faire le tour en quatre mois.

Samedi, 16 novembre, un des rois Maures de Giailolo vint avec plusieurs embarcations à bord de nos vaisseaux. Nous lui fîmes présent d'une veste de damas vert, de deux brasses de drap rouge, de quelques miroirs, ciseaux, couteaux, peignes, et de deux tasses de verre dorées, qui lui plurent beaucoup. Il nous dit fort gracieusement que, puisque nous étions les amis du roi de Tadore, nous devions être aussi les siens, parce qu'il aimoit ce roi comme son propre fils. Il nous invita à nous rendre dans son pays, en nous assurant qu'il nous y feroit rendre de grands honneurs. Ce roi est très-puissant et fort respecté dans toutes les îles des environs. Il est d'un grand âge, et s'appelle raja Jussu.

Le lendemain au matin, jour de dimanche, le même roi revint sur notre vaisseau, où il voulut voir comment nous combattions et déchargeons nos bombardes ; ce que nous exécutâmes

---

(1) Bambou, roseau qui contient naturellement une liqueur très-bonne à boire.

1521.
NOVEMBRE.
Giroflier.

à sa grande satisfaction, car il avoit été fort guerrier dans sa jeunesse.

Le même jour j'allai à terre pour examiner le giroflier et voir la manière dont il porte son fruit. Voici ce que j'observai : le giroflier atteint une assez grande hauteur, et son tronc est de la grosseur du corps d'un homme, plus ou moins, selon l'âge de l'arbre. Ses branches s'étendent beaucoup vers le milieu du tronc; mais à la cîme elles forment une pyramide. Sa feuille ressemble à celle du laurier, et l'écorce en est olivâtre. Les clous de girofle naissent au bout de petites branches en bouquets de dix à vingt. Cet arbre donne plus de fruit d'un côté que de l'autre, selon les saisons. Les clous de girofle sont d'abord blancs; en mûrissant ils deviennent rougeâtres, et ils noircissent en séchant. On en fait la récolte deux fois par an : la première fois vers Noël, et la seconde à la Saint-Jean-Baptiste; c'est-à-dire, à peu près vers les deux solstices, saisons où l'air est le plus tempéré dans ces pays; mais c'est au solstice d'hiver qu'il est le plus chaud, parce que le soleil y est alors au zénith. Quand l'année est chaude et qu'il y a peu de pluie, la récolte des clous de girofle est dans chaque île de trois à quatre cents bahars. Le giroflier ne vient que dans les montagnes, et il périt quand on le transplante dans la plaine (1). La feuille, l'écorce, et la partie ligneuse même de l'arbre, ont une odeur aussi forte et autant de saveur que le fruit même. Si ce dernier n'est pas cueilli dans sa juste mâturité, il devient si gros et si dur qu'il n'y reste de bon que l'écorce. Il n'y a de girofliers que dans les montagnes des cinq îles Malucco, et quelques arbres dans l'île de Giailolo, et sur l'îlot de Mare, entre Tadore et Mutir; mais leurs fruits ne sont pas si bons. On prétend que le brouillard leur donne un certain degré de perfection; ce qu'il y a de certain, c'est que nous vîmes chaque jour un brouillard en forme de petits nuages environner tantôt l'une et tantôt l'autre des montagnes de ces îles. Chaque habitant possède quelques girofliers, auxquels il veille lui-même, et dont il va cueillir les fruits, mais sans en soigner la culture. Dans chaque île on donne un nom différent aux clous de girofle : on les appelle *ghomodes* à Tadore, *bongalavan* à Sarangani, et *chianche* aux îles Malucco.

Cette île produit aussi la noix muscade (2), qui ressemble à nos noix, tant par le fruit mê-

1521.
Novembre.

Noix muscade.

---

(1) Les Hollandois s'assurèrent par la suite que le giroflier croît aussi fort bien dans la plaine.
(2) *Myristica officinalis*, Linn.

me que par les feuilles. La noix muscade quand on la cueille ressemble au coing, tant par sa forme, que par sa couleur, et le duvet qui le couvre ; mais elle est plus petite. La première écorce est aussi épaisse que le brou de notre noix: au-dessous il y a une espèce de tissu mince ou plutôt de cartilage, sous laquelle est le macis, d'un rouge très-vif qui enveloppe l'écorce ligneuse laquelle contient la noix muscade proprement dite.

Cette île produit aussi le gingembre, que nous mangions vert en guise de pain. Le gingembre ne vient pas sur un arbre proprement dit, mais sur une espèce d'arbuste qui pousse de terre des jets longs d'un palme, semblables aux scions des cannes, auxquels il ressemble également par les feuilles, si ce n'est que celles du gingembre sont plus étroites. Ces jets ne sont bons à rien, et ce n'est que la racine qui forme le gingembre qui est en usage dans le commerce. Le gingembre vert n'est pas aussi fort que lorsqu'il est sec ; et pour le sécher on y applique de la chaux, car autrement on ne pourroit pas le conserver.

Les maisons de ces insulaires sont construites comme celles des îles voisines; mais elles ne sont pas élevées si haut de la terre, et sont environnées de cannes en forme de haie. Les femmes de ce pays sont laides : elles vont nues comme celles des autres îles, n'ayant que les parties sexuelles couvertes d'un pagne fait d'écorce d'arbre. Les hommes vont également nus; et, malgré la laideur de leurs femmes, ils en sont très-jaloux. Ils étoient sur-tout fâchés de nous voir quelquefois arriver à terre avec nos *brayettes* ouvertes (1) ; parce qu'ils s'imaginoient que cela pouvoit donner des tentations à leurs femmes. Les femmes vont, aussi bien que les hommes, toujours pieds nus.

Voici comment ils font leurs étoffes d'écorce d'arbre. Ils prennent un morceau d'écorce, et le laissent dans l'eau jusqu'à ce qu'il s'amollisse. Ils le battent ensuite avec des gourdins pour l'étendre en long et en large autant qu'ils le jugent convenable ; de façon qu'il devient semblable à une étoffe de soie écrue avec des fils entrelacés intérieurement, comme s'il étoit tissu (2).

Leur pain est fait de la manière suivante, avec le bois d'un arbre qui ressemble au palmier. Ils prennent un morceau de ce bois, et en

---

(1) Cela a rapport à l'ancien habit espagnol.
(2) On fait aujourd'hui une espèce de toile ou plutôt de drap d'écorce d'arbre de la même façon, dont on peut voir la description dans Cook (*premier Voyage*, tome II).

ôtent certaines épines noires et longues; ensuite ils le pilent et en font du pain qu'ils appellent *sagou*. Ils font provision de ce pain pour leurs voyages de mer.

Les insulaires de Tarenate venoient journellement avec leurs canots nous offrir des clous de girofle; mais comme nous en attendions, nous ne voulûmes pas en acheter des autres insulaires; et nous nous contentions de leur prendre des vivres; c'est de quoi les habitans de Tarenate se plaignoient beaucoup.

La nuit du dimanche, 24 novembre, le roi revint au son des timballes, et passa entre nos deux vaisseaux. Nous le saluâmes pour lui témoigner notre respect, par plusieurs décharges de nos bombardes. Il nous dit, qu'en conséquence des ordres qu'il avoit donnés on nous apporteroit, pendant quatre jours, une considérable quantité de clous de girofle. En effet, le lundi on nous en apporta cent soixante-onze cathils, qui furent pesés sans lever la *tara*. Lever la *tara*, c'est prendre les épiceries pour un moindre poids qu'elles ne pèsent; et l'on accorde ce rabais, parce qu'étant fraîches quand on les prend, elles diminuent immanquablement de poids comme de bonté en séchant. Ces clous de girofle envoyés par le roi étant les premiers que nous embarquions, et formant le principal objet de notre voyage, nous tirâmes plusieurs coups de bombarde en signe de rejouissance.

Le mardi, 26 novembre, le roi vint nous faire une visite, et nous dit qu'il faisoit pour nous ce que les rois ses prédécesseurs n'avoient jamais fait, en sortant de son île; mais qu'il étoit bien aise de s'être déterminé à nous donner cette marque de son amitié pour le roi d'Espagne, et pour nous; afin que nous pussions partir au plutôt pour notre pays, et revenir sous peu de tems avec plus de forces pour venger la mort de son père, qui avoit été tué dans une île appelée Buru (1), et dont le cadavre avoit été jeté à la mer. Il ajouta que c'étoit l'usage à Tadore, lorsqu'on chargeoit sur un navire ou sur une jonque, les premiers clous de girofle, que le roi donnât un festin aux matelots ou aux marchands du bâtiment, et fît en même tems des prières pour qu'ils arrivassent heureusement chez eux. Il comptoit à la même occasion donner un festin au roi de Bachian, qui venoit avec son frère lui rendre une visite, et pour cet effet il avoit fait nettoyer les rues et les grands chemins.

Cette invitation nous inspira quelques soupçons, d'autant plus que nous venions d'apprendre

1521.
NOVEMBRE.
26.
Invitation du roi.

On la refuse.

―――――――――
(1) Bouro, dont nous parlerons encore.

que dans l'endroit où nous faisions aiguade; trois Portugais avoient été assassinés peu de tems auparavant par des insulaires cachés dans un bois voisin. D'ailleurs, on voyoit souvent ceux de Tadore en conférence avec les Indiens que nous avions fait prisonniers; de sorte que, malgré l'opinion de quelques-uns d'entre nous, qui auroient volontiers accepté l'invitation du roi, le ressouvenir du funeste festin de Zubu nous la fit refuser. On envoya cependant faire des excuses et des remerciemens au roi, et le prier de se rendre le plutôt possible aux vaisseaux, pour que nous lui remissions les quatre esclaves que nous avions promis, vu que notre intention étoit de partir au premier beau tems.

Le roi vint le même jour, et monta sur nos vaisseaux sans marquer la moindre défiance. Il dit qu'il venoit chez nous comme s'il entroit dans sa propre maison; et nous assura qu'il étoit très-sensible à un départ si subit et si peu ordinaire; puisque tous les vaisseaux emploient ordinairement une trentaine de jours à compléter leur cargaison; ce que nous avions fait en bien moins de tems. Il ajouta, que s'il nous avoit aidé, même en sortant de son île, à charger avec plus de promptitude les clous de girofle, il n'avoit point pensé à hâter par-là notre départ. Il fit ensuite la réflexion que la saison n'étoit pas bien propre pour naviguer dans ces mers, attendu les bas-fonds qu'on rencontre près de Bandan ; et que d'ailleurs nous pourrions dans ce moment rencontrer quelques bâtimens de nos ennemis les Portugais.

Quand il vit que tout ce qu'il venoit de nous dire ne suffisoit pas pour nous retenir : « Eh bien! « reprit-il, je vous rendrai donc tout ce que « vous m'avez donné au nom du roi d'Espagne; « car si vous partez sans me laisser le tems de « préparer pour votre roi des présens dignes de « lui, tous les rois mes voisins diront que le « roi de Tadore est un ingrat d'avoir reçu des « bienfaits de la part d'un si grand roi que ce- « lui de Castille, sans lui rien envoyer en re- « tour. Ils diront aussi, ajouta-t-il, que vous « ne partez ainsi à la hâte, que par la crainte « d'une trahison de ma part; et toute ma vie « j'aurai le nom d'un traître. » Alors, pour nous rassurer contre tout soupçon que nous aurions pu avoir de sa bonne-foi, il se fit apporter son alcoran, le baisa dévotement, et le posa quatre ou cinq fois sur sa tête en marmotant entre les dents certaines paroles, qui étoient une invocation appelée *zambehan*. Après cela il dit à haute voix en présence de nous tous, qu'il juroit par *Ala* (Dieu), et par l'alcoran qu'il tenoit à la main, qu'il seroit toujours un fidèle ami du roi d'Espagne. Il proféra tout cela presque en pleurant et de si bonne grâce, que nous lui promîmes de passer encore quinze jours à Tadore.

Alors nous lui donnâmes le sceau du roi, et le pavillon royal. Nous fûmes ~~ite instruits que quelques-uns des princ~~ de l'île lui avoient effectivement conseillé ~~ nous massacrer tous; ce qui lui auroit mérité la bienveillance et la reconnoissance des Portugais, qui l'auroient aidé mieux que les Espagnols à se venger du roi de Bachian; mais que le roi de Tadore, loyal et fidèle au roi d'Espagne, avec lequel il avoit juré la paix, avoit répondu que jamais rien ne pourroit le porter à un tel acte de perfidie.

Le mercredi 27, le roi fit publier un avis qui portoit que tout le monde pouvoit nous vendre librement des clous de girofle, ce qui nous fournit l'occasion d'en acheter une grande quantité.

Vendredi le roi de Machian vint à Tadore avec plusieurs pirogues; mais il ne voulut pas mettre pied à terre, parce que son père et son frère, bannis de Machian, s'étoient réfugiés dans cette île.

Samedi le roi vint aux vaisseaux avec le gouverneur de Machian, son neveu, appelé Humai, âgé de vingt-cinq ans; et ayant su que

nous n'avions plus de drap, il envoya chez lui
chercher trois aunes de drap rouge, et nous les
donna, pour que, en y joignant quelques autres objets que nous pouvions avoir encore,
nous pussions faire au gouverneur un présent
digne de son rang; ce que nous fîmes; et à leur
départ nous tirâmes plusieurs coups de bombarde.

1521.
NOVEMBRE.

Le dimanche, 1er. décembre, le gouverneur
de Machian partit; et on nous dit que le roi lui
avoit fait également des présens, pour qu'il
nous envoyât au plutôt des clous de girofle.

DÉCEMBRE.
1.

Lundi, le roi fit un autre voyage hors de son
île pour le même objet.

2.

Mercredi, étant le jour de Sainte-Barbe et
pour faire honneur au roi qui étoit de retour,
nous fîmes une décharge de toute l'artillerie;
et le soir nous tirâmes des feux d'artifice, que
le roi prit grand plaisir à voir.

4.
Fête de Ste.
Barbe.

Jeudi et vendredi, nous achetâmes une grande
quantité de clous de girofle qu'on nous donnoit
à bon marché, à cause que nous étions sur le
point de partir. On nous en fournit un bahar
pour deux aunes de ruban; et cent livres pour
deux chaînettes de laiton, qui ne coutoient
qu'un *marcel* (1). Et comme chaque ma-

5 et 6.
Bas prix des
clous de giro-
fle.

___

(1) Petite monnoie de Vénise que le doge Nicolo Marcello fit
battre en 1473, et qui valoit à peu près dix sous de France.

telot vouloit en apporter en Espagne autant qu'il pouvoit, chacun changeoit ses hardes pour des clous de girofle.

Samedi, trois fils du roi de Tarenate, avec leurs femmes, qui étoient filles du roi de Tadore, vinrent aux vaisseaux. Le Portugais, Pierre-Alphonse étoit avec eux. Nous fîmes présent d'une tasse de verre dorée à chacun des trois frères, et donnâmes aux trois femmes des ciseaux et d'autres bagatelles. Nous envoyâmes aussi quelques bijoux à une autre fille du roi de Tadore, veuve du roi de Tarenate, qui refusa de venir à notre bord.

Dimanche, étant le jour de la Conception de Notre-Dame, nous tirâmes, en rejouissance, plusieurs coups e bombarde, des bombes de feux et des fusées.

Lundi sur le soir, le roi vint à bord de notre vaisseau avec trois femmes qui portoient son betre. Il faut observer que les rois, et ceux de la famille royale, ont seuls le droit de conduire des femmes avec eux. Le même jour le roi de Giailolo vint une seconde fois pour voir notre exercice à feu.

Comme le jour fixé pour notre départ approchoit, le roi venoit souvent avec nous, et l'on voyoit bien qu'il en étoit véritablement pénétré. Il nous disoit, entre autres choses flatteuses, qu'il se regardoit comme un enfant à la mamelle que sa mère va quitter. Il nous pria de lui laisser quelques bersils pour sa défense.

Il nous avertit de ne point naviguer pendant la nuit à cause des bas-fonds et des écueils qui se trouvent dans cette mer; et quand nous lui dîmes que notre intention étoit de naviguer jour et nuit pour arriver le plutôt possible en Espagne, il nous répondit que, dans ce cas, il ne pouvoit rien faire de mieux que de prier et faire prier Dieu pour la prospérité de notre navigation.

*Avis du roi.

Pendant ce tems Pierre-Alphonse de Lorosa se rendit à bord avec sa femme et tous ses effets, pour retourner en Europe avec nous. Deux jours après Chechilideroix, fils du roi de Tarenate, vint avec un canot bien garni d'hommes, et l'invita à venir à lui; mais Pierre-Alphonse, qui le soupçonnoit de quelque mauvaise intention, se garda bien d'y aller; et nous avertit même de ne pas le laisser monter sur nos vaisseaux. Nous suivîmes son conseil. On sut par la suite que Chechili, étant grand ami du capitaine portugais de Malacca, avoit formé le projet de se saisir de Pierre-Alphonse, et de le lui remettre. Quand il se vit trompé dans son attente, il gronda et menaça ceux chez qui

De Lorosa vient à bord.

Chechilideroix veut l'enlever.

Pierre-Alphonse avoit logé, de ce qu'ils l'avoient laissé partir sans sa permission.

1521.
Décembre.
Mariage d'une fille du roi.

Le roi nous avoit prévenu que le roi de Bachian alloit venir avec son frère, qui devoit épouser une de ses filles, et il nous avoit prié de faire en son honneur une décharge de notre artillerie. Il vint effectivement le 15 décembre sur le soir, et nous fîmes ce que le roi avoit demandé, sans tirer néanmoins la plus grosse artillerie, parce que nos vaisseaux avoient une trop forte cargaison.

15.

Le roi de Bachian avec son frère, destiné à être l'époux de la fille du roi de Tadore, vinrent dans une grande embarcation à trois rangs de rameurs de chaque côté, au nombre de cent vingt. Le bâtiment étoit orné de plusieurs pavillons formés de plumes de perroquet blanches, jaunes et rouges. Pendant qu'on voguoit ainsi des timballes et la musique regloient le mouvement des rames. Dans deux autres canots étoient les jeunes filles qu'on devoit présenter à l'épouse. Ils nous rendirent le salut en faisant le tour de nos vaisseaux et du port.

Étiquette et cérémonie.

Comme l'étiquette ne permet pas qu'un roi mette le pied sur la terre d'un autre, le roi de Tadore vint rendre visite à celui de Bachian dans son propre canot. Celui-ci le voyant arriver se leva du tapis sur lequel il étoit assis, et se rangea de côté pour céder la place au roi de Tadore, lequel, par honnêteté, refusa également de s'asseoir sur le tapis, et alla se placer de l'autre côté, laissant le tapis entre eux. Alors le roi de Bachian offrit à celui de Tadore cinq cents *patolles*, comme une espèce de compensation de l'épouse qu'il donnoit à son frère. Les *patolles* sont des draps d'or et de soie fabriqués à la Chine et fort recherchés dans ces îles. Chacun de ces draps est payé trois bahars de clous de girofle, plus ou moins, selon qu'il y a plus ou moins d'or et de travail. A la mort de quelqu'un des principaux du pays, les parens, pour lui faire honneur, se vêtissent de ces draps.

1521.
DÉCEMBRE.

Dot payée par l'époux.

Lundi, le roi de Tadore envoya un dîner au roi de Bachian, porté par cinquante femmes couvertes de draps de soie de la ceinture jusqu'aux genoux. Elles marchoient deux à deux ayant un homme au milieu d'elles. Chacune portoit un grand plat sur lequel étoient de petites assiettes contenant différens ragoûts. Les hommes portoient du vin dans de grands vases. Dix femmes des plus âgées faisoient l'office de maîtresses de cérémonie. Elles vinrent dans cet ordre jusqu'à l'embarcation, et présentèrent le tout au roi, qui étoit assis sur un tapis, sous un dais rouge et jaune. A leur retour les fem-

16.
Dîner.

mes s'attachèrent à quelques-uns de nos gens que la curiosité avoit engagé à aller voir ce convoi, et qui ne purent se délivrer d'elles qu'en leur faisant quelques petits présens. Le roi de Tadore envoya ensuite des vivres pour nous, tels que chèvres, cocos, vin et autres commestibles.

Ce même jour nous mîmes aux vaisseaux des voiles neuves, sur lesquelles on avoit peint la croix de Saint-Jacques de Gallice, avec cette inscription: QUESTA È LA FIGURA DELLA NOSTRA BUENA VENTURA.

Mardi, nous donnâmes au roi quelques-uns des fusils que nous avions pris aux Indiens, lorsque nous nous emparâmes de leurs jonques, et quelques bersils, avec quatre barriques de poudre.

Nous embarquâmes sur chacun des deux vaisseaux quatre-vingt tonneaux d'eau; nous devions prendre le bois à l'île de Mare, près de laquelle nous allions passer, et où le roi avoit envoyé cent hommes pour le préparer.

Ce même jour le roi de Bachian obtint du roi de Tadore la permission de venir à terre pour faire alliance avec nous. Il étoit précédé de quatre hommes qui portoient des poignards élevés à la main. Il dit en présence du roi de Tadore et de toute sa suite, qu'il seroit toujours prêt à se vouer au service du roi d'Espagne ; qu'il garderoit pour lui seul tous les clous de girofle que les Portugais avoient laissé dans son île, jusqu'à l'arrivée d'une autre escadre espagnole, et ne les céderoit à personne sans son consentement ; qu'il alloit lui envoyer par notre moyen un esclave et deux bahars de clous girofle : il en auroit donné volontiers dix ; mais nos bâtimens étoient si chargés qu'on ne pouvoit en recevoir davantage.

Il nous donna aussi pour le roi d'Espagne deux oiseaux morts très-beaux. Cet oiseau a la grosseur d'une grive, la tête petite et le bec long, les jambes de la grosseur d'une plume à écrire, d'un palme de long : sa queue ressemble à celle de la grive, et il n'a point d'aîles ; mais à leur place il a des longues plumes de différentes couleurs, semblables à des aigrettes. Toutes ses autres plumes, excepté celles qui lui tiennent lieu d'aîles, sont d'une couleur sombre. Cet oiseau ne vole que lorsqu'il y a du vent. On dit qu'il vient du Paradis terrestre ; et on l'appelle *bolondinata*, c'est-à-dire, oiseau de Dieu (1).

---

(1) Le chevalier Pifagetta est peut-être le premier qui ait appris aux Européens que l'oiseau de Paradis (*avis paradisiaca*, Linn.) a des jambes et des pieds comme les autres oiseaux ; car on étoit

1521.
DÉCEMBRE.
Etrange usage du roi de Bachian.

Sorciers.

Le roi de Bachian paroissoit être un homme de soixante-dix ans. On nous raconta de lui une chose bien étrange : c'est que toutes les fois qu'il alloit combattre ses ennemis, ou qu'il vouloit entreprendre quelque chose de bien important, il se soumettoit auparavant deux ou trois fois aux plaisirs d'un de ses domestiques destiné à cet usage ; ainsi que, suivant le rapport de Suétone, César avoit coutume de se livrer à Nicomède.

Un jour le roi de Tadore envoya dire à nos gens qui gardoient le magasin de nos marchandises, de ne point sortir pendant la nuit; parce qu'il y avoit, disoit-il, des insulaires qui, par le moyen de certains onguens, prenoient la figure d'un homme sans tête ; dans cet état, ils se promènent la nuit, et s'ils rencontrent quelqu'un qu'ils n'aiment pas, ils lui touchent la main, et lui en oignent la paume ; de manière que cet homme tombe malade, et meurt au bout de trois à quatre jours. Lorsqu'ils rencontrent trois ou quatre personnes à la fois, ils ne les touchent point ; mais ils ont l'art de les étour-

---

si persuadé qu'il n'en avoit pas (parce qu'on les coupoit à tous ceux qu'on empailloit pour vendre) que le grand naturaliste Aldrovande (*De Avib.*, tome I, p. 807) condamne notre auteur, qui lui en attribue, et en fait même la description.

dir. Le roi ajouta qu'il faisoit veiller pour connoître ces sorciers, et qu'il en avoit déjà fait pendre plusieurs.

1521.
DÉCEMBRE.

Avant d'aller habiter une maison nouvelle qu'ils viennent de faire construire, ils allument tout autour un grand feu et font plusieurs festins; ensuite ils attachent au toit un échantillon de tout ce que l'île fournit de bon, et sont persuadés que par ce moyen rien ne manquera désormais à ceux qui doivent l'habiter.

Maison nouvelle.

Mercredi au matin, toutes les dispositions avoient été faites pour notre départ. Les rois de Tadore, de Giailolo et de Bachian, ainsi que le fils du roi de Tarenate étoient venu pour nous accompagner jusqu'à l'île de Mare. Le vaisseau la Victoire fit voile la première et gagna le large, où elle attendit la Trinité; mais celle-ci eut beaucoup de difficulté à lever l'ancre, et pendant ce tems, les matelots s'apperçurent qu'elle avoit une forte voie d'eau à fond de cale. La Victoire revint alors jeter l'ancre à sa première place. On déchargea une partie de la cargaison de la Trinité pour chercher la voie d'eau et pour l'étancher; mais quoiqu'on l'eut couché sur le côté, l'eau y entroit toujours avec une grande force, comme par un tuyau, et sans qu'on put jamais en trouver la voie. Toute cette journée et le jour suivant on ne cessa de

18.
Départ retardé par une voie d'eau à la Trinité.

faire aller les pompes ; mais sans le moindre succès.

Le roi de Tadore à cette nouvelle vint sur le vaisseau pour nous aider à chercher la voie d'eau, mais en vain. Il envoya sous l'eau cinq de ses plongeurs accoutumés à y demeurer long-tems : ils y restèrent en effet plus d'une demi-heure sans pouvoir trouver l'endroit par où l'eau entroit ; et comme, malgré les pompes, l'eau gagnoit toujours, il envoya à l'autre bout de l'île chercher trois hommes plus habiles encore que les premiers à rester sous l'eau.

Il revint avec eux le lendemain de grand matin. Ces hommes plongèrent dans la mer avec leur chevelure flottante, parce qu'ils s'imaginoient que l'eau en entrant par la voie attireroit leurs cheveux, et leur indiqueroit par ce moyen l'endroit de l'ouverture (1); mais après une heure de recherche ils remontèrent à la surface de la mer sans avoir rien trouvé. Le roi parut vivement affecté de ce malheur, au point qu'il offrit d'aller lui-même en Espagne faire

---

(1) Cela pouvoit bien avoir lieu ; les cheveux flottans étant attirés par l'eau qui entre dans le bâtiment, s'ils en sont voisins. Maintenant on met des étoupes dans une voile qu'on passe sous le bâtiment ; l'eau porte ces étoupes en dedans, et par ce moyen on connoît la voie d'eau. (*Dictionnaire de marine*).

au roi le rapport de ce qui venoit de nous arriver ; mais nous répondîmes qu'ayant deux vaisseaux, nous pourrions bien faire ce voyage avec la Victoire seule, qui ne tarderoit pas à partir pour profiter des vents d'est qui commençoient à souffler ; que pendant ce tems on radouberoit la Trinité, qui pourroit ensuite profiter des vents d'ouest pour aller au Darien, qui est de l'autre côté de la mer dans la terre de Diucatan (1). Le roi dit alors qu'il avoit à son service deux cent cinquante charpentiers, qui seroient tous employés à ce travail sous la direction de nos gens ; et que ceux de nous qui resteroient dans l'île seroient traités comme ses propres enfans. Il prononça ces mots avec tant d'émotion qu'il nous fit tous verser des larmes.

1521.
Décembre.
Projet d'abandonner la Trinité.

Nous, qui montions la Victoire, craignant que sa charge ne fut trop forte, ce qui auroit pu la faire ouvrir en pleine mer, nous nous déterminâmes de renvoyer à terre soixante quintaux de clous de girofle, et les fîmes porter à la maison où l'équipage de la Trinité étoit logé. Il y eut cependant quelques-uns d'entre nous

On allège la Victoire.

---

(1) L'Yucatan dans l'Amérique auprès du golfe de Mexique, où est l'isthme de Darien. Cependant ce vaisseau resta à Tidor, et fut pris par les Portugais. (*Histoire générale des voyages*, tome *XIV*, *p*. 99).

qui préférèrent de rester aux îles Malucco plutôt que de retourner en Espagne; soit par la crainte que le vaisseau ne put résister à un si long voyage, soit que, par le souvenir de tout ce qu'ils avoient souffert avant d'arriver aux îles Malucco, ils craignissent de mourir de faim au milieu de l'Océan.

Samedi, 21 du mois, jour de Saint-Thomas, le roi de Tadore nous amena deux pilotes que nous avions payé d'avance pour nous conduire hors des îles. Ils nous dirent que le tems étoit excellent pour ce voyage, et qu'il falloit partir au plutôt; mais étant obligés d'attendre les lettres de nos camarades qui restoient aux îles Malucco, et qui vouloient écrire en Espagne, nous ne pûmes partir qu'à midi. Alors les vaisseaux prirent congé par une décharge réciproque de l'artillerie. Nos compagnons nous suivirent aussi loin qu'ils purent avec leur chaloupe, et nous nous séparâmes en pleurant. Jean Carvajo resta à Tadore avec cinquante-trois Européens. Notre équipage étoit composé de quarante-sept Européens, et treize Indiens.

Le gouverneur ou ministre du roi de Tadore vint avec nous jusqu'à l'île de Mare; et à peine y fûmes-nous que quatre canots vinrent à notre bord chargés de bois, qui en moins d'une heure fut monté sur le vaisseau.

Toutes les îles Malucco produisent des clous de girofle, du gingembre, du sagou (qui est le bois dont on fait le pain), du riz, des noix de coco, des figues, des bananes, des amandes plus grosses que les nôtres, des pommes de grenade douces et acides, des cannes à sucre, des melons, des concombres, des citrouilles, d'un fruit qu'on appelle *comilicai* (1) très-rafraîchissant, gros comme un melon d'eau, un autre fruit qui ressemble à la pêche, et qu'on appelle *guave* (2), et autres végétaux bons à manger : il y a aussi de l'huile de coco et de gengeli. A l'égard des animaux utiles, ils ont des chèvres, des poules, et une espèce d'abeille pas plus grosse qu'une fourmi qui fait sa ruche dans les troncs d'arbre, où il dépose son miel qui est fort bon. Il y a plusieurs variétés de perroquets, entre autres, des blancs qu'on appelle *cataru*, et des rouges appelés *nori*, qui sont les plus recherchés, non-seulement pour la beauté de leur plumage, mais aussi parce qu'ils prononcent plus distinctement que les autres les mots qu'on leur apprend. Un de ces perroquets se vend un bahar de clous de girofle.

Il y a à peine cinquante ans que les Mau-

1521.
Décembre.
Denrées des îles Malucco.

_____

(1) Espèce d'ananas.
(2) Guyave, fruit du guyavier. (*Psidium pyriferum*, Linn.)

res ont conquis et habitent les îles Malucco, où ils ont aussi apporté leur religion. Avant la conquête des Maures, il n'y avoit que des Gentils, qui ne se soucioient guère des girofliers. On y trouve encore quelques familles de Gentils qui se sont retirées dans les montagnes, lieux qui conviennent le mieux aux girofliers.

L'île de Tadore est par la 27′ de latitude septentrionale, et à 161° de longitude de la ligne de démarcation. Elle est distante de 9° 30′ de la première île de cet archipel, appelée Zamal, au sud-est quart sud.

L'île de Tarenate est par la 40′ de latitude septentrionale.

Mutir est exactement sous la ligne équinoxiale.

Machian est par la 15′ de latitude sud.

Bachian par le 1° de la même latitude.

Tarenate, Tadore, Mutir et Bachian ont des montagnes hautes et pyramidales où croissent les girofliers. Bachian ne s'apperçoit pas des quatre autres îles, quoiqu'elle soit la plus grande des cinq. Sa montagne de girofliers n'est pas si haute ni si pointue que celles des autres îles, mais sa base est plus grande (1).

---

(1) L'auteur place ici le vocabulaire des Moluques, que nous donnerons à la fin de ce voyage.

LIVRE IV.

Retour des îles Malucco en Espagne.

EN continuant notre route nous passâmes au milieu de plusieurs îles dont voici les noms : Caioan, Laigoma, Sico, Giogi, Cafi, Laboan (1), Toliman, Titameti, Bachian (2), dont nous avons déja parlé, Latalata, Jabobi, Mata et Batutiga. On nous dit que dans l'île de Cafi les hommes sont petits comme des Pygmées : ils ont été soumis par le roi de Tadore.

1521.
DÉCEMBRE.
Plusieurs îles.

Pygmées de Cafi.

. (1) Laboan ou Labocca, qu'on considère à présent comme faisant partie de Bachian. (*Hist. générale des voyages*, tome *XI*, p. 14).

(2) Bachian, une des cinq principales îles Moluques. Presque toutes ces îles sont indiquées dans la carte XVIII de Monti, qui ne dit pas sur quelles données il l'a dessinée. Plusieurs noms de ces îles sont dans la note des domaines du roi de Ternate.

Nous passâmes à l'ouest de Batutiga, et prîmes la direction d'ouest-sud-ouest. Au sud nous vîmes de petites îles. Ici les pilotes moluquois nous dirent qu'il étoit nécessaire de mouiller dans quelque port pour ne pas tomber pendant la nuit au milieu d'îlots et de bas-fonds. Nous mîmes donc le cap au sud-est, et fîmes terre à une île située par le 3° de latitude sud, et à cinquante-trois lieues de distance de Tadore.

Cette île s'appelle Sulach (1). Ses habitans sont Gentils, et n'ont point de roi : ils sont anthropophages et vont nus les femmes comme les hommes, n'ayant qu'un petit morceau d'écorce d'arbre large de deux doigts devant les parties naturelles. Il y a près de-là d'autres îles dont les peuples mangent de la chair humaine. Voici les noms de quelques-unes : Silan, Noselao, Biga, Atulabaon, Leitimor, Tenetum, Gonda, Kaialruru, Manadan et Benaia (2).

Nous côtoyâmes ensuite les îles de Lamatola et Tenetum.

Ayant parcouru dix lieues de Sulach dans la

---

(1) Xulla de Robert, et Xoula des cartes hollandoises.

(2) L'auteur ayant écrit les noms des îles sur les rapports des pilotes, est souvent inexact. Il nomme dix îles, et n'en a dessiné que six ; et de ces dix il y en a quatre qu'il nomme de nouveau plus bas. Leytimor n'est qu'une péninsule attachée à Amboine.

même direction, nous allâmes mouiller à une grande île appelée Buru, où nous trouvâmes des vivres en abondance ; c'est-à-dire, des cochons, des chèvres, des poulets, des cannes à sucre, des noix de coco, du sagou, un mets composé de bananes, qu'ils appellent *canali*, et des *chicares*, connus ici sous le nom de *nanga*. Les chiacares (1) sont des fruits qui ressemblent aux melons d'eau, mais dont l'écorce est pleine de nœuds. Le dedans est rempli de petites semences rouges semblables à la graine de melon; elles n'ont point d'écorce ligneuse, mais sont d'une substance médullaire comme nos haricots blancs, mais plus grandes, fort tendres et du goût de la chataigne.

Nous y trouvâmes un autre fruit, qui a la forme extérieure d'un cône de pin ; mais d'une couleur jaune : le dedans est blanc, et quand on le coupe il a quelque ressemblance avec la poire ; mais il est beaucoup plus tendre et d'un goût exquis : on l'appelle *comilicai*.

Les habitans de cette île n'ont pas de roi; ils sont Gentils, et vont nus comme ceux de Sulach. L'île de Buru est par le 3° 30' de latitude méridionale, et à soixante-quinze lieues de distance des îles Malucco (2).

---
(1) Peut-être la *cucurbita verrucosa*, Linn.
(2) M. de Bougainville appelle Boëro cette île. Il la place sur la

A dix lieues vers l'est de Buru il y a une plus grande île qui confine à Giailolo, et qui s'appelle Ambon : elle est habitée par les Maures et par les Gentils : les premiers habitent près de la mer, et les seconds dans l'intérieur des terres. Ces derniers sont anthropophages. Les productions de cette île sont les mêmes que celles de Buru.

Entre Buru et Ambon, on trouve trois îles environnées de bas-fonds, Vudia, Kailaruru et Benaia (1). A quatre lieues au sud de Buru gît la petite île d'Ambalao (2).

A trente-cinq lieues de Buru, en prenant par le sud-ouest quart sud, on rencontre l'île de Bandan avec treize autres îles. Dans six de ces îles on trouve le macis et la noix muscade. La plus grande s'appelle Zoroboa ; les petites sont Chelicel, Saniananpi, Pulai, Puluru et Rasoghin (3). Les sept autres sont Univeru, Pu-

---

même latitude ; et dans sa carte XVII il a donné Sulla, Boëro, Kilang et Bonoa, qui sont les Sulach, Buru, Kailaruru et Benaia de notre auteur.

(1) Dans l'atlas de Robert on voit ici les îles de Menga, Kelam et Bone ; et dans la carte des Hollandois (*Histoire générale des voyages*, tome *XI*) celles de Manipa, Kelam et Bonoa.

(2) A présent on l'appelle Amblau.

(3) Dans la carte hollandoise on trouve Guananapi, Puloay, Pulorhun et Rosingen.

lan, Baracan, Lailaca, Mamican, Man et Meut (1). Dans ces îles on ne cultive que le sagou, du riz, des cocotiers, des bananiers et autres arbres à fruits. Elles sont fort rapprochées les unes des autres, et toutes habitées par des Maures, qui n'ont point de roi. Bandan est par 6° de latitude méridionale, et à 163° 30' de longitude de la ligne de démarcation. Comme elle étoit hors de notre route nous n'y allâmes pas.

1522.
JANVIER.

En allant de Buru au sud-ouest quart ouest, après avoir parcouru 8° de latitude, nous arrivâmes à trois îles assez voisines les unes des autres, qu'on appelle Zolot (2), Nocemamor et Galian. Pendant que nous naviguions au milieu de ces îles, nous essuyâmes une tempête qui nous fit craindre pour notre vie; de sorte que nous fîmes le vœu de faire un pèlerinage à Notre-Dame de la Guida, si nous avions le bonheur de nous sauver. Nous fîmes vent arrière, et courûmes sur une île assez élevée qu'on appelle Mallua, où nous mouillâmes; mais avant d'y toucher nous eûmes beaucoup à combattre

Zolot, Nocemamor et Galian.
Tempête.

10.

Mallua.

---

(1) Le *Recueil de voyages pour l'établissement de la compagnie des Indes*, tome *II*, p. 213, parle des îles de Vayer, Tonjonburong et Mamuak.

(2) Solor des cartes modernes.

contre les courans et les raffales qui descendoient de la montagne.

1522.
JANVIER.
Mœurs et usages des habitans.

Les habitans de cette île sont sauvages, et ressemblent plutôt à des bêtes brutes qu'à des hommes; ils sont anthropophages, et vont tout nus, n'ayant qu'un petit morceau d'écorce d'arbre pour couvrir les parties sexuelles. Mais quand ils vont combattre, ils se couvrent la poitrine, le dos et les flancs de morceaux de peau de buffle ornés de cornioles (1) et de dents de cochon : ils s'attachent par devant et par derrière des queues faites de peau de chèvre. Leurs cheveux sont retroussés sur leur tête au moyen d'une espèce de peigne de canne à longues dents qui passent de part en part. Ils enveloppent leur barbe dans des feuilles, et l'enferment dans des étuis de roseau : cette mode nous fit beaucoup rire. En un mot, ce sont les hommes les plus laids que nous ayons rencontrés pendant tout notre voyage.

Ils ont des sacs faits de feuilles d'arbre dans lesquels ils enferment leur manger et leur boisson. Leurs arcs, ainsi que leurs flèches, sont faits de roseaux. Aussitôt que leurs femmes nous apperçurent, elles s'avancèrent vers nous

---

(1) Les cornioles dont il est question ici paroissent être des coquilles univalves, comme térébratules, etc.

l'arc à la main dans une attitude menaçante ; mais nous ne leur eûmes pas plutôt fait quelques petits présens que nous devînmes leurs bons amis.

1522.
JANVIER.

Nous passâmes quinze jours dans cette île pour radouber les flancs de notre vaisseau qui avoient beaucoup souffert : nous y trouvâmes des chèvres, des poules, du poisson, des noix de coco, de la cire et du poivre. Pour une livre de vieux fer on nous donnoit quinze livres de cire.

Animaux et produits.

Il y a deux espèces de poivre, le long et le rond. Les fruits du poivre long ressemblent aux fleurs amentacées du noisettier. La plante ressemble au lierre et s'attache de la même manière contre les troncs des arbres; mais ses feuilles sont pareilles à celles du mûrier. Ce poivre s'appelle *luli*. Le poivre rond croît de la même manière ; mais ses fruits sont en épis, comme ceux du maïs, et on les égraine de même : ce poivre se nomme *lada*. Les champs sont couverts de poivriers dont on forme des berceaux.

Poivre.

Nous prîmes à Mallua un homme qui se chargea de nous conduire à une île où il y avoit une plus grande abondance de vivres. L'île de Mallua est par le 8° 30' de latitude méridionale, et à 169° 40' de longitude de la ligne de démarcation.

1522.
JANVIER.
Arucheto.
Pygmées.

Notre vieux pilote moluquois nous raconta chemin faisant que dans ces parages il y a une île appelée Arucheto, dont les habitans, hommes et femmes, n'ont pas au-delà d'une coudée de haut, et dont les oreilles sont aussi longues que tout leur corps; de manière que quand ils se couchent, l'une leur sert de matelas et l'autre de couverture (1). Ils sont tondus et vont tout nus : leur voix est aigre, et ils courent avec beaucoup d'agilité. Ils habitent sous terre, vivant de poisson et d'une espèce de fruit qu'ils trouvent entre l'écorce et la partie ligneuse d'un arbre. Ce fruit, qui est blanc et rond comme les confitures de coriande : ils l'appellent *ambulon*. Nous nous serions volontiers transportés à cette île, si les bas-fonds et les courans ne nous en avoient pas empêché.

25.

Samedi, 25 janvier, à vingt-deux heures (deux heures trente minutes), nous partîmes de l'île de Mallua, et ayant fait cinq lieues au sud-sud-ouest, nous parvînmes à une île assez

---

(1) Il est remarquable qu'on lise dans Strabon (*Géogr.*, *lib.* *XV*) cette fable grossière. Strabon l'a copiée de Mégasthène, un des capitaines d'Alexandre le Grand. Même de nos jours ces insulaires s'amusent à conter aux étrangers des choses merveilleuses. On voulut faire croire à Cook que dans une île les hommes étoient si forts et si grands qu'ils auroient emporté son vaisseau.

grande, appelée Timor. J'allai à terre tout seul pour traiter avec le chef du village qui s'appeloit Amaban, afin d'en obtenir quelques vivres. Il m'offrit des buffles, des cochons et des chèvres; mais quand il fallut fixer les marchandises qu'il vouloit avoir en échange, nous ne pûmes pas nous accorder, parce qu'il prétendoit beaucoup, et que nous avions fort peu de choses à donner. Nous prîmes alors le parti de retenir sur le vaisseau le chef d'un autre village appelé Balibo, qui étoit venu à bord de bonne foi avec son fils. Nous lui dîmes que s'il vouloit être remis en liberté, il devoit nous procurer six buffles, dix cochons et autant de chèvres. Cet homme, qui craignoit d'être tué, donna ordre sur-le-champ de nous apporter tout ce que nous venions de demander; et comme il n'avoit que cinq chèvres et deux cochons, il nous donna sept buffles au lieu de six. Cela fait nous le renvoyâmes à terre bien satisfait de nous, parce qu'en lui rendant la liberté nous lui fîmes un présent de toile, d'un drap indien de soie et de coton, de haches, de coutelas indiens, de nos couteaux et de miroirs.

Le chef d'Amaban, chez lequel j'avois été d'abord, n'avoit à son service que des femmes, qui étoient nues comme celles des autres îles. Elles portent aux oreilles de petits anneaux

1522.
JANVIER.

d'or, auxquels elles attachent de petits flocons de soie. Elles ont aux bras plusieurs cercles d'or et de laiton, qui souvent les couvrent jusqu'au coude. Les hommes sont également nus, mais ils ont le cou garni de plaques rondes d'or, et leurs cheveux sont retenus par des peignes de roseau, ornés d'anneaux d'or. Quelques-uns au lieu d'anneaux d'or portent aux oreilles le cou d'une gourde desséchée.

Sandal blanc et autres produits.

Le sandal blanc ne se trouve que dans cette île. Il y a, comme nous venons de le voir, des buffles, des cochons et des chèvres, ainsi que des poules et des perroquets de différentes couleurs. Il y croît aussi du riz, des bananes, du gingembre, de cannes à sucre, des oranges, des citrons, des amandes, des haricots et de la cire.

Villages.

Nous mouillâmes près de cette partie de l'île où il y avoit quelques villages habités par leurs chefs. Dans une autre partie de l'île étoient les habitations de quatre frères qui en sont les rois. Ces villages s'appellent Oibich, Lichsana, Suai Cabanaza. Le premier est le plus considérable. On nous dit qu'une montagne près de Cabanaza produit beaucoup d'or, et que c'est avec les grains de ce métal que les habitans achètent tout ce dont ils ont besoin. C'est ici que ceux de Malacca et de Java font tout le trafic du bois de sandal et de la cire. Nous y trouvâmes aussi une jonque venue de Lozon pour faire le commerce de sandal.

Ces peuples sont Gentils. Ils nous dirent que quand ils vont couper le sandal, le démon se présente à eux sous différentes formes, et leur demande très-poliment s'ils ont besoin de quelque chose. Mais, malgré cette politesse, son apparition leur fait tant de peur, qu'ils en sont toujours malades pendant quelques jours (1). Ils coupent le sandal à certaines phases de la lune; dans tout autre tems il ne seroit pas bon. Les marchandises les plus propres à donner en échange du sandal sont le drap rouge, la toile, des haches, des clous et du fer.

L'île est entièrement habitée; elle s'étend beaucoup de l'est à l'ouest, mais est fort étroite du sud au nord. Sa latitude méridionale est par le 10°, et sa longitude de la ligne de démarcation de 174° 30'.

Dans toutes les îles de cet archipel que nous avons visitées règne la maladie de Saint-Job, et bien plus ici que par-tout ailleurs, où on

---

(1) Bomare dit que ceux qui vont couper le sandal (*santalum album*, Linn.) tombent malades par des miasmes qui s'exhalent de ce bois.

l'appelle *sur franchi*; c'est-à-dire, *maladie portugaise* (1).

On nous dit qu'à la distance d'une journée de voyage à l'ouest-nord-ouest de Timor, il y a une île appelée Ende, où l'on trouve beaucoup de cannelle. Ses habitans sont Gentils et n'ont pas de roi. Près de-là il y a une chaîne d'îles jusqu'à Java majeure, et au cap de Malacca. En voici les noms: Ende, Tanabuton, Crenochile, Birmacore, Azanaran, Main, Zubava, Lumboch, Chorum et Java majeure, que les habitans n'appellent pas Java, mais Jaoa.

Les plus grands villages du pays sont dans l'île de Java, et le principal s'appelle Magepaher, dont le roi, lorsqu'il vivoit, étoit réputé le plus grand monarque des îles qui sont dans ces parages; il s'appeloit raja Patiunus Sunda. On récolte ici beaucoup de poivre. Les autres îles sont: Dahadama, Gagiamada, Minutaran-

---

(1) Si le *mal de Saint-Job* étoit le virus vénérien, selon l'opinion la plus reçue, nous le trouvons aux îles Moluques et aux Philippines au commencement du seizième siècle; et comme il est appelé ici *mal portugais*, nous devons croire que ce sont les Portugais qui l'y ont apporté. Il est vrai que le nom de *franchi* est propre à tous les Européens; mais il est certain aussi que c'étoient les seuls Portugais qui jusqu'alors eussent été aux îles de la mer du Sud. Cependant le *mal de Saint-Job* pourroit bien être la lèpre, assez commune en Asie.

gam, Ciparafidain, Tubancressi et Cirubaia. A une demi-lieue de Java majeure sont les îles de Bali, dite la petite Java, et de Madura: ces deux dernières sont de la même grandeur.

On nous dit que c'est l'usage à Java de brûler les corps des principaux qui meurent; et que la femme qu'il aimoit le plus est destinée à être brûlée toute vivante dans le même feu. Ornée de guirlandes de fleurs, elle se fait porter par quatre hommes sur un siège par toute la ville, et d'un air riant et tranquille elle console ses parens qui pleurent sa mort prochaine, en leur disant: « Je vais ce soir souper avec « mon mari, et cette nuit je coucherai avec « lui. » Arrivée au bucher, elle les console de nouveau par les mêmes discours, et se jette dans les flammes qui la dévorent. Si elle s'y refusoit, elle ne seroit plus regardée comme une femme honnête, ni comme une bonne épouse.

Notre vieux pilote nous raconta un usage plus étrange encore. Il dit que quand les jeunes gens sont amoureux de quelque femme et en recherchent les faveurs, ils s'attachent de petits grelots entre le gland et le prépuce, et vont ainsi sous les fenêtres de leur maîtresse, qu'ils provoquent par le son de leurs grelots. Celle-ci exige qu'on les laisse à leur place.

Il nous dit aussi que dans une île appelée

1522.
JANVIER.

Usages à Java.

Les femmes se brûlent avec les cadavres de leurs maris.

Grelots au prépuce.

Ile peuplée de femmes.

Ocoloro, au-dessous de Java, il n'y a que des femmes, qui sont fécondées par le vent. Si c'est d'un garçon dont elles accouchent, on le tue sur-le-champ; si c'est d'une fille, on l'élève; et si quelque homme ose visiter leur île, elles le tuent.

On nous fit encore d'autres contes. Au nord de Java majeure, dans le golfe de la Chine, que les anciens appeloient *Sinus Magnus*, il y a, disoit-on, un très-grand arbre appelé *campanganghi*, où se perchent certains oiseaux, dits *garuda*, si grands et si forts qu'ils enlèvent un buffle et même un éléphant, et le portent en volant à l'endroit de l'arbre appelé *puzathaer*. Le fruit de l'arbre, qui s'appelle *buapanganghi*, est plus gros qu'un melon d'eau. Les Maures de Burné nous dirent qu'ils avoient vu deux de ces oiseaux, que leur roi avoit reçu du royaume de Ciam. On ne peut pas approcher de cet arbre à cause des tourbillons que la mer y forme jusqu'à la distance de trois à quatre lieues. On ajoute qu'on savoit tout ce qu'on venoit de nous conter relativement à cet arbre, de la manière suivante. Une jonque fut transportée par ces tourbillons près de l'arbre où elle fit naufrage. Tous les hommes périrent excepté un petit enfant, qui se sauva miraculeusement sur une planche. Etant près de l'arbre, il y monta, et se cacha sous l'aîle d'un de ces grands oiseaux sans qu'il en fut apperçu. Le lendemain l'oiseau vint à terre pour prendre un buffle; l'enfant alors sortit de dessous son aîle et se sauva. C'est par ce moyen qu'on sut l'histoire des oiseaux, et d'où venoient les grands fruits qu'on trouvoit si fréquemment dans la mer.

Le cap de Malacca est par le 1° 30' de latitude sud. A l'est de ce cap il y a plusieurs bourgs et villes dont voici les noms: Cingapola, qui est sur le cap même, Pahan, Calantan, Patani, Bradlini, Benan, Lagon, Cheregigharan, Trombon, Joran, Ciu, Brabri, Banga, Judia (résidence du roi de Ciam, appelé Siri Zacabedera), Jandibum, Laun, et Langonpifa. Toutes ces villes sont bâties comme les nôtres, et sujettes du roi de Ciam.

On nous dit qu'au bord d'une rivière de ce royaume il y a de grands oiseaux qui ne se nourrissent que de charognes; mais ils ne veulent pas y toucher si quelque autre oiseau n'a été auparavant leur manger le cœur.

Au-delà de Ciam on trouve Camogia. Son roi s'appelle Saret Zarabedera; ensuite Chiempa, dont le roi est raja Brahami Martu. C'est dans ce pays que croît la rhubarbe (1), qu'on trouve

―――――――
(1) La description que nous donne Pigafetta de la rhubarbe

de cette manière : une compagnie de vingt à vingt-cinq hommes vont ensemble dans les bois où ils passent la nuit sur les arbres pour se mettre en sûreté contre les lions et les autres bêtes féroces, et en même tems pour mieux sentir l'odeur de la rhubarbe que le vent porte vers eux. Le matin ils vont vers l'endroit d'où leur venoit l'odeur, et y cherchent la rhubarbe jusqu'à ce qu'ils la trouvent. La rhubarbe est le bois putrifié d'un gros arbre, qui acquiert son odeur de sa putrefaction même : la meilleure partie de l'arbre est sa racine; cependant le tronc, qu'on appelle *calama*, a la même vertu médicinale.

Vient après le royaume de Cocchi, dont le roi s'appelle raja Siri Bummipala. Ensuite on trouve la Grande-Chine, dont le roi est le plus puissant prince de la terre : son nom est Santoa raja. Soixante-dix rois couronnés sont sous sa dépendance; et chacun de ces rois en a dix ou quinze qui dépendent de lui. Le port de ce royaume s'appelle Guantan (1), et parmi ses

---

(*rheum barbatum*, Linn.) est bien loin d'être exacte; mais il faut faire attention que notre auteur apprenoit tous ces contes d'un Maure qui étoit sur le vaisseau. Fabre ajoute qu'on n'y croyoit pas.

(1) Canton.

nombreuses villes deux sont les principales, Nankin et Comlaha. La résidence du roi est dans cette dernière. Il a près de son palais quatre ministres qui sont les principaux, dans les quatre facades qui regardent les quatre points cardinaux; chacun donne audience à tous ceux qui viennent de son côté. — Tous les rois et seigneurs de l'Inde majeure et supérieure sont obligés d'avoir, comme une marque de dépendance, au milieu de la place la figure en marbre d'un animal plus fort que le lion, appelé *chinga*, qui est aussi gravé sur le sceau royal; et tous ceux qui veulent entrer dans son port sont obligés d'avoir sur leur navire la même figure en ivoire ou en cire. — Si quelqu'un parmi les seigneurs de son royaume refuse de lui obéir, on le fait écorcher et sa peau séchée au soleil, salée et empaillée est mise dans un endroit éminent de la place, la tête baissée et les mains liées sur la tête dans l'acte de faire *zongu*, c'est-à-dire, la révérence au roi (1). — Celui-ci n'est visible pour qui que ce soit; et quand il veut voir les siens, il se fait porter sur un paon fait avec beaucoup d'art, et richement orné, accompagné de six femmes ha-

---

(1) Bruce (*Voyage aux sources du Nil*) a vu plus d'une fois en Abyssinie les grands qui s'étoient révoltés, punis de cette façon.

billées entièrement comme lui ; de manière qu'on ne peut le distinguer d'elles. — Il se place ensuite dans la figure d'un serpent appelé *naga*, superbement décoré, qui a un cristal dans la poitrine par lequel le roi voit tout sans être vu. — Il épouse ses sœurs, pour que le sang royal ne se mêle pas avec celui de ses sujets. — Son palais a sept murailles qui l'environnent, et à chaque enceinte il y a tous les jours dix mille hommes de garde, qu'on relève tous les douze heures. — Chaque enceinte a une porte, et chaque porte a également sa garde. — A la première il y a un homme avec un grand fouet à la main ; à la seconde un chien ; à la troisième un homme avec une massue de fer ; à la quatrième un homme armé d'un arc et de flèches ; à la cinquième un homme armé d'une lance ; à la sixième un lion ; à la septième deux éléphans blancs. — Son palais a soixante-dix-neuf sales, dans lesquelles il n'y a que des femmes pour le service du roi, et il y a toujours des flambeaux allumés. — Pour faire le tour du palais il faut au moins un jour. — Au bout du palais il y a quatre sales où les ministres vont parler au roi. Les parois, la voûte et le pavé même d'une de ces sales sont tous ornés de bronze ; dans la seconde ces ornemens sont d'argent ; dans la troisième d'or ; dans la quatrième de perles et de pierres précieuses. On place dans ces sales tout l'or et toutes les autres richesses qu'on porte en tribut au roi.

Je n'ai rien vu de tout ce que je viens de raconter; mais j'écris ces détails simplement d'après le rapport d'un Maure qui m'a assuré avoir vu tout cela.

Les Chinois sont blancs, et vont habillés; ils ont, comme nous, des tables pour manger. On voit aussi chez eux des croix, mais j'ignore l'usage qu'ils en font.

C'est de la Chine que vient le musc : l'animal qui le produit est une espèce de chat semblable au civet, qui ne se nourrit que d'un bois doux, gros comme le doigt, appelé *chamaru*. Pour extraire le musc de cet animal on lui attache une sangsue, et quand on la voit bien remplie de son sang on l'écrase, et on recueille le sang sur une assiette pour le faire sécher au soleil pendant quatre à cinq jours. C'est ainsi qu'il se perfectionne. Quiconque nourrit un de ces animaux doit payer un tribut. Les grains de musc qu'on porte en Europe ne sont que de petits morceaux de chair de chevreau qu'on a trempés dans le vrai musc. Le sang est quelquefois en grumeaux, mais il se purifie aisément. Le chat qui produit le musc s'appelle *castor*, et la sangsue porte le nom de *linta*.

En suivant la côte de la Chine on rencontre plusieurs peuples; savoir: les Chiencis, qui habitent les îles où l'on pêche les perles, et où il y a aussi de la cannelle. Les Lecchiis habitent la terre ferme voisine de ces îles. L'entrée de leur port est traversée par une grande montagne, ce qui est cause qu'il faut démâter toutes les jonques et les navires qui veulent y entrer. Le roi de ce pays s'appelle Moni. Il obéit au roi de la Chine; mais il a vingt rois sous son obéissance. Sa capitale est Baranaci, et c'est ici qu'est le Catai oriental.

Han est une île haute et froide, où il y a du cuivre, de l'argent et de la soie: raja Zotru en est le roi. Mili, Jaula et Gnio sont trois pays assez froids sur le continent. Friagonla et Frianga sont deux îles dont on tire du cuivre, de l'argent, des perles et de la soie. Bassi est une terre basse sur le continent. Sumbdit-Pradit est une île très-riche en or, où les hommes portent un gros anneau de ce métal à la cheville du pied. Les montagnes voisines sont habitées par des peuples qui tuent leurs parens quand ils sont d'un certain âge pour leur épargner les maux de la vieillesse. Tous les peuples dont nous venons de parler sont des Gentils.

Mardi, 11 février, à la nuit, nous quittâmes l'île de Timor et entrâmes dans la Grande mer appelée *Laut Chidol*. En faisant route par l'ouest-sud-ouest, nous laissâmes à droite au nord, de crainte des Portugais, l'île de Zumatra, appelée anciennement Taprobane; le Pegu, le Bengala, Urizza, Chelim, où sont les Malais, sujets du roi de Narsinga; Calicut, qui est sous le même roi; Cambaia, où habitent les Guzzerates; Cananor, Goa, Armus (1), et toute la côte de l'Inde majeure.

Dans ce royaume il y a six classes de personnes; savoir, les Nairi, Panicali, Franai, Pangelini, Macuai et Poleai. Les Nairi sont les principaux ou chefs; les Panicali sont les citoyens; ces deux classes conversent ensemble: les Franai recueillent le vin du palmier et les bananes; les Macuai sont pêcheurs; les Pangelini sont matelots; et les Poleai sèment et recueillent le riz (2). Ces derniers habitent toujours dans les champs, et n'entrent jamais dans les villes. Quand on veut leur donner quelque chose, on le met par terre et ils le prennent. Lorsqu'ils sont sur les chemins, ils crient tou-

---

(1) Ormus.
(2) Ces classes, qu'on appelle castes, existoient déjà dans l'Inde du tems d'Alexandre; et elles s'y sont toujours maintenues. Strab., *Geogr.*, lib. *XV*; Diodor., lib. *II*; Sonnerat, *Voyage aux Indes*.

jours *po, po, po*; c'est-à-dire, *gardez-vous de moi*. On nous raconta qu'un Nairi qui avoit été touché accidentellement par un Poleai, se fit tuer pour ne point survivre à une si grande infamie.

Pour doubler le Cap de Bonne-Espérance, nous nous élevâmes jusque par le 42° de latitude sud; et il nous fallut rester neuf semaines vis-à-vis de ce Cap avec les voiles amenées, à cause des vents d'ouest et de nord-ouest que nous eûmes constamment et qui finirent par une terrible tempête. Le Cap de Bonne-Espérance est par le 34° 30′ de latitude méridionale, à seize cents lieues de distance du cap de Malacca. C'est le plus grand et le plus périlleux cap connu de la terre.

Quelques-uns d'entre nous, et sur-tout les malades, auroient voulu prendre terre à Mozambique, où il y a un établissement portugais, à cause des voies d'eau qu'avoit le vaisseau, du froid piquant que nous ressentions, mais sur-tout parce que nous n'avions plus que du riz et de l'eau pour toute nourriture et boisson; car toute la viande que, faute de sel, nous n'avions pu saler, étoit putréfiée. Cependant la plus grande partie de l'équipage étant plus attachée à l'honneur qu'à la vie même, nous nous déterminâmes à faire tous nos efforts pour retourner en Espagne, quelques dangers que nous eussions encore à courir.

Enfin, avec l'aide de Dieu, nous doublâmes le 6 mai ce terrible cap; mais il nous fallut en approcher à la distance de cinq lieues, sans quoi nous ne l'aurions jamais dépassé (1).

Nous courûmes ensuite vers le nord-ouest pendant deux mois entiers sans jamais prendre de repos; et pendant cet intervalle nous perdîmes vingt-un hommes, tant chrétiens qu'Indiens. Nous fîmes, en les jetant à la mer, une observation curieuse; c'est que les cadavres des chrétiens restoient toujours la face tournée vers le ciel, et les Indiens avec le visage plongé dans la mer.

Nous manquions totalement de vivres, et si le ciel ne nous eut pas accordé un tems favorable, nous serions tous morts de faim. Le 9 de juillet, jour de mercredi, nous découvrîmes les îles de cap Vert, et nous allâmes mouiller à celle qu'on appelle Saint-Jacques.

Comme nous savions être ici en terre ennemie, et qu'on ne manqueroit pas de former des soupçons sur nous, nous eûmes la précaution de faire dire par les gens de la chaloupe que

1522.
MAI.
6.
Passage du Cap.

JUIN.
Observation sur les cadavres.

Mensonge pour n'être pas arrêtés.

_____
(1) La même chose arriva aux capitaines Dixon et Lansdown. (Dixon, *Voyage*, tome II, p. 260).

nous envoyâmes à terre pour faire provision de vivres, que nous avions relâché dans ce port parce que notre mât de trinquet ayant cassé en passant la ligne équinoxiale, nous avions pour le raccommoder perdu beaucoup de tems, et que le capitaine-général avec deux autres vaisseaux, avoit continué leur route pour l'Espagne. Nous leur parlâmes de manière à leur faire croire que nous venions des côtes de l'Amérique, et non du Cap de Bonne-Espérance. On ajouta foi à ce discours, et nous reçûmes deux fois la chaloupe pleine de riz en échange de nos marchandises.

On s'apperçoit qu'on a gagné un jour.

Pour voir si nos journaux avoient été tenus exactement, nous fîmes demander à terre quel jour de la semaine c'étoit? On répondit que c'étoit jeudi; ce qui nous surprit, parce que, suivant nos journaux, nous n'étions qu'au mercredi. Nous ne pouvions nous persuader de nous être tous trompés d'un jour; et moi j'en fus plus étonné que les autres, parce qu'ayant toujours été assez bien portant pour tenir mon journal, j'avois, sans interruption, marqué les jours de la semaine et les quantièmes du mois. Nous apprîmes ensuite qu'il n'y avoit point d'erreur dans notre calcul; parce qu'ayant toujours voyagé vers l'Ouest en suivant le cours du soleil, et étant revenus au même point, nous devions avoir gagné vingt-quatre heures sur ceux qui étoient restés en place; et il ne faut qu'y réfléchir pour en être convaincu.

La chaloupe ayant retourné à terre avec treize hommes pour la charger une troisième fois, nous nous apperçûmes qu'on la retenoit, et eûmes lieu de soupçonner, par les mouvemens qui se faisoient sur quelques caravelles, qu'on vouloit aussi se saisir de notre vaisseau; ce qui nous détermina à faire voile sur-le-champ. Nous sûmes ensuite que notre chaloupe avoit été arrêtée parce qu'un des matelots avoit dévoilé notre secret, en disant que le capitaine-général étoit mort, et que notre vaisseau étoit le seul de l'escadre de Magellan qui fut revenu en Europe.

Grace à la Providence, nous entrâmes samedi, 6 de septembre, dans la baie de San-Lucar; et de soixante hommes qui formoient notre équipage quand nous partîmes des îles Malucco, nous n'étions plus que dix-huit, qui pour la plupart encore étoient malades. Les autres s'étoient s'enfuis dans l'île de Timor; d'autres y furent condamnés à mort pour crimes, et d'autres enfin avoient péri de faim.

Du tems de notre départ de la baie de San-Lucar jusqu'à celui de notre retour, nous comptâmes d'avoir parcouru au-delà de quatorze mille quatre cent soixante lieues, et fait le tour du monde entier en courant toujours de l'est à l'ouest.

Lundi, 8 septembre, nous jetâmes l'ancre près du mole de Séville, et déchargeâmes toute notre artillerie.

Le mardi, nous nous rendîmes tous à terre en chemise et pieds nus avec un cierge à la main, pour aller visiter l'église de Notre-Dame de la Victoire, et celle de Sainte-Marie d'Antigua, comme nous avions promis de faire dans les momens de détresse.

En partant de Séville j'allai à Vagliadolid, où je présentai à sa sacré majesté don Carlos (1), non de l'or ni de l'argent, mais des choses qui étoient bien plus précieuses à ses yeux. Je lui offris, entre autres objets, un livre écrit de ma main, où jour par jour j'avois marqué tout ce qui nous étoit arrivé pendant le voyage.

Je quittai Vagliadolid le plutôt qu'il me fut possible, et me rendis en Portugal, pour faire au roi Jean le récit des choses que je venois de voir. Je passai ensuite par l'Espagne et vins en France, où je fis présent de quelques objets

---

(1) Charles V.

de l'autre hémisphère à Madame la régente, mère du roi très-chrétien François 1er.

Je retournai enfin en Italie, où je me consacrai pour toujours au très-excellent et très-illustre seigneur Philippe de Villers l'Ile-Adam, grand-maître de Rhodes, à qui je donnai aussi le récit de mon voyage.

Le chevalier
ANTOINE PIGAFETTA.

VOCABULAIRES

DES PEUPLES CHEZ LESQUELS

LE CHEV^R. PIGAFETTA

A fait quelque séjour pendant son Voyage.

PRÉFACE

DU TRADUCTEUR.

C'est un grand désavantage sans doute pour l'homme qui voyage dans des pays lointains de ne pouvoir exposer ses besoins ou ses idées, et d'être obligé de les indiquer par des signes toujours insuffisans, et souvent même équivoques. Pour éviter cet inconvénient les navigateurs ont tâché de se procurer des interprètes ou un vocabulaire des peuples qu'ils visitoient; et quand il n'en existoit pas, ils ont tâché de s'en former un.

Lorsque Magellan conçut le projet d'aller visiter la mer du Sud par l'Ouest, il sentit bien que Jean Carvajo, qui avoit passé quatre ans au Brésil, et son esclave Henri, natif de Sumatra, lui seroient d'un grand secours, l'un sur les côtes de l'Amérique, et l'autre dans les Indes; mais il n'avoit pas de vocabulaire pour la partie la plus méridionale de l'Amérique; ni pour les îles de la mer du Sud.

Ce vocabulaire n'existoit point. Le premier qui forma le projet d'en compiler un fut le chevalier Pigafetta; mais il paroît n'y avoir songé que lorsqu'il avoit déja débouqué du détroit de Magellan; puisqu'au Brésil il n'a rassemblé que de dix à douze noms; et quoiqu'il ait passé plusieurs mois dans la baie de Saint-Julien, il ne pensa à former un vocabulaire du langage patagon, que lorsqu'il naviguoit déja tranquillement dans la mer Pacifique, où, par oisiveté peut-être, il passoit le tems à se faire dicter par le Patagon qu'ils avoient à bord, les noms des objets qu'il voyoit ou qu'il pouvoit se rappeler (1).

Il est probable que les Espagnols auroient été mieux reçus aux îles Marianes, s'ils avoient pu faire connoître à ces insulaires leurs intentions pacifiques, ainsi que le bien et le mal qu'ils pouvoient leur faire. Il y avoit sur le vaisseau de Magellan un esclave de Sumatra; mais cet homme ne parloit que la langue malaise qui ne s'étendoit pas alors, et ne s'étend pas encore actuellement, au-delà des îles Phi-

---

(1) Page 48.

lippines (1). Pigafetta ne put recueillir aucun mot aux îles Marianes.

Aux Philippines il sentit plus d'une fois le désagrément de ne pas entendre la langue des peuples qui les habitent ; car quoique l'esclave Henri ait été son interprète (2), notre auteur fut cependant plus d'une fois dans le cas d'avoir affaire avec les indigènes sans son secours ; et cette nécessité devint continuelle lorsque cet esclave les eut trahi et abandonné à Zubu (3). Il fut chargé ensuite de traiter avec le roi de Chipit, dans l'île de Mindanao (4) ; puis avec celui de Bornéo (5), et avec tous ceux des îles où les vaisseaux espagnols mouillèrent ; mais particulièrement avec les rois des Moluques.

C'est de cette manière que Pigafetta composa un vocabulaire de cent soixante mots à

---

(1) Le capitaine Wilson en eut une preuve au mois d'août 1783, lorsqu'il fit naufrage aux îles Pelew, entre les Marianes et les Philippines. Son interprète Tom Rose, qui parloit le malais, ne put se faire entendre que par le moyen d'un Malais qui, étant à Pelew depuis quelque tems, en avoit appris la langue, et servit d'interprète à Tom Rose en langue malaise. *An account of the Pelew Islands*, by G. Keate, p. 22, ed. de Basel.
(2) Page 71.
(3) Page 126.
(4) Page 131.
(5) Page 142.

Zubu, et un autre de quatre cent cinquante aux Moluques. Pourquoi Fabre, qui a donné tous les mots brésiliens, et presque tous ceux des Patagons, n'a-t-il pas copié un seul mot des Philippines, et seulement quarante-six des Moluques ? Peut-être étoit-ce pour s'en épargner la peine, comme l'a remarqué son traducteur Ramusio (1).

Pigafetta a placé les mots qu'il a recueillis à la fin de la description des pays auxquels ils appartiennent ; mais j'ai cru qu'il étoit plus convenable de les rassembler tous ici à la fin du voyage. J'ai placé sur deux colonnes contigues les mots des îles Philippines et ceux des Moluques, pour qu'on en apperçoive mieux l'analogie. L'auteur les a écrit à mesure qu'il les apprenoit ; mais j'ai pensé qu'il seroit plus utile de les placer par ordre de matières, excepté les verbes qui ne sont guère susceptibles de cet arrangement. Si Pigafetta avoit recueilli un plus grand nombre de mots brésiliens, je les aurois mis à côté de ceux des Patagons, pour qu'on put mieux remarquer le rapport qu'il y a entre ces mots et ceux qu'a donnés l'abbé Hervas (2).

Tous ceux qui ont porté leur attention sur

---

(1) Voyez l'*Introduction*, parag. XXVIII.
(2) *Delle lingue dell' America*, p. 16.

les langues de la mer du Sud, ont observé que le même idiôme se retrouve dans presque toutes les îles, du moins dans celles qui de la Nouvelle-Zélande s'étendent jusqu'à la Californie; et Forster (1), pour fournir une preuve de cette assertion, nous a offert un tableau des noms que les habitans de ces différentes îles donnent aux mêmes objets; noms qui se ressemblent, ou qui du moins ont évidemment une racine commune. En comparant cette table avec les recueils de Pigafetta, on y remarquera une telle analogie qu'on ne pourra douter de la vérité de ce qu'il dit à ce sujet; mais, pour qu'on puisse en juger plus sciemment, je joindrai aux deux colonnes des mots de Pigafetta, deux autres, l'une des mots recueillis par Forster, l'autre de mots malais rassemblés par David Haex, à l'usage des établissemens hollandois, et traduits en latin à l'usage de la congrégation de la Propagande (2).

De cette idendité ou analogie de langage, quelques écrivains ont conclu que ces peuples ont une origine commune; et ils ont jugé que leurs émigrations se sont faites successivement de l'Asie vers l'Orient. Pigafetta a cru que les

---

(1) Cook, *second Voyage*, tome V, page 253.
(2) *Dictionarium malaico-latinum*, Romæ 1631.

rois des îles de la mer du Sud avoient étudié les langues étrangères; mais il s'est trompé sans doute dans cette conjecture, comme dans bien d'autres, toutes les fois qu'il a voulu rendre raison de phénomènes physiques.

VOCABULAIRE BRÉSILIEN.

Roi.........	Cacich.	Grelots.......	Hanmaraca.
Bon.........	Tum.	Ciseaux.......	Pirame.
Maison.......	Boi.	Hameçon......	Pinda.
Lit..........	Hamac.	Bateau........	Canoe.
Peigne.......	Chipag.	Millet........	Maïz.
Couteau......	Tarse.	Farine........	Hui.

VOCABULAIRE PATAGON.

Démon (grand)	Setebos.	Paupière.....	Sechecel.
Démon (petit).	Cheleule.	Nez..........	Or.
Nubile........	Benibeni.	Narines.......	Oresche.
Marié........	Babai.	Bouche.......	Chian.
Jeune........	Calemi.	Lèvres........	Schiaine.
Guide........	Anti.	Dents.........	For.
Borgne.......	Calischen.	Langue.......	Scial.
Tête.........	Her.	Menton.......	Secheri.
Œil..........	Oter.	Barbe.........	Archiz.
Sourcils......	Ochecei.	Oreille........	Sane.

16

Gueule	Ohumez.	Racine qui sert de pain	Capac.
Cou	Scialeschiz.	Drap	Terechai.
Epaules	Pelles.	Ceinture	Cathechin.
Poitrine	Ochii.	Bonnet	Aichel.
Cœur	Tol.	Rouge	Faiche.
Seins	Oton.	Noir	Oinel.
Corps	Gechel.	Jaune	Peperi.
Parties de l'homme	Sachet.	Soleil	Calexchem.
Parties de la femme	Isse.	Etoiles	Settere.
Cul	Schiaguen.	Feu	Gialeme.
Fesses	Hoii.	Eau	Holi.
Testicules	Sachancos.	Neige	Theu.
Cuisses	Chiave.	Fumée	Giache.
Genoux	Tepin.	Mer	Aro.
Jambe	Coss.	Vent	Oni.
Cheville	Perchi.	Ouragan	Ohone.
Pied	Ti.	Or	Pelpeli.
Talon	Tire.	Joyau	Sechey.
Semelle	Caotschoni.	Marmitte	Aschame.
Ongle	Colmi.	Ecuelle	Etlo.
Bras	Riaz.	Flèche	Seche.
Aisselle	Salischin.	Aller	Rei.
Main	Chene.	Coït (l'acte du)	Hor.
Paume de la main	Canneghin.	Combattre	Ohomagse.
Doigt	Cori.	Couvrir	Tiam.
Pouls	Holion.	Cuire	Irocoles.
Chien	Holl.	Demander	Gheglie.
Loup	Ani.	Gratter	Gechare.
Oie	Cache.	Manger	Mechiere.
Geai	Cleo.	Flairer	Os.
Poisson	Hoi.	Regarder	Conne.
Huître	Siamoni.	Venir	Hai.

VOCABULAIRE
DES ÎLES DE LA MER DU SUD.

	DE PIGAFETTA.		D'AUTRES NAVIGATEURS.	
François.	*Des Philipp.*	*Des Moluq.*	*De Malacca.*	*Des îles vois.*
Dieu......	Abba......	Alla.		
Mosquée...		Meschit.		
Prêtre.....		Maulaua...	Lebe.	
Dévote.....		Mussai.		
Cérémonies.		Zambahean.		
Chrétien...		Nacerau.		
Idolâtre....		Cafre.		
Maure.....		Islam......	Isalam.	
Turc......		Rummo.		
Homme....	Baran.....	Oran......	Orang.	
Femme....	Paranpuan..	Poronpuan.	Paranpuan.	
Enfant.....	Canacana.			
Nubile.....	Ugan......		Bougiang...	Nongare.
Mariè.....	Sudababini.			
Vieillard...	Tua......	Patua.	Tuwa.	
Père......	Bapa.....	Papa.	Bappa.	
Mère.....		Mama, Ambui......	Ibu.	
Fils......		Anach.....	Anac.	
Frère.....		Sandala....	Sandara.	
Aïeul.....		Nini......	Nini......	Buno.
Beau-père..		Mintua...,	Mintuwa...	Tometua.
Gendre....		Minantu...	Menanton.	
Cousin.....		Sopopa.		
Élève.....		Lescar.		
Ami......		Sandara....	Canda.	
Ennemi....		Sanbat.....	Sobat.	
Roi.......	Raja......	Raja......	Raja......	Ragia.

VOCABULAIRE DES ÎLES

	DE PIGAFETTA.		D'AUTRES NAVIGATEURS.	
François.	*Des Philipp.*	*Des Moluq.*	*De Malacca.*	*Des îles vois.*
Reine......	....	Putli......	Putriz.....	Putri.
Seigneur...	....	Tuan......	Tuan.	
Esclave....	....	Alipin.		
Ecrivain....	....	Chiritoles...	Surat tulis.	
Interprète..	....	Giorobaza..	Jurebassa.	
Marchand..	....	Landagari..	Dagang.	
Maquereau.	....	Zoroan - paguoro....	Suroang.	
Homme orné	Pixao.			
Grand.....	Bassal.....	Bassal.....	Besar.	
Petit......		Chechil....	Kitagil.	
Tête......	Capala.....	Capalla....	Tacupo.	
Cheveux...	Boho.....	Lambut....	Rambut....	Buc.
Front.....	Guai.....	Dai........	Daia.	
Œil.......	Matta.....	Matta.....	Matta.	
Sourcils....	Chilei.....	Chilai.		
Paupières...	Pilac.....	Cenin.		
Nez.......	Ilon.....	Idon......	Ilon......	Edon, Idong.
Bouche....	Baba.....	Mulut.....	Mulut.	
Lèvres.....	Oiol.....	Bebere.....	Bibir......	Olou.
Dents.....	Nipin.....	Gigi.......	Ghigi.....	Enichio.
Gencives...	Leghex....	Issi.		
Langue....	Dilla.....	Lada......	Lida.	
Langage....	....	Baasa.		
Palais.....	....	Langhi.		
Menton....	Silan.....	Agai......	Dagou.	
Barbe.....	Bongot.....	Jangut.....	Jangut.....	Giangot.
Moustaches.	....	Missai.		
Mâchoire...	Apin.....	Pipi.		
Oreille.....	Delengan...	Talinga....	Talinga....	Telinga.
Gueule....	Lioch.....	Laer......	Leher.	
Cou......	Tangip.....	Tundun....	Tingio.	
Épaules....	Baga.....	Diard.....	Bahow.....	Tua.
Dos.......	Malacan.....	Balacan.		
Poitrine....	Dugan.....	Dada......	Dada.	
Cœur.....	....	Atti.......	At........	Aotu.
Seins.....	....	Sussu......	Susu.	
Nombril...	Pusut.....	....	Lusat......	Pitu.
Estomac...	....	Parut.....	....	Paraca.
Corps.....	Tiam.....	Iundum.		

	DE PIGAFETTA.		D'AUTRES NAVIGATEURS.	
François.	Des Philipp.	Des Moluq.	De Malacca.	Des Îles vois.
Parties de l'homme..	Utin	Boto.		
Parties de la femme...	Billat	Butbi.		
Testicules..	Boto		Boapelet.	
Fesses	Samput	Buri	Pantat.	
Cuisses	Pana	Taha	Paha	Pia.
Genoux	Tuhud	Lutut.		
Jambes		Mina.		
Os de la jambe	Bassag	Tula.		
Gras de la jambe	Bittis	Tilurcaci.		
Cheville	Bolbol	Buculali.		
Pied		Batis	Bitis.	
Talon	Tiochis	Tumi	Tumit.	
Semelle	Lapalapa	Empacaque.		
Ongle	Coco	Cucu.		
Aisselle	Hot.			
Bras	Bochen	Langan	Lingan.	
Coude	Sicu	Sicu	Sicon.	
Main	Chamat	Tangan	Sangan.	
Paume de la main	Palari.			
Doigt	Dudlo	Idun.		
Pouce		Iduntangan.	Iboutangan.	
Index		Iduntungun.		
Doigt du milieu		Idungeri.		
Annullaire		Idunmani.		
Petit doigt		Iduncalinghin.		
Sang		Dara	Dara	Toto.
Veine		Dovese	Urat.	
Pouls	Molangai.			
Peau		Culit.		
Froid		Dinghim	Dingin.	
Chaud		Panas	Pannas.	
Gras		Gamut	Gomoc.	
Maigre		Golos	Gutus.	

VOCABULAIRE DES ÎLES

	DE PIGAFETTA.		D'AUTRES NAVIGATEURS.	
François.	Des Philipp.	Des Moluq.	De Malacca.	Des îles vois.
Bon.......	....	Main......	Maic.	
Éléphant...	....	Gagia......	Gagia.	
Cheval.....	....	Cuba.....	Cuda.	
Buffle.....	....	Carban.....	Carban.	
Vache.....	....	Lambu.....	Lembu.	
Lion.......	....	Uriman.		
Cerf......	....	Roza......	Roussa.	
Cochon....	Babui.....	Babi......	Babi......	Babui.
Chèvre.....	Candin.....	Cambin....	Cambang.	
Brébis.....	....	Biri.		
Chien......	....	Cuin.		
Lièvre.....	....	Buaia.		
Chat......	....	Cochin, Putir	Contsing.	
Chat-musqué	....	Mozan.		
Souris.....	....	Tiens......	Tivo.	
Animal du musc....	....	Castore....	Casthouri.	
Oiseau.....	....	Bolon......	Bourong...	Elo.
Oie.......	....	Itich......	Itich.	
Canard....	....	Ansa.....	Ansa.	
Coq.......	....	Sanbungan.		
Poule......	Monah....	Arabatina..	Ayam......	Moa.
Œuf......	Silog.....	Talor......	Telur.	
Viande.....	....	Dagni.....	Daging.	
Poisson....	Issida.....	Ican......	Ican......	Isda.
Poisson rouge.......	Timuan.			
Poisson coloré.......	Panap-sapun			
Crabe......	Cuban.			
Vers des vaisseaux....	Capanlotos.			
Polype.....	Calabuton.			
Sangsue....	Linta.			
Serpent....	Ullat.			
Abeille....	Ærmadu.			
Cire......	Lilin......	....	Lilling.	
Miel......	Gula.			
Froment...	Dana......	Gandun.		
Panicum...	Humas.			

DE LA MER DU SUD.

	DE PIGAFETTA.			D'AUTRES NAVIGATEURS.
François.	*Des Philipp.*	*Des Moluq.*	*De Malacca.*	*Des îles vois.*
Millet......	Batat.			
Bled de Turq.	Maïs.			
Riz........	Barax.....	Bugax.....	Bras.	
Gâteau de riz	Tinapai.			
Raves......	....	Ubi.		
Patates.....	....	Gumbili....	....	Gomola.
Cocos......	Lupi.......	Biazzao, Nior	Jure.	
Muse ou banane....	Saghin.....	Pisan......	Pissang.	
Chiaccare..	....	Mendicai, Sicu.		
Citrouille...	Baghin.			
Melon.....	....	Antimon...	Antimon.	
Melon d'eau.	....	Labu......	Labo.	
Canne de sucre......	Tubo.......	Tubu......	Tebu.....	Etu.
Vin........	Nionipa.			
Vinaigre...	Zeluca.			
Huile de coco........	....	Mignach.		
Huile de gengeli.....	....	Lana-linga.		
Orange.....	Acfua.			
Ail........	Laxima.			
Gingembre..	Luia.......	Abia......	Abia.	
Rhubarbe..	....	Calama.		
Poivre rond.	Manissa....	Lada......	Lada.....	Ava.
Poivre long.	....	Subi.		
Noix muscade.......	....	Buapala, gologa.....	Palla.	
Clous de girofle....	Chianche...	Ghianche...	Ginche.	
Cannelle...	Mana......	Cainmana..	Cayumanis.	
Zibet......	....	Jabat.		
Sel........	Acin......	Garansira..	Garan.	
Herbe vénéneuse....	....	Ipu.		
Bois des castors......	....	Comorin.		

247

VOCABULAIRE DES ÎLES

	DE PIGAFETTA.			D'AUTRES NAVIGATEURS.
François.	*Des Philipp.*	*Des Moluq.*	*De Malacca.*	*Des îles vois.*
Doux.....	....	Manis.		
Amer.....	....	Azon.		
Habits....	Abaia.....	Chebun....	....	Chenines.
Drap.....	....	Cain.		
Soie......	....	Sutra.....	Sutra.	
Toile.....	Balandan.			
Un bras...	....	Dapa.		
Mesure....	....	Socat.		
Voile.....	Gapas.			
Coiffe....	....	Dastar....	Distar.	
Chemise...	Sabun.....	Bain.		
Chapeau...	....	Sundun.		
Rouge.....	....	Mira.....	Mera.	
Noir......	....	Itan......	Itam.	
Blanc.....	....	Pute......	Puti.	
Vert......	....	Igao......	Igiu.	
Jaune.....	....	Cunin.		
Le même...	Siama-siama	Siama-siama		
Court.....	....	Sandach...	Pandach.	
Egal......	....	Casi-casi.		
Ville.....	....	Naghiri...	Negri.	
Château...	....	Cuta......	Cotta.	
Maison....	Balai.....	Ruma.....	Ruma.....	Balai.
Coussin...	Uliman....	Bantal....	Bantal.	
Natte.....	Jugbican...	Tical.		
Marmitte...	....	Prin.		
Assiette de bois...	Dulam.....	Dulam.....	Dulang.	
Assiette de terre....	....	Pingam....	Pingon.	
Cuve......	....	Caliopan...	Balunga.	
Ecuelle....	Taga......	Manchu		
Porcelaine.	Mobulut.			
Cueiller....	Gandan....	Sandoch...	Sondoch.	
Couteau....	Copol, Sunda	Ficao.....	Pissau.	
Ciseaux....	Catle.....	Guntim....	Gonting.	
Peigne.....	Cutlei, Misamis....			
Miroir.....	....	Sussri.....	Sisir.	
Bague.....	....	Chielamin..	Gieremin.	
	....	Sinsin.....	Sintsing.	

DE LA MER DU SUD.

	DE PIGAFETTA.		D'AUTRES NAVIGATEURS.	
François.	*Des Philipp.*	*Des Moluq.*	*De Malacca.*	*Des iles vois.*
Joyau.....	....	Premata...	Permatta.	
Perle......	Mutiara....	Mutiara.		
Mère-perle.	Tipai.			
Grains de verre....	Tacle, Balus.	Manich.		
Grelot.....	Colon-colon.	Girin-girin.		
Eventail....	....	Chipat.		
Cornemuse.	Subin.			
Timballe...	....	Agon.		
Corde de violon......	Gotzap.			
Aiguille....	Dagu.....	Talun.....	Giarong.	
Fil........	....	Pintal.....	Benung.	
Marteau...	....	Palme, Colbasi......	Pomocol.	
Clou......	....	Pacu.....	Pacu.	
Mortier....	....	Lozon.		
Pilon.....	....	Atan......	Antang.	
Balances...	Tinban.			
Poids......	Tahil.....	....	Tragin.	
Ceps......	....	Balangu....	Barraga.	
Fourche....	Boll.			
Lettre.....	....	Surat......	Surat.	
Papier.....	....	Cartas.....	Chartas.	
Plume.....	....	Calam.....	Calam.	
Ecritoire...	....	Padantam.		
Bois.......	Tatamue.			
Hameçon...	....	Matacaine..	Cail.......	Gayl.
Corde.....	....	Trinda.		
Soie, poil..	....	Cupia.		
Amorce....	....	Unpan.		
Filet......	Pucatlaia...	....	Pucat.	
Petit roseau.	Bonbon....	....	Boulo......	Bambu.
Grand roseau.....	Canagan.			
Sarbacane..	....	Simpitan.		
Arc.......	Bossug.....	Boscon.		
Flèches....	Ogon......	Damach.		
Carquoi....	....	Bolo.		
Cuirasse....	Baluti.			

	DE PIGAFETTA.		D'AUTRES NAVIGATEURS.	
François.	*Des Philipp.*	*Des Moluq.*	*De Malacca.*	*Des îles vois.*
Targue....	Calassan.			
Lance.....	Bancan.			
Epée......	Calix, Baladao.....	Gole, Padan.	Bantang....	Tao.
Stiler.....	Camilan..	Calix, Goloq.		
Manche....	....	Dagarian.		
Monde.....	....	Bumi......	Bumi.	
Ciel......	....	Languin.		
Terre.....	....	Buchit.....	Bumi.	
Feu.......	....	Appi......	Api.	
Fumée.....	Assu......	Asap......	Assap.	
Cendre....	....	Abu.......	Abu.......	Aldao.
Eau.......	Tubin.....	Tubi......	Etanbang...	Tubig.
Soleil.....	Adlo......	Mutahari...	Matahari...	Intai.
Lune......	Songot....	Bulan.....	Bulai......	Bulan.
Etoiles.....	Bolan, Bantar......	Bintam....	Bintang.	
Pluie......	....	Unjau.....	Ugiang.	
Tonnerre...	....	Guntur....	Gontor.	
Rivière.....	Tari......	Songai.....	Songhei.	
An........	....	Tan.......	Tawon.	
Mois.......	....	Bullan.		
Jour.......	....	Alli.......	Hari.......	Mara.
Aurore.....	Mene.			
Matin......	Verna.....	Patan-patan.		
Tard......	....	Mallamani.		
Hier......	....	Calamari...	Calamarin.	
L'autre jour.	....	Litza.		
Midi......	....	Tambahalli.	Tangahari.	
Nuit.......	....	Mallan.....	Malam.	
Mer.......	....	Laut.......	Laut.	
Port.......	....	Labuan.		
Terre ferme	....	Buchit tana.		
Ile........	....	Polan......	Polon.	
Promontoire	....	Gonumbuchit		
Montagne..	....	Gonum....	Gunung....	Mona.
Grandes barques.....	Balangai...	....	....	Hurugan.
Pet. barques	Boloto.....	Parao, Prao.	Prao.	

DE PIGAFETTA.			D'AUTRES NAVIGATEURS.	
François.	*Des Philipp.*	*Des Moluq.*	*De Malacca.*	*Des Îles vois.*
Navire.....	Benaoa.....	Capal......	Cappal.	
Galère.....	....	Gurap.		
Bateau.....	Sanpan	....	Sampac.	
Poupe......	....	Biritan.....	Boritan.	
Proue......	....	Allon.		
Mât.......	....	Tian......	Tiang.	
Hune......	....	Simbulaia.		
Vergue	....	Laian.		
Voile......	....	Leier......	Layar......	Evier.
Haubans ...	....	Tamira.		
Rame......	....	Darin......	Daiong.	
Ancre	....	Sau	Sau.	
Cable......	....	Danda.		
Pavillon...	....	Tongol.		
Bombarde ..	....	Badil.		
Vent......	....	Anghin	Angin.	
Nord......	....	Trapa.		
Sud.......	....	Salatan.....	Salatan.	
Est........	....	Timor.....	Timor.	
Ouest......	....	Baratapat...	Barat.	
Nord-est...	....	Utara.		
Sud-ouest...	....	Berdaia.		
Nord-ouest..	....	Bardant.		
Sud-est	....	Tungara.		
Or........	Baloain	Amax......	Mas.	
Argent.....	Pirat	Pila.......	Perac.	
Fer........	Butan	Baci.......	Bessi.	
Cuivre.....	Bucach	Tombaga.		
Plomb.....	....	Tima......	Tima.	
Fil-d'archal.	....	Canat.		
Vif-argent..	....	Raza......	Rassa.	
Cinabre....	....	Galugasada-lingan.		
Pierre	....	Batu......	Batu.	
Vérité	....	Benar.....	Benar.	
Mensonge..	....	Dusta.....	Dustahan.	
Douleur ...	....	Sacher.....	Sucar.	
Santé......	....	Bai........	Baic.	
Baiser.....	....	Sulap	Sium.	
Galle......	....	Codis.....	Cudis.	

VOCABULAIRE DES ÎLES

	DE PIGAFETTA.		D'AUTRES NAVIGATEURS.	
François.	*Des Philipp.*	*Des Moluq.*	*De Malacca.*	*Des Îles vois.*
Vérole	Alupalan	For franchi.		
À présent	....	Saracan	Sacatan.	
Autrefois	....	Satucali	Sacali.	
Bon jour	....	Salam alicum	Salamat.	
(Réponse)	....	Alicum salam.		
Bon soir	....	Sabal chaer.		
(Réponse)	....	Chaer sandat		
Oui	....	Ca, Ue	Be, Ta.	
Non	Tida, le	....	Tida.	
Certainem.	....	Zengu	Songo.	
Peu	....	Serich.		
Moitié	....	Satana.		
Beaucoup	....	Bagna	Baniac.	
Ici	....	Sini	Ini.	
Là	....	Sana	Sanna.	
Loin	....	Jau	Giau.	
Combien	....	Barapa	Barappa.	
Un	Uso	Sarus	Sa	Isa.
Deux	Dua	Dua	Dua	Dua.
Trois	Tolo	Tiga	Tiga	Toro.
Quatre	Upat	Ampat	Ampat	Apat.
Cinq	Lima	Lima	Lima	Rima.
Six	Onom	Anam	Onam	Onon.
Sept	Pitto	Tugu	Tuju	Tiddo.
Huit	Gualu	Dualapan	Dualapan	Varu.
Neuf	Ciam	Sambelan	Sambilan	Iva.
Dix	Polo	Sapolo	Sapolo	Polo.
Vingt	....	Duapolo	Duapulo.	
Cent	....	Saratus	Ratos.	
Deux cents	....	Duaratus.		
Mille	....	Salibu	Ribus.	
Deux mille	....	Dualibu.		
Dix mille	....	Salacza.		
Vingt mille	....	Dualacza.		
Cent mille	....	Sacati.		
Deux cent mille	....	Duacati.		
Deux choses	....	Malupo.		

DE LA MER DU SUD.   253

	DE PIGAFETTA.		D'AUTRES NAVIGATEURS.	
François.	*Des Philipp.*	*Des Moluq.*	*De Malacca.*	*Des îles vois.*
Asseoir (s').	....	Duado.....	Duodoc.	
Avoir......	....	Ada.......	Adda.	
Battre.....	....	Bripocol....	Pucol.	
Boire......	Mimincubil.	....	Minom.	
Chasser....	Hagabalai.			
Coït (acte du)	Tiam......	Amput.....	Tali.	
Combattre..	....	Guzar.		
Commercer.	....	Biniaga.		
Cuisiner ...	....	Azap.		
Coudre	....	Banam.		
Danser.....	....	Manari.		
Demander..	....	Panghil.		
Donner	....	Ambil, Minta	Ambil, Bry.	
Dormir	....	Tidor.		
Ecrire	....	Mangura...	Menjurat.	
Ecoute	....	Diam.....	Dengar.	
Entendre...	....	Tao.......	Itia.	
Fatiguer....	....	Carajar.		
Jouir	....	Mamain.		
Lever......	....	Pandan	Ancat.	
Manger....	Macan.....	Macan.....	Necai, Macan	Malan.
Naviguer...	....	Belaiar.		
Payer......	....	Baiari.....	Bayar.	
Parler......	....	Cata.......	Catta.	
Peigner	Monsugut.			
Porter	Palatur	Biriacan.		
Prendre	....	Na, Ambil.	Ambil.	
Regarder...	....	Liat.......	Niata......	Liat.
Réveiller ...	....	Ranunchen.	Bongon acan	
Souffler....	Tigban.		Goting acan.	
Tondre	Chuntinch..	....	Matte......	Mattiacan.
Tuer	....	Mati.......	Matte......	Mattiacan.
Venir......	....	Dinama....	Datang.	
Voler......	....	Manchiuri..	Mantsjuri.	

EXTRAIT

DU

TRAITÉ DE NAVIGATION

DU CHEVALIER

ANTOINE PIGAFETTA.

PRÉFACE

DU TRADUCTEUR.

Le *Traité de navigation* qui se trouve dans notre manuscrit à la suite du voyage, n'est certainement pas un ouvrage qui puisse fournir des lumières bien utiles aux navigateurs de nos jours ; cependant il mérite, je pense, d'être connu, tant à cause qu'il fait honneur à son auteur, que parce qu'il peut servir à l'histoire de l'esprit humain, en nous faisant connoître les progrès qu'on avoit fait dans l'art de la navigation au commencement du seizième siècle.

Tous ceux qui cultivent les sciences connoissent aujourd'hui les méthodes par lesquelles on détermine la latitude et la longitude d'un endroit quelconque, même au milieu de la mer, et la déclinaison de l'aiguille aimantée ; mais du tems de Pigafetta ces connoissances étoient des mystères connus seulement des savans du premier ordre. Les instrumens nautiques étoient l'astrolabe et la boussole, dont, en général, les pilotes ignoroient, pour ainsi dire, la déclinaison, comme il paroît par le discours que Magellan adressa à son escadre (1). Régiomontanus avoit, à la vérité, déja inventé son météoroscope (2) pour déterminer la distance des lieux, tant pour la longitude que pour la latitude ; et c'est au moyen d'un pareil instrument qu'Americ Vespuce, en 1499, après une tempête qui avoit désorienté tout l'équipage, étoit parvenu à déterminer le lieu où se trouvoit le vaisseau, au milieu de l'Océan Atlantique : ce qu'il fit au moyen d'une observation sur la conjonction de la lune avec Mars, que Régiomontanus même avoit calculée pour le méridien de Ferrare (3). Mais l'usage de ces instrumens et de ces calculs étoit si peu connu, que Vespuce fut considéré par l'équipage du vaisseau comme un homme étonnant, auquel les matelots en confièrent le commandement ; et il fut ensuite chargé d'autres grandes entre-

---

(1) Page 54.
(2) Voyez l'*Introduction*, parag. III et *note*.
(3) Bartolozzi : *Richerche critiche sulla vita d'Amerigo Vespucci.*

prises où il trouva l'occasion de donner son nom au nouveau continent.

Or, ces méthodes dont peu de gens étoient alors instruits, et qui ont été recueillies par le chevalier Pigafetta, sont à peu près les mêmes que celles dont on se sert aujourd'hui. Nous connoissons la latitude d'un lieu par l'élévation du pole pendant la nuit et par celle du soleil à midi. On juge de l'élévation du pole par quelqu'étoile dont la latitude est connue, et généralement par l'étoile polaire, qui parcourt en vingt-quatre heures un petit cercle autour du pole. Ce cercle étoit connu du chevalier Pigafetta; et certainement il ne s'est pas trompé, lorsqu'il a dit que son rayon étoit de $3°\ 17'\ 37''$; tandis qu'il n'est aujourd'hui que de $1°\ 46'$; car l'étoile polaire approche du pole par un mouvement qui doit donner cette différence. Pour connoître la distance verticale de la polaire au pole, on observoit alors, comme on observe à présent, la position de quelqu'étoile circonpolaire, ou étant sur le même méridien, ou faisant avec elle un angle connu. Aujourd'hui on fait attention à l'étoile γ de Cassiopée, qu'on appelle la Ceinture (1), qui est à peu près sur le même méridien. Du tems de Pi-

---

(1) Bouguer, *Traité de navigation*.

gafetta on examinoit le rapport entre la polaire et les Gardes, qui sont les étoiles β et γ de la Petite Ourse, qui forment un triangle avec la polaire et le pole. On attachoit alors sur l'astrolabe une règle triangulaire qu'on fixoit au centre, c'est-à-dire, au pole, par l'angle obtus sur lequel elle tournoit (1). Aujourd'hui on se sert d'une règle à peu près semblable, et on appelle nocturlabe l'instrument destiné à cet usage (2). Mais, malgré la différente position et distance des étoiles, et la diversité des instrumens, on voit bien que la méthode de mesurer la latitude par la hauteur du pole à la nuit, et par la hauteur du soleil pendant le jour, est toujours la même; et ce sont ces méthodes que notre auteur enseigne pour trouver les latitudes en mer.

A l'égard des longitudes, MM. Delalande et Bougainville ont trouvé que la méthode des angles horaires de la lune est la plus sûre et la plus commode (3); et Triesneker (4), après

---

(1) On peut voir ces machines dans Apiano, *Astronomicum cesareum*; et dans Lucini, *Arcano del mare*.

(2) *Dictionnaire de la marine*, artic. *Nocturlabe*, où l'on en voit la figure.

(3) Bougainville, *Voyage*, tome II, p. 65.

(4) *Allgemeine geogr. ephem.*, jan. 1798.

Bouguer (1), assure que la meilleure méthode est celle qui est fondée sur la conjonction et sur les éclipses des étoiles par la lune même. Notre auteur enseigne la même chose dans les deux premières des trois méthodes qu'il nous a données sur cet objet. Et comme il ne parle pas du moyen de se servir pour les longitudes de l'éclipse solaire, il est bien clair qu'il ne le connoissoit pas, et que par conséquent il n'a pas vu Magellan s'en servir à la rivière de Sainte-Croix, comme le prétend Castagneda (2).

Je sais bien que toutes les conséquences qu'on tiroit des observations étoient fondées sur les almanachs qu'on avoit alors; et que ces almanachs étoient bien loin de prédire les phénomènes du ciel avec cette précision que nous admirons dans les éphémérides de nos jours : je sais qu'alors les tables de la lune n'étoient pas perfectionnées comme elles le sont à présent, et que l'on ne pouvoit pas observer les éclipses des Satellites de Jupiter ; car Galilé n'avoit pas encore imaginé le télescope. Toutes les conséquences s'appuyoient alors sur des observations faites avec des instrumens très-impar-

---

(1) *Traité de navigation.*
(2) Page 39, *note* 2.

faits, et particulièrement avec l'astrolabe (1) dont le chevalier Pigafetta parle souvent ; le météoroscope, le torquetum, la baguette et l'anneau universel, instrumens et machines qui n'étoient ni sûres dans les résultats ni d'un usage facile et commode, comme le sont aujourd'hui le sextant d'Hadley, le quart anglois, le cercle de Borda (2), et autres instrumens construits de façon que le mouvement même du vaisseau n'empêche pas de s'en servir, et n'en altère point l'exactitude. Les résultats pour la longitude dépendent nécessairement de la précision du moment dans lequel on fait l'observation, et de son rapport à l'égard du pays dont la longitude est connue ou supposée l'être : on ne pouvoit alors savoir l'heure précise qu'au moyen de sables, dans la construction et dans l'usage desquels l'exactitude est impossible ; de façon même que Pigafetta ne s'y fioit guère (3). Mais à présent nous avons d'excellens chronomètres et des montres marines, qui ne sont sujettes à aucune altération, ou s'il y en a quel-

---

(1) Dans la planche III, fig. 1 on donné la figure d'un des anciens astrolabres que nous avons dans notre Muséum. Il y en a un qui, selon le rapport de Ternaghi (*Mus. septalian* ; *p.* 9), a servi dans une navigaton aux Indes.

(2) Bouguer, *Traité de navigation.*

(3) Page 280.

qu'une il est aisé de la corriger et de l'assujettir au calcul. C'est par leur moyen que nous avons cette précision du tems, qui donne avec exactitude la distance longitudinale, aussi difficile à être déterminée que nécessaire aux navigateurs; pour laquelle l'Espagne et la Hollande, et ensuite l'Angleterre et la France, ont proposé et déja donné même des prix très-considérables. Il est donc évident que le chevalier Pigafetta, n'ayant point de données certaines, ne pouvoit avoir que des résultats douteux ; mais cela n'empêche pas que les astronomes et les navigateurs de son tems n'aient le mérite d'avoir imaginé, et notre auteur celui d'avoir recueilli, des méthodes que les modernes ont perfectionnées, en écartant l'incertitude produite par les mauvais instrumens, et par le défaut d'observations astronomiques et physiques.

Le célèbre navigateur Bougainville lut, il n'y a pas long-tems, à l'Institut national de Paris (1) un mémoire dans lequel il fit la comparaison des moyens qu'avoit Magellan avec ceux qu'avoit l'immortel Cook : si je pouvois répéter ce qu'il dit, nous verrions sans doute, que si Cook fit des navigations plus étendues et

---

(1) *Allgemeine geogr. ephem.*, decemb. 1798, p. 553.

plus importantes, Magellan, dépourvu de tous les grands moyens qu'avoit le comodore anglois, entreprit une navigation qui exigeoit un homme au-dessus de tous ses contemporains, tant par son courage que par ses lumières. Et comme le chevalier Pigafetta a écrit son traité après le *Voyage* (1), il est fort probable qu'il a pris de Magellan même les instructions nautiques qu'il a décrites, et que ce capitaine-général les tenoit de l'astronome Faleiro, dont le savoir étoit si admirable qu'on le croyoit inspiré par un démon familier.

On ne peut pas, à la vérité, louer notre auteur lorsqu'il veut expliquer les mouvemens des planètes et des étoiles par le système de Ptolomée, dont l'absurdité est aujourd'hui démontrée; mais oseroit-on lui reprocher cette erreur quand on sait que ce système étoit alors, pour ainsi dire, consacré, quand on connoît les malheurs de Galilé pour avoir osé opposer à ce système celui de Copernic un siècle après lui? Le chevalier Pigafetta a eu tort aussi, lorsqu'il a prétendu trouver la longitude par la seule déclinaison de l'aiguille aimantée; mais cette erreur peut avoir encore son excuse, si nous

---

(1) Dans le *Traité* il cite son voyage où il est question des étoiles polaires du pole austral.

nous reportons à son tems, si nous considérons qu'il a été trompé par une fausse théorie; car il croyoit *qu'il y avoit dans le ciel un point en repos vers lequel l'aimant se dirigeoit constamment* (1); et il étoit, en quelque façon, confirmé dans son opinion par le fait; car alors l'aiguille aimantée n'avoit point, ou presque point de déviation sur le premier méridien, établi par Ptolomée à l'île de Fer (2); et que dans d'autres endroits les degrés de longitude étoient en correspondance avec les degrés de la déviation magnetique. Ajoutez à cela que l'auteur de l'*Arcano del Mare*, livre classique pour le pilotage, parmi les autres moyens de connoître les longitudes en mer, propose d'observer la déclinaison de la boussole (3); et que le célèbre Halley, après avoir examiné tou-

---

(1) Il faut observer néanmoins qu'il n'adopte cette explication du phénomène, que parce qu'il n'en trouva pas de meilleure.

(2) Par la table des déclinaisons de l'aiguille aimantée, que le savant Lambert a publiée dans les éphémerides de Berlin (*Astronomische Jahrbuch*), pour l'an 1779, on voit, au moyen d'un calcul facile à faire, qu'au commencement du seizième siècle l'équateur magnétique, ou le o de la déviation étoit bien près de l'île de Ténérif. A présent il s'en est éloigné, et il s'en éloigne constamment davantage. M. de Bougainville y trouva la déclinaison à l'ouest de 14° 41', et Staunton, le compagnon de milord Macartney, l'a trouvée de 17° 35'.

(3) *Tome I*, p. 11.

tes les observations des navigateurs, sur la déviation de l'aiguille, a cru en pouvoir former des courbes, pour connoître la longitude des lieux par la déclinaison de la boussole; et il n'a pas connu que cette déclinaison, ayant une progression et de l'inconstance dans sa progression même, ne peut pas être assujettie au calcul; que d'ailleurs aussi tout calcul, comme l'a observé Cook (1), donnera toujours des résultats incertains, à cause de la diverse déviation qu'ont dans les mêmes endroits et dans le même tems les différentes boussoles.

Parmi les moyens de connoître tous les jours la longitude du lieu où l'on est en naviguant, le chevalier Pigafetta ne propose pas le *log-board* ou loch; non parce qu'il en ignoroit l'usage, car il dit qu'ils mesuroient le chemin qu'ils faisoient au moyen de la *chaîne* (2), qui est la même chose que le loch; mais probablement parce qu'il connoissoit l'insuffisance de ce moyen particulièrement lorsqu'on navigue d'un parallèle à l'autre dans la direction des vents secondaires, et lorsqu'on est entraîné par des courans sans pouvoir en calculer la force.

Après avoir indiqué les moyens de connoître

---

(1) *Troisième voyage*, *tome I*, p. 63.
(2) Page 53.

les latitudes, Pigafetta nous donne un long catalogue des latitudes, tant boréales qu'australes des pays, ports, promontoires, etc., connus aux navigateurs de son tems; mais ce catalogue n'étant qu'une copie de ce qu'on lit dans les livres des géographes du seizième siècle, j'ai cru qu'il seroit fort inutile de le publier ici.

J'aurois eu quelquefois beaucoup de peine à entendre ce *Traité de navigation*, approprié par l'auteur aux lumières, et sur-tout aux instrumens de son tems, si le muséum de notre bibliothèque ne m'eût fourni les astrolabes, les boussoles, la machine pour connoître les vents, et autres instrumens et livres dont se servoient les navigateurs au commencement du seizième siècle. C'est en comparant ces instrumens et ces dessins avec ce qu'il a écrit que je suis parvenu à entendre et à expliquer plusieurs mots et phrases dont il s'est servi. Cependant je dois avertir le lecteur qu'en général, j'ai beaucoup abrégé ce *Traité*, non-seulement parce qu'en plusieurs endroits il ne donnoit que des notions triviales, et quelquefois répétées, mais plus encore parce que le texte est souvent inintelligible, plus sans doute par la faute du copiste que par celle de l'auteur; et j'ai cru qu'il valoit mieux omettre entièrement ce qu'il n'étoit pas possible de bien entendre, que de donner la torture à mon esprit pour déviner l'intention de l'auteur, et lui faire dire peut-être ce qu'il n'a jamais pensé.

EXTRAIT

DU

TRAITÉ DE NAVIGATION

DU CHEVALIER

ANTOINE PIGAFETTA.

Idée de la sphère armillaire.

LA sphère armillaire, dont Pigafetta promet le dessin, lui sert à expliquer le système du monde, selon Ptolomée ; et pouvoit aussi servir d'astrolabe, car on voit en haut une espèce d'anse ou d'anneau, par lequel on soutenoit cette machine, quand on s'en servoit comme d'un astrolabe. Pigafetta commence son traité par donner une idée du système du monde, à l'imitation de tous ceux qui, avant et après lui, ont écrit des élémens de l'art nautique et du pilotage.

La terre est ronde, dit-il; elle est suspendue et immobile au milieu de tous les corps célestes. Le premier moteur est fixé sur deux poles, l'arctique et l'antarctique, qu'on suppose coïncider avec les poles de la terre : il court d'orient en occident, et entraîne avec soi toutes les planètes et toutes les étoiles. Outre cela, il y a la huitième sphère, dont les poles sont à 23° 33′ (1); elle court d'occident en orient.

« On suppose que la circonférence de la terre est divisée en trois cent soixante degrés, et à chaque degré on donne dix-sept lieues et demie : par conséquent, la circonférence de la terre est de six mille trois cents lieues. Les lieues de terre sont de trois milles, et les lieues de mer de quatre (2).

« Les dix cercles de la sphère armillaire,

---

(1) Aujourd'hui la déclinaison de l'écliptique, qui répond aux poles de la huitième sphère de notre auteur, est de 23° 28′ 30‴.

(2) En supposant que le globe terrestre sous l'Aquateur, soit moitié terre et moitié mer, et en donnant par conséquent à chaque lieue trois milles et demie, nous aurons pour toute la circonférence de la terre sous l'équateur vingt-deux mille cinquante milles; mesure bien peu différente de celle qui résulte en donnant soixante milles à chaque degré, et qui est de vingt-un mille six cents milles.

dont six majeurs passent par le centre de la terre, servent à déterminer les climats et la position géographique des lieux. L'écliptique détermine le mouvement du soleil et des planètes. Les deux tropiques montrent jusqu'à quel point le soleil s'éloigne de l'équateur, soit vers le nord en été, soit vers le sud en hiver. Le méridien, toujours variable, parce qu'il passe par tous les points de l'équateur, en le coupant perpendiculairement, marque les longitudes, et c'est sur ce cercle que les latitudes sont marquées. »

De la latitude.

Après avoir exposé le système de Ptolomée, et avoir fait connoître toutes les parties de la sphère armillaire, l'auteur enseigne la manière de prendre la hauteur du pole, sur laquelle on calcule la latitude : il fixe le pole à o, et l'équateur à 90 °. On sait qu'aujourd'hui on compte depuis o jusqu'à 90 °, allant de l'équateur au pole.

« I. L'étoile polaire, dit-il, n'est pas précisément sur le point correspondant à l'axe de la terre, mais elle tourne autour de ce point comme toutes les autres étoiles. Pour connoître la véritable position de l'étoile polaire à l'égard du pole, il faut observer le lieu où sont les Gardes (1). Si elles sont au bras de l'ouest (2), l'étoile polaire est d'un degré au-dessus du pole; si elles sont sur la règle ou ligne (3), la polaire est de 3° 30' sous le pole (4); si elles sont dans le bras de l'est, la polaire est 1° au-dessous du pole. Lorsqu'on voudra prendre la hauteur du pole, après avoir observé dans quel endroit sont les Gardes, et avoir mesuré la hauteur de l'étoile polaire de l'horison, on fera la soustraction des degrés que cette étoile a au-dessus du pole, ou l'addition des degrés qu'elle a au-dessous. J'ai parlé des étoiles du pole antarctique, dans la relation de mon voyage (5).

---

(1) Voyez la préface du traducteur, page 259.

(2) On doit entendre par-là les *bras* de l'instrument dont on se servoit ; cet instrument étoit probablement le météoroscope de Regiomontanus, qui avoit une croix au milieu ; ou bien l'astrolabe ordinaire avec le *dioptre* ou *mediclino*, comme l'appelle Pigafetta, placé sur l'équateur. On peut voir la figure de l'astrolabe planche III, fig. 1 : B est le *dioptre* de la même figure.

(3) Il veut dire la ligne méridienne du pole à l'équateur.

(4) J'ai déja averti que, quoique le rayon du cercle que parcourt l'étoile polaire n'ait à présent qu'un degré et demi, il avoit cependant du tems du chevalier Pigafetta 3° 17' 37''; par conséquent quand il dit de 3° 30', il ne s'éloigne pas beaucoup de la vérité, et on doit être surpris qu'il ait commis une si petite erreur, vu l'imperfection des instrumens dont il s'est servi.

(5) Voyez la page 54.

« II. On connoît aussi la latitude d'un lieu par la hauteur du soleil : 1°. lorsqu'on se trouvera entre l'équateur et le pole arctique, et que l'ombre à midi tombe vers ce pole, il faudra chercher (sur l'almanach) combien de degrés et de minutes de déclinaison a le soleil ce jour-là ; on les déduira des degrés et minutes de la hauteur du soleil qu'on aura prise. En déduisant les degrés restans de 90, on aura pour résultat les degrés de latitude boréale. 2°. Lorsque le soleil aura une déclinaison boréale, de manière que l'ombre tombe vers le sud ; il faut prendre la déclinaison du soleil pour ce jour-là, qu'on ajoutera à la hauteur du soleil qu'on aura prise, et on déduira 90 de la somme ; le résidu indiquera les degrés de latitude boréale. 3°. Si le soleil est entre l'équateur et le pole antarctique, et si l'ombre tombe vers le sud, on prendra les degrés de la déclinaison du soleil pour ce jour-là, on en fera la soustraction de la hauteur du soleil qu'on aura prise, comme il est dit à la première règle, et le résidu indiquera les degrés de latitude méridionale. 4°. Lorsqu'on est, ainsi que le soleil, entre l'équateur et le pole austral, et que l'ombre se porte vers le nord, on calculera la somme de la hauteur du soleil et des degrés de la déclinaison pendant ce jour-là ; et on agira comme il est dit dans la seconde règle. 5°. Quand on aura la hauteur du soleil de 90 degrés, la distance de l'observateur de l'équateur sera égale aux degrés de déclinaison; et si le soleil n'a ce jour-là aucune déclinaison, on sera sous l'équateur. 6°. Si l'on est au nord de l'équateur, et que le soleil soit dans les signes méridionaux, on cherchera sa déclinaison: on ajoutera les degrés de déclinaison aux degrés de la hauteur qu'on aura prise; on en déduira la somme de 90, et le résidu donnera la distance de l'équateur. 7°. Par la même opération, on connoîtra la latitude australe, si l'on est au sud, et le soleil au nord de l'équateur.

De la longitude.

« La longitude indique les degrés de l'est à l'ouest. J'ai examiné plusieurs moyens, ou méthodes dont on se sert pour la connoître, et j'en ai trouvé trois que j'ai cru les plus propres à cet objet (1). Le dernier est le plus commode pour ceux qui ne savent pas l'astrologie. Les pilotes d'aujourd'hui se contentent de connoître la latitude; ils sont d'ailleurs si orgueilleux,

---

(1) Ces trois méthodes sont probablement celles qu'au rapport de Castagneda, Faleiro avoit enseignées à Magellan.

qu'ils ne veulent pas entendre parler de longitude.

« I. Par la latitude de la lune on juge de la longitude du lieu où l'on fait l'observation. On appelle latitude de la lune sa distance de l'écliptique. L'écliptique est le chemin du soleil. La lune dans son mouvement s'en éloigne toujours jusqu'à ce qu'elle parvienne à sa plus grande distance; ensuite elle revient sur ses pas, jusqu'à ce qu'elle soit avec la tête ou la queue du dragon (1), où elle coupe l'écliptique. Et comme la lune, à mesure qu'elle s'éloigne de l'écliptique, parcourt en même tems des degrés vers l'occident, elle doit nécessairement avoir une plus grande latitude d'un côté du globe que de l'autre; et lorsqu'on en connoît la latitude, dont on mesure les degrés et les minutes avec l'astrolabe, on connoît si la lune est vers l'est ou vers l'ouest, et à combien de degrés elle est vers l'un ou l'autre de ces deux points. Mais on ne peut pas savoir la longitude du lieu où l'on fait l'observation, sans savoir précisément à quelle latitude et longitude devoit être la lune à la même heure dans l'endroit d'où l'on est parti, par exemple à Séville. Quand

---

(1) C'est-à-dire, les nœuds où l'orbite de la lune coupe l'écliptique.

on saura la latitude et la longitude de la lune à Séville par degrés et minutes, la comparant avec la latitude et la longitude qu'elle a dans le lieu où l'on se trouve, on saura combien d'heures le méridien où l'on est se trouve éloigné du méridien de Séville ; et par-là on pourra déterminer la distance orientale ou occidentale où l'on est de cette ville.

« II. La lune me fournit une autre méthode pour connoître la longitude du lieu où je suis ; mais il me faut savoir l'heure précise à laquelle la lune observée à Séville est en conjonction avec une étoile ou une planète donnée, ou qu'elle est avec le soleil dans telle opposition dont les degrés soient exactement déterminés ; ce que je puis savoir au moyen d'un almanach. Or, comme le phénomène arrive en orient avant que d'avoir lieu en occident, par les heures et minutes qui se seront passées depuis celle où le phénomène devoit arriver à Séville jusqu'à celle où je le vois, je conclus quelle est ma longitude occidentale de Séville. Mais si le phénomène a lieu là où je suis avant que d'arriver à Séville, par le tems qui précède, je détermine ma distance orientale. Il faut prendre pour chaque heure quinze degrés de longitude.

« Il n'est pas nécessaire d'avoir de grands talens pour comprendre ce que je viens de dire.

DE NAVIGATION. 277

Il faut savoir que la lune a un mouvement particulier, contraire au mouvement général des cieux, par lequel elle va d'occident en orient; et chaque deux heures elle parcourt un degré et quelques minutes. Et comme la lune est placée dans le premier ciel, et que les étoiles le sont dans le huitième, elle n'est jamais en conjonction avec elles; mais quelquefois étant au-dessous d'elles à notre égard, elle intercepte les rayons qui, partant d'une étoile, viendroient à nos yeux; ce qui ne peut arriver en même tems à ceux qui sont à Séville et à ceux qui sont à Valence. La figure ci-dessous en donnera une idée (1).

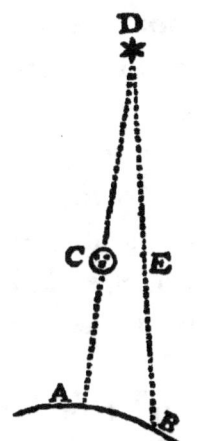

On voit que le rayon de l'étoile D est inter-

---

(1) Cette figure manque au manuscrit; mais il étoit bien facile d'y suppléer.

cepté par la lune C, à l'égard de ceux qui sont en A; mais il ne l'est pas pour ceux qui sont en B, pour lesquels il étoit intercepté lorsque la la lune se trouvoit en E.

« III. La boussole peut fournir aussi une méthode beaucoup plus facile pour trouver la longitude de l'endroit où l'on se trouve. On sait que la boussole, ou l'aiguille aimantée qu'elle contient, se dirige toujours vers un point donné, à cause de la tendance qu'a l'aimant vers le pole. La raison de cette tendance consiste en ce que l'aimant ne trouve dans le ciel aucun endroit en repos hors le pole, que par conséquent il s'y dirige toujours. C'est-là une explication que je propose de ce phénomène, et que je croirai bonne jusqu'à ce que l'expérience nous en fasse connoître une meilleure.

« Pour connoître au moyen de l'aimant les degrés de longitude, formez un grand cercle où vous placerez la boussole; et divisez ce cercle en 360 degrés. Tournez la boussole jusqu'à ce que l'aiguille aimantée se trouve sur le degré 360, où est indiqué le pole arctique. Lorsque l'aiguille sera en repos, tirez un fil qui du pole arctique se prolonge à l'antarctique en passant par le centre; et que ce fil soit plus long que le diamètre de la boussole. Après cela prenez la ligne du midi, que vous connoîtrez par la plus grande hauteur du soleil. Tournez la boussole jusqu'à ce que le fil qui la traverse soit sur la ligne du vrai méridien, c'est-à-dire, de l'ombre que fait le gnomon à midi. Alors avec le reste du fil, tirez du pole antarctique de l'aimant un autre fil qui, passant par le centre, vienne jusqu'à la fleur de lys qui marque le nord ; et vous verrez de combien de degrés l'aiguille aimantée est distante de la ligne méridienne, c'està-dire, du vrai pole. Le nombre de degrés de cette distance, vous indiquera le nombre de degrés de longitude du lieu où la boussole s'achemine (1). Par conséquent, plus vous prendrez avec précision le vrai méridien, plus vous pourrez savoir avec exactitude les degrés de longitude. On voit, par ce que je viens de dire, qu'on ne doit jamais déterminer le méridien avec la boussole, parce qu'elle nordeste ou nordoueste (2) aussitôt qu'on sort du vrai méridien ; mais il faut prendre le midi avec l'astrolabe : et on jugera qu'il est midi quand le soleil est à sa plus grande hauteur.

« Quand on ne peut pas prendre la hauteur du soleil à midi, on peut la déterminer avec un

---

(1) C'est-à-dire, où l'aiguille aimantée coïncide avec le méridien.

(2) C'est-à-dire, qu'elle décline au nord-est ou au nord-ouest.

sable, en comptant les heures de la nuit du moment que le soleil se couche jusqu'au moment qu'il se lève. Quand on saura les heures de la nuit, on saura aussi combien il en manque pour former le nombre de vingt-quatre. Alors on n'a qu'à partager le résidu en deux parties égales; et quand la moitié sera passée on aura le midi; et l'ombre du gnomon indiquera alors la ligne méridienne. Mais le sable étant souvent inexact, il vaut mieux prendre la hauteur du pole avec l'astrolabe au moyen de son *mediclino* (1).

« On peut connoître aussi la vraie méridienne, ou plutôt la ligne équinoxiale, qui coupe la méridienne à angle droit, en observant les points où le soleil se lève et se couche, et en mesurant de combien il s'éloigne de l'équinoxiale, soit vers le nord, soit vers le sud. Pour faire cela, on forme un astrolabe de la terre; c'est-à-dire, qu'on forme un cercle qui

---

(1) Je ne trouve pas qu'aucun des astronomes ou astrologues du tems de Pigafetta, qui ont traité de l'astrolabe, tels que Regiomontanus, Apianus, Gimma Frisius, Danti, Clavius, etc. fasse mention du *mediclino;* mais par ce que l'auteur dit ici et ailleurs, il paroît que le *mediclino* est la règle mobile qui est fixée au centre de l'astrolabe, qu'on appelle tantôt *alhidade*, tantôt *dioptre*, et en italien *traguardo*. Voyez la figure de l'astrolabe, pl. III, fig. 1. B est le *mediclino*.

représente la circonférence de la terre, divisé en 360 degrés. Fixez dans le milieu de la circonférence deux épingles, de façon qu'une ligne droite tirée de l'une à l'autre épingle passe par le centre; et au lever du soleil tournez ce cercle de façon que les épingles soient toutes deux sur la ligne du centre du soleil. Du moment où le soleil se couche fixez de même deux autres épingles dans la circonférence. Vous verrez par ce moyen de combien le soleil décline de la ligne équinoxiale, soit vers le nord, soit vers le sud, et vous aurez ainsi les degrés de la déclinaison du soleil. Quand vous aurez déterminé les degrés où le soleil se lève et se couche, vous déterminerez également la distance moyenne, qui sera la ligne méridienne : et vous verrez alors de combien la boussole ou l'aiguille aimantée est nordestée ou nordouestée. Par les degrés de la déviation de l'aiguille aimantée, vous jugerez de combien vous êtes éloigné des îles Fortunées, c'est-à-dire, de Ténérif, vers l'est ou vers l'ouest. Cette méthode a été confirmée par l'expérience (1).

---

(1) J'ai déja observé que du tems du chevalier Pigafetta l'aiguille se trouvoit aux Canaries à peu près sur l'équateur magnétique ; et il faut remarquer que le hasard a conduit quelques na-

Direction du navire.

« Si vous voulez naviguer vers un pays quelconque, il faut avant tout que vous en connoissiez la position géographique, c'est-à-dire, la latitude et la longitude. Ensuite, à l'aide de la boussole, vous pointerez directement vers ce lieu-là. Et comme la boussole nordeste ou nordoueste, il faut chercher, par les moyens que je viens d'enseigner, à en connoître la déclinaison, et soustraire ou ajouter ce qui est nécessaire ; afin que la proue du navire, réglée sur la boussole, ait exactement la direction qu'on veut lui donner.

« Si, par malheur, on a perdu la boussole, ou si l'on ne sait pas quelle est sa vraie déviation de la ligne méridienne, on peut se régler alors par le soleil à midi. Quand on aura fixé la méridienne de façon qu'elle coupe le navire dans sa largeur, on pourra aisément en diriger la proue où l'on voudra. Supposons qu'on veuille aller du nord-est au sud-ouest ; dressez la carte de manière que le navire ait sa proue à l'ouest et sa poupe à l'est. Ensuite sur le cer-

---

vigateurs dans des lieux où les degrés de déclinaison étoient correspondans aux degrés de longitude de l'île de Ténérif.

cle des vents, divisé en trois cent soixante ou en quatre fois quatre-vingt-dix, fixez deux épingles, l'une à quarante-cinq degrés entre l'est et le nord, et l'autre à quarante-cinq degrés entre l'ouest et le sud. Faites ensuite tourner le navire de manière que les deux épingles se trouvent sur la ligne méridienne, et la proue sera dirigée vers le lieu où vous voulez aller. Si les épingles ne sont pas sur la ligne méridienne, on navigue à faux; et il faut rectifier la route. Quand vous prendrez terre, vous verrez que ce que je dis est exact.

« Au moyen d'un astrolabe composé de plaques (1), on peut prendre aisément la ligne méridienne, les poles et la ligne équinoxiale, tant de jour en regardant le soleil, que de nuit en regardant la lune ou les étoiles. Pour ces dernières, au lieu de la *verghezita* (2), il faut placer au milieu de l'astrolabe deux petits bâtons, entre lesquels on observera l'étoile. »

Après avoir ainsi exposé la méthode avec laquelle on donne au vaisseau la direction qu'on

---

(1) Nous avons des astrolabes composés de plusieurs plaques; dont la plus grande est de carton pour être plus légère; les autres sont de laiton et de cuivre.

(2) C'est peut-être la même chose que le *medialino*. Voyez la note de la page 280.

désire, Pigafetta enseigne le moyen de déterminer le point, ou le degré de la Rose des vents, vers lequel le vaisseau, en partant d'un lieu pour aller à un autre, doit être dirigé. Pour se faire mieux entendre, il en donne plusieurs exemples. « Voulez-vous, dit-il, aller du sud au nord, ou du nord au sud sur la même longitude? naviguez toujours sur la même ligne méridienne. Voulez-vous aller de l'est à l'ouest, et *vice-versa* sur la même latitude? naviguez toujours sur le même parallèle. Voulez-vous aller d'un endroit à un autre qui est distant d'autant de degrés en longitude, qu'il y a de la différence pour la latitude? vous devez naviguer par 45° vers nord-ouest, ou vers sud-ouest, ou vers sud-est, ou vers nord-est. Si la différence en latitude est plus grande que la différence en longitude, alors ajoutez aux 45° le nombre de degrés dont la latitude surpasse la longitude, vers le pole auquel vous vous avoisinez. Par exemple, si je veux aller du cap Saint-Vincent au cap Bojador, je compte les degrés de longitude, et ceux de latitude, pour connoître la différence qu'il y a entre ces deux caps. Je trouve que la différence en longitude est de 5° 30', et la différence en latitude de 11°; je déduis donc 5° 30' de 11°, et le résidu est de 5° 30'. Alors, au lieu d'aller dans la direction de nord-est à sud-ouest (comme j'aurois fait si la longitude avoit été égale à la latitude), je vais par 5° 30' au-dessus du nord-est vers nord, et au-dessous de sud-ouest vers sud. Si la longitude est plus grande que la latitude, on déduit également le nombre plus petit du plus grand ; et la direction sera le résidu de 45° après avoir fait la déduction. Par exemple, je veux aller de l'île de Fer à la Guadeloupe ; je sais que la première est à 27° de latitude, et la seconde à 15° : je prends donc leur différence qui est de 12° ; je cherche ensuite sur la carte leur longitude, et je trouve que l'île de Fer est à 1°, et la Guadeloupe à 45 ; par conséquent la différence est de 44° ; je déduis de ce nombre les 12° résidu de la latitude, et j'ai 32°. Il faut encore déduire ces 32° des 45°, et le résidu sera 13°. Donc la direction sera du nord-est 13° vers nord à sud-ouest 13° vers sud. »

Direction des vents.

« La Rose des vents, divisée en 360° donnera une idée plus claire de tout ce que je viens de dire ; bien entendu que le pilote doit placer le centre des vents dans le point d'où il part, et d'où il prend sa direction ; il doit aussi fixer le pole au vrai pole déterminé par la hauteur du soleil, ne se fiant pas à la boussole qui nordeste ou nordoueste. »

« Pour connoître d'où vient le vent, fixez un petit bâton, avec une voile au milieu de la rose ou du cercle des vents, divisé en 360°, et placé de manière que le nord et le sud soient sur la vraie ligne méridienne. La direction de la petite voile, ou girouette, mue par le vent, vous indiquera exactement d'où le vent vient, et quel est le vent qui souffle (1). Sur l'équinoxiale du cercle des vents vous voyez l'est et l'ouest; à 45° vous trouvez nord-est, nord-ouest, sud-est, sud-ouest, et à 22° $\frac{1}{2}$ vous aurez nord-nord-est, et ainsi de tous les autres. »

(1) Dans la pl. III, fig. 2, j'ai donné le dessin d'une boussole imaginée pour connoître aisément le vent qui souffle, dessin tiré d'une machine que nous avons dans notre Muséum. Elle est dans une boîte de bois, car on peut en baisser le bâton, et en ôter la girouette, qui est de talc, où l'on voit les armoiries des Borromées; ce qui feroit croire que cette machine est un don fait au fondateur immortel de cette bibliothèque, le cardinal Frédéric. Le vent y est indiqué avec toute la précision possible par la flèche qui sert de contrepoids à la girouette.

FIN DU TRAITÉ DE NAVIGATION.

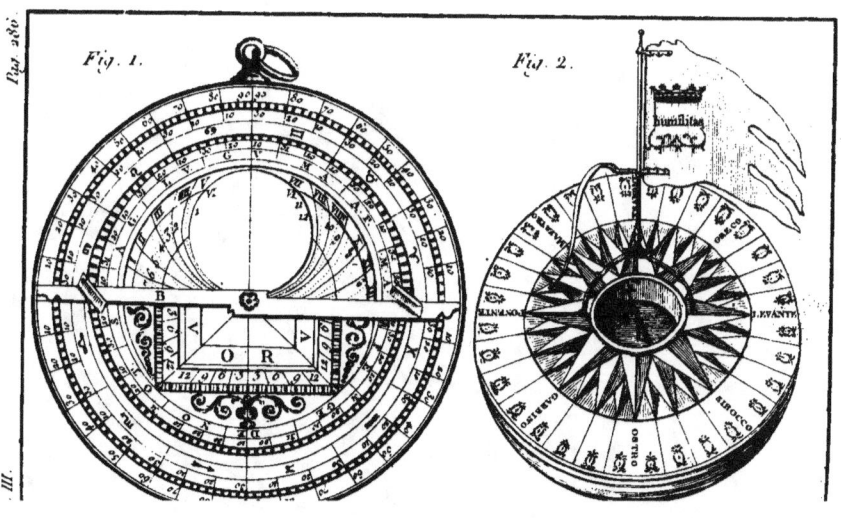

NOTICE
SUR
LE CHEVALIER M. BEHAIM,
CÉLÈBRE NAVIGATEUR PORTUGAIS;
AVEC LA DESCRIPTION DE SON GLOBE TERRESTRE,
PAR M. DE MURR.

Qui mare, qui terras, qui descripsitque profundum
Terræ orbem radio, adgressus fabricamque globumque,
Ingentem hunc Nautam conor comprendere chartis.
                              RESENDIUS LUSITANUS.

TRADUIT DE L'ALLEMAND
PAR H. J. JANSEN.

NOTICE

SUR

LE CHEVALIER M. BEHAIM.

ON trouvera ici ce que Martin Behaim a été réellement, et rien de plus, ni rien de moins: *uni aequus veritati*. Je me suis fait un devoir d'examiner avec attention tout ce qui concerne ce célèbre navigateur; travail qui m'a été rendu facile par la complaisance de la personne qui possède actuellement les papiers de cette famille. Me trouvant donc si richement muni d'actes et de titres authentiques, j'ai cru ne devoir épargner ni soins, ni peines, pour jeter un jour lumineux sur un point aussi important de l'histoire de la navigation. J'espère du moins avoir satisfait par-là aux vœux qu'a faits M. le professeur Gebauer, dans son *Histoire de Portugal*, page 123. « Il me paroît

« fort incertain, dit-il, que Martin Behaim
« ait véritablement découvert le nouveau mon-
« de, comme le prétend Ricciolus, ou qu'il
« ait même passé le détroit de Magellan, ainsi
« que l'assure Benzon. De ce que Schedel avance
« dans sa chronique latine, que c'est à Martin
« Behaim et à Jacques Canus, qu'il faut attri-
« buer la découverte du Congo, qu'ils ont passé
« la ligne équinoxiale, et qu'ils ont poussé si
« loin leur navigation, qu'en regardant vers
« l'Orient leur ombre tomboit à leur droite,
« on ne peut pas conclure qu'ils aient été jus-
« qu'en Amérique; puisque cela a toujours lieu
« du moment qu'on a passé la ligne. Les anciens
« actes et diplomes que Wuelfer, Wagenseil,
« Stuvenius et Doppelmayr ont consulté, n'en
« parlent pas. La plus grande difficulté que je
« rencontre cependant, c'est le globe que Be-
« haim doit avoir fait en 1492, année pendant
« laquelle Christophe Colomb se trouvoit déja
« en route. Doppelmayr a donné une mappe-
« monde d'après ce globe (*Tabula I*); et plus
« j'examine ce planisphère, moins je trouve
« qu'il puisse rendre douteuse la gloire dont
« Colomb et Magellan ont joui jusqu'à présent.
« Ce ne seroit par conséquent pas une peine
« perdue que de donner la vie du chevalier
« Martin Behaim, écrite dans le goût actuel,

« sans rien retrancher de la vérité des faits,
« et sans y rien ajouter; en citant les pièces au-
« thentiques qu'on pourroit consulter sur cela.
« On parviendroit par ce moyen à découvrir
« nombre d'erreurs de toutes espèces, tant en
« faveur que contre ce navigateur : et qui,
« suivant la remarque de l'empereur Maximi-
« lien, sont inséparables de la vie de ceux qui
« visitent des pays fort éloignés. Je puis con-
« firmer ceci par un exemple. Pierre Van der
« Aa a fait imprimer en hollandois un grand
« nombre de voyages, sous le titre général de
« *Recueil des plus remarquables Voyages par*
« *terre et par mer, aux Indes Orientales et*
« *Occidentales* (1), où il est dit, au commen-
« cement du second volume, ce qui a engagé
« Colomb à tenter ses découvertes. A la page
« 7 on lit : *Il fut confirmé dans cette idée par*
« *Martin Behàim, Portugais, de l'île de*
« *Fayal, son ami, qui étoit un grand géo-*
« *graphe* (2). Il seroit difficile de trouver chez
« quelqu'autre écrivain autant d'erreurs en si

---

(1) *Verzameling der gedenckwaardigste zee-en-land-reisen na Oost en West-Indien.* 3o *deelen in-*8°. *Amsterdam* 1706.

(2) *Deeze meining wierd hem door Martin van Boheeme, van 'teiland Fayal geboortig, een Portugees, zynen vriend, een groote weereldkundiger, bevestigd.*

« peu de lignes. » Cela a néanmoins été copié en 1777 par M. Robertson.

Wagenseil avoit formé le projet de donner des mémoires particuliers sur Martin Behaim, ainsi qu'on l'apprend par le passage d'une lettre de Leibnitz, à Burnet (1), écrite en 1697; mais il est à présumer que sans les pièces authentiques que j'ai actuellement entre les mains, il n'auroit rien pu dire de nouveau sur ce sujet.

Il est suprenant que M. Robertson (2) veuille enlever à l'Allemagne la gloire d'avoir donné le jour au chevalier Behaim; et que, faute de bons renseignemens, il prétende que ç'ait été un Portugais, appelé *Martino de Boemia*; à cause qu'Herrera (*Decad. I, l. I, cap. 2; et Decad. II, l. II, cap. 19*) parle d'un certain *Martino de Boemia* comme d'un ami de Colomb et que Gomera (*Hist. gener. de las Indias, ch. 91*), dit que le roi de Portugal a possédé un globe de ce Martin de Bohême. Il en conclut assez singulièrement, dans la note

---

(1) On nous fait espérer des mémoires d'un gentilhomme de Nuremberg, qui, à ce qu'on prétend, a connu l'Amérique avant Colomb. M. Wagenseil en parle dans un ouvrage de géographie (*Pera juvenili; Synops Geograph.*, p. 105). Œuvres de Leibnitz, édit de Dutens, tome *VI*, p. 261.

(2) *Histoire de l'Amérique.*

XVII du tome II, *in-12*, de la traduction françoise. « Qu'il est probable que le nom de « cet artiste (Martin de Boemia) a porté les « Allemands à croire qu'il étoit né en Bohême, « et que c'est sur cette supposition qu'ils ont « établi leurs prétentions imaginaires. »

Il faudroit au moins quand on veut se mêler d'écrire l'histoire de l'Amérique, qu'on connut le traité de Stuvenius. Pour éviter qu'on commette à l'avenir de pareilles bévues, j'ai communiqué le résultat de mes recherches à M. Russel, qui écrit actuellement une histoire de l'Amérique, dans laquelle il doit relever plusieurs erreurs de M. Robertson; et M. Forster, qui se propose de publier une critique de l'ouvrage de M. Robertson, doit pareillement parler de la faute grossière où cet écrivain est tombé à cet égard.

Comme en rapportant les paroles de Behaim j'aurai souvent occasion de renvoyer à son globe terrestre, je crois qu'il est nécessaire de commencer par en donner la description, après avoir préalablement dit quelque chose des anciens globes et des anciennes cartes géographiques.

D'après un passage de Ptolomée on pourroit conclure que, cent cinquante-cinq ans avant l'ère chrétienne, Hipparque a tracé les figures des étoiles sur un globe (1). On ignore cependant quel a été le premier inventeur d'un globe terrestre. Probablement que c'est Anaximandre, disciple de Thalès, ainsi que cela paroît confirmé par le témoignage de Diogène Laërce (*liv. II, chap. I*), où il est question d'un globe terrestre, et non d'une carte géographique : Καὶ γῆς καὶ θαλάσσης περίμετρον πρῶτος ἔγραψεν· ἀλλὰ καὶ σφαῖραν κατεσκεύασε. « Il dessina les limites des ter-« res et des mers sur un globe. » On voit de ces globes sur les médailles et dans les tableaux des anciens (2). Demetrius Poliorcetes avoit ordonné de représenter un globe terrestre sur son manteau royal : ἴκασμα τοῦ κόσμου (3). Xiphilin dit, d'après Dion (4), que Domitien fit tuer Metius Pomposianus, à cause qu'il avoit peint dans sa chambre un globe terrestre, comme s'il eût aspiré au suprême pouvoir. On peut consulter Fabricius (5) et Hauber (6) sur l'antiquité des cartes géographiques. Plus d'un interprète prétend qu'il est question de cartes

---

(1) Voyez Montucla, *Histoire des mathématiques*, tome I, p. 274. Fabricius, *Biblioth. gr.*, lib. IV, p. 455, seqq.
(2) Pitture d'Ercol, tome II, tav. 8.
(3) Voyez Plutarque, dans la vie de Demetrius.
(4) Page 1111, edit. *Reimarius*.
(5) *Biblioth. antiquaria*, p. 195.
(6) Hauber, *Versuch einer geschichte der land-karten*.

géographiques dans le livre de Josué, chap. 18. En Egypte, Sesostris, que le père Tournemine croit être le Pharaon de l'Ecriture-Sainte, doit avoir fait dessiner des cartes géographiques (1). Aristagoras, tyran de Milet, montra à Cléomène, roi de Macédoine, une table d'airain qui contenoit la situation de toutes les terres, de toutes les mers et de toutes les villes, depuis Sparte jusqu'à Suze, la ville capitale de Perse (2). On connoît ce vers de Properce : *Cogor et e tabula pictos ediscere mundos* (3); ainsi que la carte de Peutinger, du tems de Dioclétien (et non de Théodose), que feu mon ami, M. Scheyb, publia à Vienne en 1753. Agathodemon, mécanicien d'Alexandrie, qui vécut au cinquième siècle, fut le premier qui fit des cartes pour la géographie de Ptolomée. Ce sont les vingt-sept cartes qui subsistent encore actuellement; mais qui certainement ont été fort altérées avant que Nicolas Donis, moine bénédictin de Reichenbach, les eut traduites en latin, l'an 1471; car jusqu'à ce tems-là les noms des lieux étoient écrits en grec. En 1762, j'ai vu chez M. Reimarus,

---

(1) Voyez Eustathe, *ad Dionys. Poriegetem*.
(2) Voyez Hérodote, *liv. V*, chap. 49.
(3) Properce, *liv. IV*, élég. III, v. 35.

Hambourg, un fragment de la carte d'Italie (Ptolomée, *tab. VII*) avec les noms ainsi en grec, faite au onzième siècle. On imprima en 1478, à Rome, une copie de cette carte gravée sur du laiton ou sur de l'étain, dont les noms des lieux y étoient emboutis avec des poinçons. Léonard Hol la fit graver en bois à Ulm, en 1482, ainsi que cinq autres cartes de la géographie moderne, faites par Nicolas Donis. Vingt-trois cartes de cette collection d'Ulm, qui a été réimprimée en 1486, se trouvent imprimées sur vélin, et bien enluminées, dans le manuscrit latin de Ptolomée, fait en 1502, qui appartient à la bibliothèque de la ville de Nuremberg. Dans la bibliothèque d'Ebner, il y a un beau manuscrit latin de Ptolomée, de cent et trois feuilles, grand *in-folio*, avec les vingt-sept cartes de Nicolas Donis, peintes en gouache. On peut voir quelle idée ridicule les premiers chrétiens d'Alexandrie s'étoient formée de la figure de la terre, par la représentation qui s'en trouve dans la *Topographie chrétienne*, que quelques écrivains attribuent à Rosmas Indopleuste (1). Charlemagne avoit coutume de dîner à une table d'argent sur la-

---

(1) Fabricius, *Bibloth. Gr.*, *lib. III*, *p.* 613.

quelle étoit représentée une mappemonde, ainsi que nous l'apprend Eginhard.

Dans un volume qui contient un recueil des voyages de Marc Paul, Saint-Brandan, Mandeville, Ulric de Frioul et Jean Schildperger, qui est dans la bibliothèque de la ville de Nuremberg (*Catal. Bibl., Solg. I, N°. 34*), l'ancien possesseur de ce livre, appelé Matthieu Bratzl, receveur des domaines de l'électeur de Bavière, y a mis, entre autres, cette note, en 1488 : « J'ai rassemblé et joint ensem-
« ble les susdits livres à cause d'une très-belle
« et très-précieuse mappemonde que j'ai fait
« faire avec beaucoup de soin, pour que la vue
« de cette mappemonde indique à ceux qui li-
« ront les récits de ces voyageurs, et leur ap-
« prenne à connoître les pays inconnus, leurs
« mœurs et leurs usages; et afin que, si l'on
« trouve que le texte ne suffit pas pour faire
« comprendre ces choses, on puisse avoir re-
« cours à ladite mappemonde pour la comparer
« avec le texte, et s'instruire ainsi de la véri-
« table route, etc. Je désire et je veux que ceux
« de mes héritiers qui viendront à posséder
« cette mappemonde, y laissent joint le susdit
« volume, et que l'un ne soit jamais séparé de
« l'autre. » Cette mappemonde ne se trouve plus parmi les manuscrits de la bibliothèque de Nu-

remberg, et il y a même lieu de croire qu'elle est perdue depuis long-tems.

Description du globe terrestre de Martin Behaim.

Le globe terrestre de Martin Behaim a un pied huit pouces de Paris de diamètre, et se trouve placé sur un haut pied de fer à trois branches. On le conserve dans le dépôt des archives de la famille de Behaim.

Le méridien est de fer, mais l'horison est de laiton, et n'a été fait que long-tems après (probablement par Jean Werner), ainsi que cela semble prouvé par l'inscription qui se trouve sur le bord, et qui porte : *Anno Domini 1510 die 5 Novembris.*

Les différentes possessions sont indiquées sur ce globe par des pavillons portant les armoiries des puissances respectives. Ces pavillons sont peints, ainsi que les demeures et les figures des habitans de chaque pays, qui sont dessinés avec beaucoup de soin. Les noms des lieux sont écrits avec de l'encre rouge et jaune. Le globe est couvert d'un vélin noirci. Tout y est indiqué suivant les descriptions de Marc Paul et de Mandeville, exactement de la manière que Colomb se l'étoit imaginé ; savoir, que

Cipango (ou le Japon) est le pays le plus avancé vers l'est ; ce qui fut cause que dans ses découvertes il prit l'Amérique pour une partie de l'Asie, qu'il lui donna le nom d'Indes Occidentales, et qu'il conserva jusqu'à la fin de sa vie le projet de découvrir une route vers les Indes Orientales ; projet qu'eut aussi Cortez (1), dans le même tems que Magellan avoit déja passé par le fameux détroit qui porte son nom dans la mer du Sud, et y avoit découvert les îles Philippines : car autrefois on ne pensoit qu'à Cipango et au Cathai. Si, lorsque Colomb découvrit l'île de Guanahani, qui est une des Lucaies, il avoit continué tout droit sa route, il seroit entré infailliblement dans le golfe du Mexique. C'est ainsi qu'il manqua de même de découvrir, lors de son quatrième voyage, en 1502, l'Yucatan et toute la côte du Mexique, dont il n'étoit plus éloigné que de trente lieues (2).

Dans le dépôt des archives de la famille de Behaim il y a un dessin assez exact et assez proprement fait de ce globe, sur deux feuilles de vélin.

Au bas du globe, près du pole antarctique,

---

(1) Voyez Robertson, *Histoire de l'Amérique.*
(2) Voyez Herrera, *liv. V, chap. 5.*

est peint, dans un cercle de sept pouces de diamètre, l'aigle de Nuremberg, avec la tête de jeune vierge. Au-dessous, au milieu, sont les armes de la famille de Nutzel; à la droite de l'aigle, on voit les armes des familles de Volkamer et de Behaim, et à la gauche celles des familles de Groland et de Holzschuer. Autour de ces peintures est écrit sur cinq lignes ce qui suit :

« A la demande et réquisition des sages et vénérables magistrats de la noble ville impériale de Nuremberg, qui la gouvernent actuellement, nommés Gabriel Nutzel, P. Volkamer et Nicolas Groland, ce globe a été inventé et exécuté, d'après les découvertes et les indications du chevalier Martin Behaim, très-versé dans l'art de la cosmographie, et qui a navigué autour d'un tiers de la terre. Le tout pris avec beaucoup de soin dans les livres de Ptolomée, de Pline, de Strabon et de Marc Paul; et le tout rassemblé, tant terres que mers, suivant leur forme et leur situation, ainsi que cela a été ordonné par les susdits magistrats à George Holzschuer, qui a concouru à l'exécution de ce globe en 1492 ; lequel globe a été laissé par le susdit seigneur Martin Behaim à la ville de Nuremberg, comme un souvenir et un hommage de sa part, avant qu'il ne retournât chez sa femme, qui étoit dans une île éloignée de sept cents lieues, où il a établi sa demeure, et où il se propose de terminer ses jours. »

Sur la partie inférieure du globe, dessous la ligne équinoxiale, on lit :

« Il faut savoir que cette figure du globe représente toute la grandeur de la terre, tant en longitude qu'en latitude, mesurée géométriquement, d'après ce que Ptolomée dit dans son livre intitulé : *Cosmographia Ptolomaei* ; savoir, une partie, et ensuite le reste d'après le chevalier Marc Paul, qui, de Vénise, a voyagé dans l'Orient, l'an 1250, ainsi que d'après ce que le respectable docteur et chevalier Jean de Mandeville a dit, en 1322, dans un livre, sur les pays inconnus à Ptolomée, dans l'Orient, avec toutes les îles qui y appartiennent, d'où nous viennent les épiceries et les pierres précieuses. Mais l'illustre Don Juan, roi de Portugal, a fait visiter, en 1485, par ses vaisseaux tout le reste de la partie du globe, vers le Midi, que Ptolomée n'a pas connue; découverte à laquelle moi, qui ait fait ce globe, me suis trouvé. Vers le Couchant est la mer appelée l'Océan, où l'on a également navigué plus loin que ne l'indique Ptolomée, et au-delà des colonnes d'Hercule jusqu'aux îles Açores,

Fayal et Pico, qui sont habitées par le noble et pieux chevalier Job de Huerter de Moerkirchen, mon cher beau-père, qui y demeure avec les colons qu'il y a conduits de Flandres, et qui les possède et les gouverne. Vers la région ténébreuse du Nord, on trouve, au-delà des bornes indiquées par Ptolomée, l'Islande, la Norwège et la Russie; pays qui nous sont aujourd'hui connus, et vers lesquels on envoie tous les ans des vaisseaux; quoique le monde soit assez simple pour croire qu'on ne peut pas aller ou naviguer par-tout de la manière dont le globe est construit. »

Dessous les îles du Prince, de Saint-Thomas et de Saint-Martin est écrit:

« Ces îles furent découvertes par les vaisseaux que le roi de Portugal envoya vers ces ports du pays des Maures, l'an 1484. Ce n'étoient que des déserts, et nous n'y trouvâmes aucun homme, mais seulement des forêts et des oiseaux. Le roi de Portugal y fait passer tous les ans ceux de ses sujets qui ont mérité la mort, tant hommes que femmes, et leur donne les terres à labourer pour se nourrir, afin que ces pays soient habités par les Portugais.

« *Item*, dans ces contrées il fait été pendant que nous avons l'hiver en Europe; et tous les oiseaux ainsi que les quadrupèdes y sont autrement faits que les nôtres. Il croît ici beaucoup d'ambre qu'en Portugal on appelle *algallia*. »

Doppelmayr a fait représenter ce globe fort en petit, quoique, en général, d'une manière assez fidelle (1). Cependant il y a plusieurs lieux indiqués sur le globe que Doppelmayr ne cite pas. Je vais donner tout ce qui s'y trouve écrit, et que j'ai copié fidellement d'après le globe même.

Au promontoire du Cap de Bonne-Espérance il est dit :

« Ici furent plantées les colonnes du roi de Portugal, le 18 janvier de l'an 1485 de Notre Seigneur.

« L'an 1484 après la naissance de Jésus-Christ, l'illustre Don Juan, roi de Portugal, fit équiper deux vaisseaux, qu'on appelle cavelles, munis d'hommes, avec des vivres et armes pour trois ans. Il fut ordonné à l'é-

---

(1) Voyez *Hist. Nachricht von Nurnbergischen mathematicis und kunstlern*, tab. I. Il s'y est néanmoins glissé quelques erreurs, ainsi qu'on pourra s'en convaincre en y comparant le planisphère que nous en donnons ici. Par exemple, Doppelmayr a mal lu ce qui est écrit près du pole arctique, car il dit : *Ici on trouve des hommes blancs* ; tandis qu'il y a : *Ici, l'on prend des faucons blancs*.

quipage de naviguer en passant les colonnes plantées par Hercule en Afrique, toujours vers le Midi et vers les lieux où se lève le soleil, aussi loin qu'il leur seroit possible; et ledit roi chargea aussi ces vaisseaux de toutes sortes de marchandises, pour être vendues et données en échange, ainsi que de dix-huit chevaux, avec tous leurs beaux harnois, qui furent mis dans les vaisseaux pour en faire présent aux rois Maures, à chacun un, quand nous le jugerions convenable. On nous donna aussi des échantillons de toutes sortes d'épiceries pour les montrer aux Maures, afin de leur faire connoître par-là ce que nous venions chercher dans leur pays. Etant ainsi équipés, nous sortîmes du port de la ville de Lisbonne, et fîmes voile vers l'île de Madère, où croît le sucre de Portugal; et après avoir doublé les îles Fortunées et les îles sauvages de Canarie, nous trouvâmes des rois Maures à qui nous fîmes des présens, et qui nous en offrirent de leur côté. Nous arrivâmes dans le pays, appelé le royaume de Gambie, où croît la mallaguette; il est éloigné de huit cents lieues d'Allemagne de Portugal; après quoi nous passâmes dans le pays du roi de Furfur, qui en est à douze cents lieues ou milles, et où croît le poivre, qu'on appelle poivre de Portugal. Plus loin encore est un pays où nous trouvâmes l'écorce de cannelle. Nous étant maintenant éloignés de Portugal de deux mille trois cents lieues, nous revînmes chez nous, et le dix-neuvième mois nous nous retrouvâmes de retour chez notre roi. »

De l'autre côté de la pointe de l'Afrique, proche de Riotucunero (aujourd'hui Targonero) et de Porto Bartholo Viego, est peint le pavillon portugais, près duquel on lit :

« Jusqu'à ce lieu-ci sont venus les vaisseaux portugais qui y ont élevé leur colonne; et au bout de dix-neuf mois ils sont arrivés de retour dans leur pays. DOPPELMAYR (x). »

Le Cap-Verd.

« Il faut savoir que la mer, appelée l'Océan, qui se trouve entre le Cap-Verd et ce pays, forme un courant rapide vers le Sud. Lorsque Hercule fut arrivé ici avec ses vaisseaux, et qu'il eut remarqué ce phénomène, il s'en retourna et planta ses colonnes, dont l'inscription prouve qu'on croit qu'Hercule n'a pas été au-delà; mais celui qui a écrit ceci fut envoyé plus avant par le roi de Portugal, l'an 1485. »

Je donne ici un planisphère exact réduit à la

moitié de l'échelle dont cette partie est sur le globe de Behaim, depuis les Açores jusqu'à la pointe de l'Inde ou plutôt de la Chine, qui, dans le tems de notre navigateur, portoit le nom de Cathay; c'est-à-dire, de la moitié de la terre, suivant la géographie moderne. On pourra juger par-là si Martin Behaim a véritablement contribué à la découverte de l'Amérique. Suivant la représentation en petit que Doppelmayr a donnée de ce globe, il paroîtroit qu'il faut répondre négativement à cette question; et on apperçoit que Stuvenius n'auroit jamais écrit son traité *De vero Novi Orbis Inventore* (1), s'il avoit vu ce globe même, qu'il n'a connu que pour en avoir entendu parler, ainsi qu'il le dit lui-même, page 43: *Et quo peregrinationum suarum exstaret clarissimum monumentum, globum terrestrem perfecit Martinus, in quo itinera sua,* ET SIMUL AMERICANAS INSULAS, HUJUSQUE CONTINENTIS LITORA CUM FRETO MAGELLANICO ADUMBRAVIT, *eamque filio suo reliquit, quem inclytam Behaimorum gentem adhuc hodie servare, ab amico quodam mihi relatum est.* Ce que Behaim va dire dans le moment de l'île Antilia ou *Septe Ritade*, ainsi que de celle de Saint-Brandan,

---

(1) Francof. ad Mœnum, 1714, *in-8°*.

il ne l'avance que sur les récits qu'on lui en avoit faits, et qu'il s'est contenté de transcrire.

« Les îles Fortunées ou du Cap-Verd, sont d'un climat salubre, et se trouvent habitées par les Portugais depuis l'an 1472. »

Les Açores ou îles Catherides (g).

« Ces îles furent habitées l'an 1466, lorsque le roi de Portugal (1) les donna, après beaucoup d'instances, à la duchesse de Bourgogne sa sœur, nommée Isabelle. Il y avoit alors en Flandre une grande guerre et une extrême disette; et ladite duchesse envoya de Flandre dans ces îles, beaucoup de monde, hommes et femmes, de tous les métiers, ainsi que des prêtres, et tout ce qui appartient au culte religieux; comme aussi plusieurs vaisseaux chargés de meubles et ce qui est nécessaire à la culture des terres et à la bâtisse des maisons; et elle fit donner pendant deux ans tout ce dont ils pouvoient avoir besoin pour subsister, afin que dans la suite des tems on pensât à elle dans toutes les messes, chaque personne d'un *Ave Maria*; lesquelles personnes montoient au nom-

---

(1) Alphonse V.

bre de deux mille : de sorte, qu'avec ceux qui y sont passés et nés depuis, ils forment plusieurs milliers. En 1490, il y avoit encore plusieurs milliers de personnes, tant Allemands que Flamands, lesquels y avoient passé avec le noble chevalier Job de Huerter, seigneur de Moerkirchen en Flandre, mon cher beau-père, à qui ces îles ont été données pour lui et pour ses descendans par ladite duchesse de Bourgogne; dans lesquelles îles croît le sucre portugais. Les fruits y mûrissent deux fois par an, car il n'y a point d'hiver, et tous les vivres y sont à bon marché; de sorte que beaucoup de monde peut encore y aller chercher sa subsistance.

« L'an 1431 après la naissance de Notre Seigneur Jésus-Christ, lorsque régnoit en Portugal l'infant don Pierre, on équipa deux vaisseaux munis des choses nécessaires pour deux ans, par les ordres de l'infant don Henri, frère du roi de Portugal, pour aller à la découverte des pays qui se trouvoient derrière Saint-Jacques de Finistère; lesquels vaisseaux, ainsi équipés, firent toujours voile vers le Couchant, à peu près cinq cents lieues d'Allemagne. A la fin, ils découvrirent un jour ces dix îles; et s'y étant débarqués, ils ne trouvèrent que des déserts et des oiseaux, qui étoient si apprivoisés qu'ils ne fuyoient devant personne; mais on n'apperçut dans ces déserts aucune trace d'homme ni de quadrupède; ce qui étoit la cause que les oiseaux n'y étoient pas farouches. Voilà pourquoi on donna à ces îles le nom d'*Açores*, ce qui veut dire les îles aux autours. Et pour satisfaire à l'ordre du roi de Potugal, on y envoya l'année suivante seize vaisseaux avec toutes sortes d'animaux domestiques; et l'on en mit une partie dans chaque île pour qu'ils y multipliassent. »

Ile Antilia (1), *appelée Septe-Ritade* (h).

« L'an 734 après la naissance de Jésus-Christ, année que toute l'Espagne fut soumise par les Payens venus de l'Afrique; ladite île Antilia, nommée *Septe-Ritade*, fut habitée par un archevêque de Porto en Portugal, avec six autres évêques et nombre de chrétiens, hommes

---

(1) Ceci est une des principales choses à remarquer sur le globe de Behaim. Les Portugais connoissoient donc déja alors le nom Antilles, îles sur lesquelles je citerai l'explication qu'on en trouve dans le grand *Dictionnaire portugais* de Bluteau, article ANTILHAS. *He o nome de humas pequenas ilhas do archipelago da America meridional, assi chamadas, como quem dissera ilhas postas, ou frontieras as grandes ilhas da America.* On leur donna ce nom par comparaison aux grandes îles de l'Amérique.

et femmes, qui s'y étoient sauvés d'Espagne avec leurs bestiaux et leurs biens. C'est un vaisseau espagnol qui, en 1414, s'en étoit approché le plus près. »

Ile de Saint-Brandan (1) (*i*).

» L'an 565 après la naissance de Jésus-Christ,

---

(1) *Hanc Insulam aliqui geographi hydrographi* Insulam S. Brandani *vocant, e regione terrae* boreali, *sive novae Franciae Americae Septentrionalis, sitae in Oceano Boreali.* Voyez *Honorii Philoponi, ord. S. Bened., Nova typis transacta navigatio novi orbis Indiae Occidentalis, RR patrum monachorum ordinis S. Benedicti,* 1621. *fol. pag.* 14. Cette île, dont l'existence est purement imaginaire, doit avoir été appelée *Ima*. Dans *Sti. Maclovii sive Machutis, episcopi Alethensis urbis in Britannia Armorica* (Saint-Malo) *tertiis actis*, que Jean de Bos a publié dans sa *Bibliotheca Floriacensi*, il est fait mention au cinquième et sixième chapitre du voyage fabuleux de Saint Brandan; et il en est aussi parlé dans les *Actis Sanctorum, d. XVI, Maii* (t. III. p. 602) *Insulam, in illis partibus famosis imam. in Oceano videlicet positam, vocabulo* Imam, *cum magistro* (Brendano) *et sociis disposuit navigando adire Dicebatur cutem non minimam Paradisiacarum habere similitudinem deliciarum. Parata itaque nave cum omnibus tantae navigationi opportunis et necessariis, confitentes omnino et sperantes in domino Jesu-Christo, cui aeternaliter ut Unigenito, Dei Patris et venti, et mare obediunt, proficiscentes nonaginta et quinque circiter numero Fratres, cum una spaciosa navi committunt se pelago. Ubi hac illacque diu navigando vagentes, cum jam prolixo tempore, licet sine discrimine vel jactura aut exitio alicujus suorum, navigio lassati, quam quaerebant insulam, invenire nequirent; peregratis Orcadibus*

Saint-Brandan aborda avec son navire à cette île, où il vit beaucoup de choses merveilleuses ; et après sept ans écoulés, il s'en retourna dans son pays. »

Les îles Féminine et Masculine (*bb*).

« Ces deux îles furent habitées, l'an 1285, l'une seulement par des hommes et l'autre seulement par des femmes, qui se joignent une fois par an. Ils sont chrétiens, et ont un évêque qui relève de l'archevêque de l'île de Scoria (1). »

Ile de Scoria.

« L'île de Scoria est située à cinq cents mil-

---

ceterisque *Aquilonentibus insulis ad patriam redeunt*, cap. 6, *Machutus ordinatus episcopus, ad prædictam insulam multorum ore laudabilem, in qua fama ferebatur cœlicos cives inhabitare, cum sacro quondam sub magistro Brendano, aliisque sacris aeque viris, aggressus est navigare. In qua navigatione pluribus in mari manentes vel permanentes annis, ad septennium usque perveniunt : sicque factum est, ut vicissim annali recursu annos interpolante, septies sanctum Pascha contingeret eis in mari celebrare, etc.* Après quoi suit l'histoire connue des géans ressuscités, des baleines, etc. Le savant jésuite Godefroi Henschenius, qui a fait un examen critique de la vie de Saint-Brandan, en dit avec raison : *Cujus historia, ut fabulis referta, omittitur.*

(1) Marc Paul écrit *Scoira*.

les d'Italie des îles Masculine et Féminine. Les insulaires en sont chrétiens, et ont pour seigneur un archevêque. On y fabrique de bonnes étoffes de soie. Il y croît beaucoup d'ambre, à ce que dit Marc-Paul au 38me. chapitre de son IIIme. livre.

« *Item*, il faut savoir que les épiceries qui se vendent dans les îles des Indes orientales passent par beaucoup de mains avant qu'elles ne viennent dans notre pays.

« Premièrement, les habitans de l'île appelée Grand-Java les achètent dans les autres îles, où leurs voisins les rassemblent, pour les vendre dans leur île.

« Secondement, ceux de l'île de Seylan (1), où Saint-Thomas est enterré, achètent les épiceries dans l'île de Java et les apportent chez eux.

« Troisièmement, dans l'île de Seylan on les débarque de nouveau, pour être échangées et vendues aux négocians de l'île Aurea dans la Chersonèse, où on les met en dépôt.

« Quatrièmement, les négocians de l'île de Taprobane y achètent et paient les épiceries et les apportent dans leur île.

« Cinquièmement, les Payens mahométans

_____

(1) Marc Paul écrit *Seylam*.

viennent s'y rendre du pays d'Aden, y achètent les épiceries, en paient les droits, et les transportent dans leur pays.

« Sixièmement, ceux d'Alger les achètent et les transportent par mer, et plus loin par terre.

« Septièmement, les Vénitiens et d'autres peuples les achètent ensuite.

« Huitièmement, les Vénitiens les vendent aux Allemands et les échangent avec eux.

« Neuvièmement, on les vend ensuite à Francfort, à Prague et dans d'autres lieux.

« Dixièmement, en Angleterre et en France.

« Onzièmement, ce n'est qu'alors qu'ils passent dans les mains des marchands en détail.

« Douzièmement, c'est des marchands que les achètent ceux qui font usage des épiceries; de sorte qu'on peut voir par-là les grands droits qu'elles paient, et les gains considérables qui doivent en résulter.

« De sorte qu'on gagne douze fois sur les épiceries, dont il faut en outre payer plusieurs fois une livre sur dix. Il faut savoir aussi que dans les pays de l'Orient, il y a beaucoup d'années de disette; que par conséquent il n'est pas étonnant qu'on les achète chez nous au poids de l'or. Voilà ce qu'en dit maître Bartholomé Florentin, qui revint de l'Inde l'an 1424, et qui accompagna à Vénise le pape Eugène IV, à qui il raconta ce qu'il avoit vu et observé pendant un séjour de vingt-quatre ans dans l'Orient. »

Ile de Taprobane.

« On nous dit beaucoup de choses admirables de cette île dans l'histoire ancienne, de la manière dont elle a prêté des secours à Alexandre le Grand, et comment ses habitans marchèrent vers Rome, et firent une alliance avec les Romains et avec l'empereur Pompée. Cette île a quatre milles lieues de circuit, et elle est divisée en quatre royaumes, dans lesquels il y a une grande quantité d'or, de poivre, de camphre, de bois d'aloès, et beaucoup de sable d'or. Le peuple adore les idoles ; les hommes y sont grands, robustes et bons astronomes. »

Ile de Madagascar.

« Les marins des Indes, où Saint-Thomas est enterré, dans la province de Moabar(1), vont ordinairement en vingt jours avec leurs vaisseaux jusqu'à l'île appelée Madagascar ; mais

---

(1) Marc Paul écrit *Maabar*.

lorsqu'ils s'en retournent chez eux à Moabar, ils peuvent à peine arriver en trois mois, à cause du courant de la mer qui y est fort rapide vers le Midi. Voilà ce qu'écrit Marc Paul dans son IIIme. livre, chapitre 39. »

Ile de Zanziber (1).

« Cette île, appelée Zanziber, a deux milles lieues de circonférence ; elle a son propre roi, son langage particulier, et les insulaires sont idolâtres. Ils sont extrêmement grands, leur force égale celle de quatre hommes de notre pays, et un seul mange autant que cinq autres hommes. Ils vont tout nus, et sont entièrement noirs, fort laids, avec de grosses et longues oreilles, d'énormes bouches, des yeux épouvantables et quatre fois plus grands que ceux des autres hommes. Leurs femmes sont aussi affreuses à voir. Ce peuple se nourrit de dattes, de lait, de riz et de viande. Il ne croît pas de vin chez eux ; mais ils composent néanmoins de bonnes boissons avec du riz et du sucre. Ils font un grand commerce d'ambre et d'ivoire. Il y a beaucoup d'éléphans et une grande quantité de baleines, qu'ils prennent, ainsi que des léopords,

---

(1) Marc Paul écrit *Zanzibar*.

des giraffes, des lions et plusieurs autres espèces d'animaux, qui diffèrent extrêmement des nôtres. Voilà ce que dit Marc Paul, livre III, chapitre 41. »

Ile de Seylan.

« Dans l'île de Seylan, on trouve beaucoup de pierres précieuses et des perles orientales. Le roi de cette île possède le plus grand et le plus beau rubis qu'on ait jamais vu. Les insulaires vont nus, tant hommes que femmes. Il n'y croît point de bled, mais du riz. Le roi de cette île ne dépend de personne, et adore les idoles. L'île de Seylan a deux mille quatre cents lieues de circonférence, ainsi que le dit Marc Paul, dans le 21me. chapitre de son IIIme. livre.

« Il y a quelques années que le grand cham du Cathay envoya un message à ce roi de Seylan, et lui fit demander ce beau rubis, pour lequel il offrit de grands trésors. Mais le roi lui fit répondre que, comme cette pierre avoit long-tems appartenu à ses ancêtres, il pensoit que ce seroit mal faire à lui que d'en priver son pays. Ce rubis a, dit-on, un pied et demi de long sur un empan de large, sans aucun défaut. »

Ile de Java minor.

« Cette île a deux mille lieues d'Italie de circonférence, et l'on y compte huit royaumes. Les habitans ont leur langue particulière, et sont adonnés au culte des idoles. Il y croît aussi toutes sortes d'épiceries. Dans le royaume de Bossman (1) il y a beaucoup de licornes, d'éléphans et de singes, qui ont la physionomie et la figure humaine. *Item*, il n'y croît point de bled, mais on y fait cependant du pain avec du riz; et au lieu de vin, on y boit une liqueur que les insulaires tirent des arbres: il y en a de la rouge et de la blanche; c'est une assez bonne boisson pour le goût, qu'on trouve en abondance dans le royaume de Samara. Dans le royaume de Dageram (2), l'usage est que quand l'idole dit qu'une personne ne peut se relever de sa maladie, on l'étouffe sur-le-champ, et ses amis font cuire sa chair et la mangent avec grande joie, pour qu'elle ne devienne pas, disent-ils, la pâture de vers. Dans le royaume de Jambri (3), les habitans, tant hommes que femmes, ont

---

(1) Marc Paul écrit *Basman*.
(2) Le même écrit *Dragoian*.
(3) Le même écrit *Lambri*.

par derrière une queue comme les chiens. Il y croît une extraordinaire quantité d'épiceries; et il y a toutes sortes d'animaux, comme des licornes, etc. Dans l'autre royaume, appelé Fanfur, croît le meilleur camphre qu'il y ait au monde et qu'on vend au poids de l'or. Il y a de gros arbres dont on tire, entre l'écorce et le bois, une farine qui sert à faire du pain et qui est bon à manger. Marc Paul dit, dans le 16me. chapitre de son IIIme. livre, qu'il a passé cinq mois dans cette île. »

Ile de Java major (m).

« Lorsqu'en sortant du grand pays appelé le Cathay, du royaume de Ciamba, on remonte à quinze cents lieues d'Italie vers l'Orient, on trouve l'île appelée le Grand-Java, qui a trois mille lieues d'Italie de circonférence. Le roi de cette île n'est tributaire de personne, et il adore les idoles. On trouve dans cette île toutes sortes d'épiceries, comme poivre, noix muscade, macis, gingembre, galanga, clous de girofle, canelle, et toutes les espèces de racines, qu'on y prend et qu'on transporte ensuite dans tout le monde; ce qui fait qu'il s'y trouve toujours beaucoup de négocians. »

Ile d'Angama (1) (*q*).

« Dans le 22me. chapitre du dernier livre de Marc Paul, il est dit que le peuple de l'île d'Angama a la tête, les yeux et les dents comme les chiens, et que ce sont des hommes très-sauvages et très-cruels; ils préfèrent la chair humaine aux autres viandes, et mangent le riz cuit avec du lait au lieu de pain. Ils adorent les idoles, et cultivent toutes sortes d'épiceries en grande abondance, ainsi que des fruits qui croissent chez eux, et qui doivent différer beaucoup de ceux de nos contrées occidentales. »

Ile de Zipangu (2) (*r*).

« L'île de Zipangu est située dans la partie orientale du globe. Le peuple du pays est idolâtre. Le roi de l'île ne dépend de personne. L'île produit une quantité extraordinaire d'or; et il y a toutes sortes de pierres précieuses et des perles orientales. Voilà ce qu'en dit Marc Paul de Vénise, dans son livre III, chapitre 2.

« Marc Paul rapporte aussi, dant son IIIme.

---

(1) Marc Paul écrit *Anganiam*.
(2) Le même écrit *Zipangri*.

livre, chapitre 42, que les navigateurs ont véritablement observé que dans cette mer des Indes il y a plus de douze mille sept cents îles qui sont habitées, et dans plusieurs desquelles on trouve des pierres précieuses, des perles fines et des mines d'or; d'autres abondent en toutes sortes d'épiceries, et les habitans en sont des hommes extraordinaires; mais cela seroit trop long à décrire ici.

« Il y a ici dans la mer plusieurs choses merveilleuses, comme sirènes et autres poissons.

« Si quelqu'un veut s'instruire de ce qui regarde ces peuples singuliers et ces poissons extraordinaires de la mer, ainsi que les animaux terrestres, il doit consulter les livres de Pline, d'Isidore, d'Aristote, de Strabon, le *Specula* de Vincent de Beauvais, et plusieurs autres auteurs.

« Dans ces livres on trouve la description des habitans des îles et de la mer, ainsi que de plusieurs autres merveilles, et des animaux terrestres qui se tiennent dans ces îles; des racines, des pierres précieuses, etc. »

Ile de Candie.

« L'île de Candie avec toutes les autres îles, tant le Petit-Java qu'Angama, Neucuran, Pentham, Seylan, avec toutes les grandes Indes, la terre de Saint-Thomas, sont si proches du Midi que l'étoile polaire, qui dans nos contrées s'appelle le pole arctique, ne s'y apperçoit jamais; mais on y voit une autre étoile nommée antarctique; ce qui fait que ce pays se trouve exactement pied contre pied au-dessous du nôtre; de sorte que lorsque nous avons le jour il fait nuit chez eux, et que le soleil se couche chez nous quand le jour commence dans ce pays; et la moitié des étoiles qui sont au-dessous de nous, et que nous n'appercevons point, ils les voient: ce qui prouve que le monde, avec toute sa masse d'eau, a été fait par Dieu d'une forme ronde, ainsi que le dit Jean de Mandeville, dans la troisième partie de ses voyages sur mer. »

Ile de Neucuran (1).

« Marc Paul, dans son livre III, chapitre 20, dit que l'île de Neucuran est située à cent cinquante milles d'Italie de l'île de Grand-Java; et que dans cette île il croît de la muscade, de la cannelle et des clous de girofle en grande abondance. On y trouve aussi des forêts entiè-

---

(1) Marc Paul écrit *Necuram*.

res de bois de sandal, et toutes sortes d'aromates.

« Cette île fournit une grande quantité de rubis, d'émeraudes, de topases, de saphirs, ainsi que de perles orientales. »

Ile de Pentan (1).

« Lorsque du royaume de Loach, on tire vers le Midi, on arrive à l'île de Pentan, qui consiste en forêts d'arbres odoriférans. La mer autour de cette île est si basse qu'elle n'a pas deux brasses de profondeur. Voilà ce que dit Marc Paul, livre III, chapitre 12. La chaleur y oblige les habitans d'aller nus.

« Les peuples de ce royaume et du pays de Vaar vont entièrement nus; ils adorent un bœuf. »

Ile de Coylur (2).

« C'est dans cette île de Coylur que Saint-Thomas, apôtre, a reçu le martyre.

---

(1) Marc Paul écrit *Petan*.

(2) *Le même écrit* Coylum; *et chez cet écrivain ce n'est pas une île, mais un royaume de l'île de Seylam ou Ceylan. Sur le globe de Behaim, cette île de Coylur tient à l'Asie en forme de péninsule.*

« Ici l'on a trouvé, du tems de Jean de Mandeville, une île dont les habitans avoient des têtes de chien ; et l'on n'y voit point l'étoile polaire, qu'on appelle chez nous le pole arctique. Ceux qui y naviguent sur la mer doivent se servir de l'astrolabe, à cause que le compas n'y marque point.

« Tout ce pays et toute cette mer, avec les îles et leurs rois, ont été donnés par les trois Saints Rois à l'empereur Prêtre-Jean. Presque tous ont été chrétiens; mais aujourd'hui on n'en connoît plus que soixante-douze parmi eux.

« Ceux qui habitent ces îles ont des queues comme les animaux, ainsi que le dit Ptolomée dans sa onzième table de l'Asie.

« Ces îles sont au nombre de dix, appelées Manilles. Les vaisseaux qui sont garnis de fer ne peuvent y naviguer, à cause de la pierre d'aimant qui s'y trouve. »

Le fleuve du Gange.

« On trouve dans le livre de la Genèse, que le pays par lequel passe le Gange est appelé Hevilla. Il doit y croître le meilleur or qui soit au monde. Dans l'Ecriture-Sainte, au IIIme. livre des Rois, chapitre 9 et 10, il est dit que le roi Salomon envoya ici ses vaisseaux, pour y chercher de cet or, ainsi que des perles et des pierres précieuses, qu'il fit apporter d'Ophir à Jérusalem. Ces pays de Gulat et d'Ophir, par lesquels coule le Gange ou le Gion, ont appartenu l'un à l'autre. »

La Tartarie.

« Marc Paul, dans son livre III, chapitre 47, dit, que dans les parties septentrionales, dans les montagnes et les déserts, sous le pole arctique, il y a un peuple Tartare, appelé Permiani. Ils adorent une idole faite de fourrures, qu'ils nomment Natigai. L'industrie de ce peuple consiste à se rendre pendant l'été vers le Nord sous le pole arctique, où ils prennent des hermines, des martres zibelines, des loups cerviers, des renards et d'autres animaux, dont la chair fait leur nourriture, et dont les peaux servent à les couvrir Pendant l'été ils habitent dans les champs à cause de la chasse ; et lorsque l'hiver approche, ils se retirent vers le Midi, du côté de la Russie, où ils vivent dans des cavernes sous terre, pour se mettre à l'abri du vent froid, appelé aquillon; et ils couvrent ces cavernes de peaux d'animaux. Chez eux il fait fort peu jour pendant l'hiver ; mais pendant l'été le soleil ne les quitte jamais de toute la nuit. Lorsque nous sommes au milieu de l'été, il croît chez eux quelque peu d'herbes et de racines ; mais il n'y vient ni bled, ni vin, à cause des fortes gelées. »

Islande.

« Dans l'Islande on trouve déja des hommes blancs, et qui sont chrétiens. La coutume de ces peuples est de vendre fort cher les chiens ; tandis qu'ils donnent pour rien aux marchands quelques-uns de leurs enfans, pour que les autres aient de quoi vivre.

« *Item*, on trouve en Islande des gens âgés de quatre-vingt ans qui jamais n'ont goûté de pain. Il n'y croît point de bled, et au lieu de pain on y mange du poisson sec. C'est dans l'île d'Islande qu'on prend le stockfisch qu'on apporte dans notre pays. »

———

Outre ce globe de Behaim il y a encore deux autres anciens globes terrestres dans la bibliothèque de la ville de Nuremberg. Ils ont été exécutés l'un et l'autre avec beaucoup soin, et les noms des lieux en sont écrits. Le plus ancien de ces globes est de Jean Schœner, le premier professeur de mathématiques qu'il y ait eu à l'université de Nuremberg, qui le fit, en 1520, à Bamberg, aux dépens de Jean Seyler, son protecteur, lequel l'apporta avec lui quand il vint habiter cette ville. Ce globe a trois pieds de Nuremberg de diamètre.

On y lit pour inscription ces vers latins :

Hic globus immensum complectens partibus orbem
Atque typum teretis sinuoso corpore mundi.
Est studio vigili glomeratus certe duorum,
Unius impensis : tribuit nam cuncta Joannes
Seyler ad illius quæ commoda censuit usus.
Alter Joannes Schœner multa catus arte
In Spiram hanc molem compegit arte rotundam,
Et super impressis signavit ubique figuris,
Quando salutiferi partus numeravimus annos
Mille et quingentos et quatuor addita lustra.
1 5 2 0.

L'auteur de l'autre globe terrestre n'est pas connu.

Un an après que Martin Behaim eut fait son globe, Antoine Robuger, fit graver en bois des cartes géographiques pour la chronique de Hartmann Schedel.

Dans la bibliothèque d'Ebner, il y a une

mappemonde de tout le globe, dessinée, en 1529, sur vélin, par Diego Ribera, géographe du roi d'Espagne, avec l'explication en espagnol. Il y a marqué d'une manière fort distincte les limites du nouveau monde, d'après la démarcation du pape Alexandre VI. On peut aussi se servir pour l'intelligence de cette mappemonde de l'ouvrage intitulé : SIM. GRYNÆI, *Novus Orbis regionum ac insularum, veteribus incognitarum*, imprimé *in-folio*, à Bâle, en 1532.

Martin II Behaim reçut le jour à Nuremberg, probablement au commencement de l'année 1430. Son père, qui s'appeloit aussi Martin I, étoit conseiller de cette ville, où il mourut en 1474, et a été enterré dans l'église des Dominicains (1). Sa mère s'appeloit Agnès

(1) Biedermann dans ses *Tables généalogiques des Patriciens de Nuremberg*, tab. V (imprimées en allemand à Bareuth, en 1748, *in-folio*), se trompe en disant qu'il étoit né en 1437; puisqu'en 1455, son fils écrivoit déjà des lettres, ainsi que nous le verrons bientôt. Martin Ier. Behaim mourut en 1474, le jour de Saint-Laurent. Biedermann a été également dans l'erreur sur la naissance de Léonard Behaim, qu'il place en 1433. Il faut qu'il ait reçu le jour, ainsi que son frère Martin Ier., au moins avant l'an 1417.

Shopper de Shoppershof. Martin Behaim eut une sœur et quatre frères, dont le plus jeune, appelé Wolf ou Wolfrath Behaim, remporta le prix à un tournois qui se tint à Nuremberg, en 1503; et qui ensuite alla joindre son frère à Lisbonne, où il mourut en 1507, et a été enterré au milieu de l'église de Notre-Dame de la Conception, comme il est prouvé par une lettre du mois de mars 1519. Son oncle paternel, nommé Léonard Behaim, conseiller de la ville de Nuremberg, y mourut en 1486. C'est avec cet oncle que notre Martin Behaim a tenu pendant vingt-quatre ans une correspondance de lettres. Le fils de Léonard Behaim, appelé Michel Behaim, né en 1459, mourut sénateur de la ville de Nuremberg en 1511. C'est chez lui que demeura Martin Behaim lorsqu'il se trouva à Nuremberg en 1491 et 1492.

Si quelques écrivains prétendent que la famille de Martin Behaim étoit de Krumlau en Bohême (1), il faut l'attribuer à ce que ses arrières aïeux étoient véritablement de Bohême, savoir, du cercle de Pilsner; ou peut-être parce que dans sa jeunesse il s'étoit arrêté quelque

---

(1) Christoph. Cellarius, *Hist. medii ævi*, p. 313; *Geogr. novæ*, p. 460, edit. 1698.

tems dans ce pays pour des affaires de commerce.

On prétend que Philippe Beroalde l'ancien et Regiomontanus ont été les maîtres de Martin Behaim (1); mais il seroit difficile de prouver que notre Martin Behaim ait été le disciple de Regiomontanus (dont le vrai nom étoit Jean Muller), qui ne se rendit à Nuremberg qu'après l'année 1471, et qui, en 1475, alla à Rome, où il mourut l'année suivante.

Cela peut être moins vrai encore relativement à Beroalde, né en 1453, et mort en 1505, qui ne quitta jamais l'Italie, si ce n'est pendant un court voyage qu'il fit à Paris (2). Et il seroit toujours invraisemblable, et simplement fondé sur des conjectures hasardées, que Beroalde ait été le maître de notre Behaim, quand même on pourroit prouver que celui-ci ait passé à Vénise en 1457, et qu'il soit resté en Italie jusqu'en 1476, ainsi qu'il en avoit formé le projet. J'ai découvert par sa correspondance avec son oncle, Léonard Behaim, depuis 1455 jus-

---

(1) Voyez Olfert Dapper, *Beschryving van Amerika*, Amsterdam 1673, in-folio, où Martin Behaim est dit disciple de Monteregius ou Konigsberger.

(2) *Gli Scrittori d'Italia*, del conte Ciammaria Mazzuchelli, vol. II, part. II, Brescia 1760, in-folio, p. 1005.

qu'en 1479, ce qu'on avoit ignoré jusqu'ici ; savoir, qu'il s'étoit adonné au commerce, ainsi que cela étoit assez commun parmi la noblesse de ce tems-là. Depuis la dernière de ses lettres, datée d'Antorf (Anvers), dans les Pays-Bas, le 8 Juin 1479, on ne trouve plus rien de lui. Il faut qu'il se soit déja rendu, en 1481, en Portugal, où régnoit alors Alphonse V.

Avant d'aller plus loin, je dois détruire le conte qu'on a voulu accréditer dans un dictionnaire allemand (1), que c'est Martin Behaim qui, en 1460, a découvert sous Isabelle, veuve du duc Philippe III de Bourgogne (2), l'île de Fayal, et qu'il l'a peuplée d'une colonie en 1466. Ces faits doivent plutôt être attribués au chevalier Job de Huerter, seigneur de Moerkirchen, et beau-père de notre Behaim, ainsi qu'il le dit lui-même clairement sur son globe terrestre (3). Ce ne fut qu'en 1467 qu'Isabelle se trouva veuve ; et son fils, Charles le Hardi, âgé alors de trente-quatre ans, prit les rênes du gouvernement immédiatement après la mort

---

(1) *Nurnbergischen Gelehrte Lexicon und Munzbelustigungen.*
(2) C'est à tort que, dans un récit de Wuelfer (*De majoribus Oceani insulis*, p. 101), elle est appelée sœur de Jean II ; puisquelle étoit sœur du roi Edouard, son grand père.
(3) Voyez pages 302 et 308.

SUR MARTIN BEHAIM. 331

de son père (1). Comment se pourroit-il donc qu'Isabelle eût fait, comme reine régente, équiper un vaisseau par Martin Behaim, qui, en 1479, faisoit encore le commerce de toile, comme il paroît par sa lettre du 8 juin, citée plus haut?

Ce sont sans contredit les Normands qui les premiers passèrent aux Açores, dans le neuvième siècle; et suivant le président de Thou, ce fut Jean de Betancourt qui le premier découvrit ces îles, auxquelles on donna les noms d'îles Tercères, d'îles Flamandes, et d'îles aux Autours. (*Ilhas dos Açores*). Mais il fut plutôt le premier feudataire de Henri III, roi de Castille, pour les îles de Canarie (2).

Les Portugais découvrirent en 1418 Porto-Santo, et en 1420 Madère (3), les deux îles appelées Fortunées.

---

(1) Voyez *Allgemeine Geschichte der Vereinigten Niederlande*, II, theil, 13, B., p. 177.

(2) Barros, *Decadas III, primeiras de Asia*, lib. I, cap. 12. Juan Nunnez de la Penna, *Conquista y Antiguedades de las islas de gran Canaria*. Madrid 1676, 4°. Glas's, *History of the Canarian islands*, chap. 1. D. Josef Viera y Clavyo, *Noticias de la historia general de las islas de Canaria*. Madrid 1762, 4°. vol. I, p. 268.

(3) Eman. Constantini, *ex urbe Funchal, Historia insulæ Materiae, seu Mudera*. Romae 1599, 4°. *Historical relation, of*

En 1433 ils doublèrent le cap de Bossador ou Bojador, en Afrique, qu'on avoit regardé jusqu'alors comme le *non plus ultra* de la navigation. Les îles Açores furent découvertes dans l'ordre suivant :

Sainte-Marie, le 15 août 1432, par Gonsale Velho Cabral. Ce fut le premier port dans lequel entra Colomb, le 18 février 1493, lorsqu'il fut assailli par une tempête à son retour d'Amérique.

Saint-Michel, que Cabral découvrit aussi, le 8 mai 1444.

Tercère entre les années 1444 et 1450.

Saint-George et la Grâcieuse en 1450 et 1451.

On ne peut pas fixer avec exactitude la découverte des îles de Flores et de Corvo; mais on sait cependant qu'elles étoient déja connues en 1449.

Pico et Fayal furent découvertes par des marins de Saint-George et de la Grâcieuse (1). La

---

the first discovery of the isle of Madera, translated from the portuguese, of Francisco Alcafarano, *London* 1675, 4°., p. 15. Dans le second volume de l'*Histoire et mémoires de l'académie royale des sciences, pour l'année* 1772 (*Paris* 1776, 4°.), on trouve le voyage de M. Bory à Madère, où l'on ne compte aujourd'hui en tout que sept mille habitans.

(1) M. de Murr semble contredire ici ce qu'il a avancé aux pa-

première colonie qui peupla ces deux îles étoit composée de Flamands, qui furent conduits en 1466 dans l'île de Pico, par Job de Huerter, dont la fille, Jeanne de Macedo, épousa Martin Behaim.

Barros (1), le principal historien de la navigation portugaise, qui n'a connu ni Stuvenius (2), ni Tozen (3), son critique dit, en parlant du propriétaire des îles Açores : « On « trouve dans les archives diplomatiques, qu'en « 1449 le roi Alphonse V, accorda à l'infant « Don Henri la permission d'envoyer des colo- « nies dans les sept îles des Autours, qu'on avoit

---

ges 302 et 308, où il assure positivement, d'après ce qui est marqué sur le globe de Behaim, que ce fut le chevalier Job de Huerter qui découvrit et peupla d'une colonie de Flamands les îles de Pico et de Fayal. Cela ne s'accorde de même pas avec ce que dit Barros, que M. de Murr va citer dans le moment, qui assure que le roi Alphonse V accorda, en 1449, à l'infant Don Henri, la permission de faire passer des colonies dans les sept îles des Autours (les Açores), qui étoient déjà découvertes alors. (*Note du traducteur*).

(1) *Decuda I, lib. II, cap.* 1.

(2) Joh. Frid. Stuvenius, *de vero novi orbis inventore, dissertatio historico-critica. Francof. ad Muenum* 1714, 8°.

(3) Christophe Colomb, le premier qui ait véritablement découvert le nouveau monde, défendu contre les prétentions non-fondées de ceux qui veulent attribuer cet honneur à Améric Vespuce et à Martin Behaim, par L. Tozen (*en allemand*), à Gottingen 1761, 8°.

« déja découvertes alors. On y avoit aussi trans-
« porté déja, d'après l'ordre qu'en avoit donné
« le même infant, quelque gros et menu bétail
« sur la flotte de l'amiral Gonlzale Velho. En
« 1457, le roi concéda à son frère Ferdinand
« toutes les îles qu'on avoit découvertes jus-
« qu'alors, avec leur haute et basse justice;
« mais avec quelques restrictions cependant.
« En 1460, l'infant Don Henri céda à son ne-
« veu Don Ferdinand, qu'il avoit adopté pour
« son fils, les îles de Jésus et de la Grâcieuse,
« et ne retint pour lui que ce qui appartenoit à
« l'ordre du Christ, dont il étoit le protecteur.
« Le roi ratifia cette cession à Lisbonne le 2
« septembre de la même année. »

Antoine Herrera donne, dans sa description des îles Açores, publiée en 1582 et 1583, *page 161*, un récit de leur découverte; mais il n'y fait aucune mention de Martin Behaim.

Dans une ancienne carte hollandoise de Juste Dankerts, cette île de Fayal est placée exactement au-dessous de l'île de Flores. Elle doit son nom de Fayal au grand nombre de hêtres qu'on y a trouvés.

On préfère, en général, les étrangers pour faire de pareilles découvertes. « C'est ainsi, dit
« Barros (1), qu'Antoine de Nolle, compa-

---

(1) *As Decadas III, primciras de Asia*, de Joano de Barros.

« triote de Christophe Colomb, découvrit l'île
« de Saint-Jacques, près le cap Verd, au gou-
« vernement de laquelle ses successeurs ont eu
« part; et un certain Jean-Baptiste, François
« de nation, posséda l'île de Mayo, et Job Du-
« tra (c'est ainsi que les Portugais écrivent le
« nom de Huerter), le beau-père de Martin
« Behaim, eut en possession une autre île, ap-
« pelée Fayal. » Voilà pourquoi on a peint sur
le globe de Behaim, près de cette île, des pavillons avec les armes de la ville de Nuremberg
et celles de la famille de Behaim.

Dans la vie de l'infant Don Henri (1), on
trouve, depuis la *page* 318 jusqu'à la *page* 338,
une description fort détaillée de la découverte
et de la population des îles Açores, dans laquelle
il n'est cependant fait aucune mention que Martin Behaim y ait eu la moindre part. A la *page*
335, le donataire actuel d'alors de l'île de Fayal,

Em Lisboa 1628, *folio. Assi como Antonio de Nolle seu natural tinha descuberta a ilha de Santiago, de que seus successo-
res tinhano parte da capitania; et hum Joano Baptista, Frances
de naçaon, tinha a ilha de Mayo, et* Jos DUTRA FLAMENGO
OUTRA DO FAYAL. *Decada primeira, l. III, cap.* 11, *fol.* 56,
b. Em Lisboa 1628, *fol.*

(1) *Vida do infante D. Henrique, escrita per Candido Lusitano* (le père Josephe Freire, de la congrégation des oratoriens.)
Em Lisboa 1758, 4°.

est appelé *Jorge de Utra Flamengo, e de illustre ascendencia;* et l'on y ajoute que ce fut lui qui le premier forma cette colonie, dont l'infant lui céda la propiété (1).

Suivant les plus nouvelles descriptions (2) que nous ayons de l'île de Fayal, sa population actuelle se monte à quinze mille ames, en douze paroisses, dont le tiers appartiennent à la ville de Horta, située sur la côte occidentale, avec un bon port. Les habitans passent pour des gens honnêtes, sages, laborieux, et sont mieux vêtus que ceux de l'île de Madère. On y cultive du froment, du maïs et du bon lin, qui croît fort haut.

Il se pourroit que le nom de *Horta* que porte cette ville de l'île de Fayal, vienne originairement de Huerter, qui y conduisit la première colonie; sans que cela détruise néanmoins l'idée de la *ville aux jardins*. Linschoten (3) dit que, de son tems, la langue flamande étoit absolument ignorée des insulaires de cette île, et qu'ils ne parloient que le portugais; mais que cepen-

---

(1) — *o qual lançava entano as primeiras linhas a provoçano, que lhe coutem por mercé do infante.*

(2) Dans le second volume du *Voyage du capitaine Cook autour du monde, en* 1772 *jusqu'en* 1775, *par Forster.*

(3) Linschoten, *Navigat.*, cap. 97, p. 118.

dant ils aimoient à voir les habitans des Pays-Bas, qu'ils regardoient comme les compatriotes de leurs ancêtres.

Comme Christophe Colomb demeura en Portugal depuis 1471 jusqu'en 1484, et qu'il paroît fort probable qu'il a connu notre Martin Behaim (1), je crois devoir indiquer exactement les sources où l'on a puisé l'idée que ce dernier a eu part à la découverte de l'Amérique, et même à celle du détroit de Magellan.

Christophe Colomb, de Terra-Rossa, avoit épousé, en 1471, à Lisbonne, la fille d'un capitaine de vaisseau portugais, appelé Barthelemi Perestrello, que le prince Henri de Portugal avoit employé pour sa première expédition aux Indes (2). Cette demoiselle se nommoit Philippine Moniz Perestrella. Colomb, qui, par ce moyen, eut en possession les cartes nautiques et les journaux de son beau-père (3), partit pour l'Afrique, et conclut,

---

(1) C'est peut-être de Martin Behaim que Colomb apprit que la mer jeta un jour sur la côte d'une des îles Açores, deux corps morts avec de fort larges faces.

(2) Barros, (*Decad. I, lib. I, cap.* 2), dit : « que ce Perestrello fut d'abord gentilhomme à la cour de son frère, l'infant Don Juan, et que peu de tems avant l'an de 1430, Don Henri lui confia un vaisseau, avec du monde, pour former une colonie dans l'île de Porto-Santo. »

(3) C'est de-là qu'est venu le conte qu'un certain capitaine de

de plusieurs causes, qu'en tirant toujours directement vers l'Ouest à travers l'Océan Atlantique, on parviendroit à découvrir de nouvelles terres. Il exposa, en 1482, son projet au sénat de Gênes, sa patrie (1), qui ne l'écouta point. Il s'adressa ensuite, en 1483, à Don Juan second, roi de Portugal, qui, à ce qu'il crut, devoit mieux le connoître; mais cette démarche fut de même infructueuse, à cause que le projet de Colomb étoit uniquement fondé, à ce qu'on prétendoit, sur les rêveries de Marc-Paul, touchant l'île de Cipangu, c'est-à-dire, le Japon (2).

---

vaisseau, que le vent d'est avoit chassé vers un pays totalement inconnu, étoit mort chez Christophe Colomb, et lui avoit laissé le journal et les cartes nautiques de son voyage. Gomera est le premier qui cite cela comme un fait (*Historia de las indias. part. I, fol. 10, a.*); Oviedo (*Hist. general de las indias. Salamanca*, 1545, *fol., lib. III, cap.* 2, *fol.* 3, *a*), assure que ce n'est qu'un conte fait à plaisir, que Benzon a copié; tandis que Stuvenius (*De vero novi orbis inventore*, cap 6, parag. 5 et 6 p. 46), a poussé la chose jusqu'à vouloir que ce navigateur étoit notre Martin Behaim, qui cependant a vécu encore deux mois après Colomb.

(1) Herrera, *Hist. de las Indias Occidentales Decad. I, lib. I, cap.* 7; et M. Robertson, *Histoire de l'Amérique*.

(2) *As Decadas III, primeiras de Asia*, etc. Decad. I, lib. III, *cap.* 11. Stuvenius se trompe, en disant, *chap.* 6, par. 2, p. 46, qu'il avoit offert ses services pour la découverte de l'Amérique à Alphonse V.

SUR MARTIN BEHAIM.

On trouve dans Vasconcellos (1) les raisons qui détournèrent Diego Ortiz, évêque de Ceuta, ainsi que les Cosmographes Roderigue et Josephe de prêter l'oreille aux propositions de Colomb, et dont le refus étoit principalement fondé sur l'ignorance absolue où l'on étoit en Portugal sur les terres inconnues alors de la partie occidentale du globe (2).

Cette circonstance semble prouver que Martin Behaim, qui, dans ce tems-là, se trouvoit à Lisbonne, et qui étoit particulièrement connu de Roderigue et de Josephe, ainsi que de Colomb même, n'avoit alors aucune idée de la découverte d'un nouveau monde; car sans cela il auroit sans doute appuyé le projet de ce dernier.

Ce grand homme quitta avec indignation les Portugais, et débarqua, en 1484, en Espagne.

---

(1) Vasconcellos, *Vida del Re Don Juan el segundo de Portugal. En Madrid*, 1639, 4, *lib. IV*.

(2) Colomb étoit déjà en correspondance épistolaire avec Marc Paul, sur la découverte des pays inconnus de la partie occidentale du globe, en 1474. Marc Paul pensoit que les premières terres qu'on devoit découvrir, seroient le Cathay ou la Chine, et l'empire du grand Cham. Voyez Herrera. *Decad. I, lib. I, cap. 2, p. 3 et 4;* et c'est aussi exactement de cette manière que cela est marqué sur le globe terrestre de Behaim, où le Cathay se trouve situé vis-à-vis les îles Açores. Voyez le planisphère qui es à la fin de ce volume.

Il fit partir dans le même tems son frère Barthelemi pour l'Angleterre, vers le roi Henri VII. Au bout de sept ans, Colomb voulut quitter aussi l'Espagne, où il éprouvoit sans cesse de nouvelles difficultés, pour aller en Angleterre joindre son frère, dont il n'avoit pas entendu parler depuis tout ce tems. Celui-ci avoit été pillé par des corsaires, et détenu, pendant quelques années, en prison avant d'arriver à Londres.

L'éditeur anglois des voyage de Hakluyt cite les vers suivans qui étoient écrits sur la carte du globe terrestre dont Barthelemi Colomb fit présent au roi d'Angleterre, Henri VII, le 13 février 1488.

Janua cui patria est, nomen qui Bartholomæus (1)
Columbus de Terrá rubrá, opus edidit illud

---

(1) Barthelemi Colomb, qui étoit bon géographe et qui connoissoit parfaitement la navigation, se trouvoit encore absent lorsque son frère revint d'Amérique. Colomb ne le revit qu'au bout de treize ans. D'Angleterre il s'étoit rendu à Paris, où ce fut de la bouche de Charles VIII, qu'il apprit la première nouvelle de la découverte du nouveau monde par son frère, qui, avant d'entreprendre son second voyage, avoit laissé une lettre cachetée pour lui. Ferdinand lui donna trois vaisseaux. Les deux frères se retrouvèrent dans le port d'Isabelle, en 1494. Colomb nomma son frère Adelantade, c'est-à-dire, lieutenant-général de toute l'Inde. Barthelemi mourut à Hispaniola, en 1514.

Londoniis, anno Domini 1480 *atque insuper anno Octavo, decimáque die cum tertiâ mensis Februarii. Laudes Christo cantentur abunde.*

Cependant le ciel avoit arrêté que ce seroit l'Espagne qui retireroit le fruit de la patience et des études de Colomb. Don Juan Perez de Marchena, prieur du couvent des Franciscains de Rabida, près de Palos, où Colomb avoit fait élever ses enfans, le sollicita de différer de quelques jours son voyage. Il eut même la hardiesse d'écrire à la reine qui, dans ce tems-là, se trouvoit à Santa-Fé. Donna Isabelle fit dire à Perez de parler à Colomb. Après plusieurs longs délais, on fit enfin la conquête de la ville de Grenade. Alonzo de Quintanilla, contrôleur des finances de la Castille, et Louis de Santangel, receveur des revenus ecclésiastiques, en Arragon, firent de si vives sollicitations que l'infante Isabelle se laissa persuader de rappeler Colomb qui se trouvoit déja à quelques lieues en mer. Il arriva le 17 avril 1492, et l'on signa un traité. Les frais de l'expédition montèrent seulement à environ quatre-vingt-dix milles livres de France ; et l'on donna trois mauvais vaisseaux à Colomb, avec lesquels il mit à la voile de Palos le 3 août 1492, et qu'il ramena heureusement en Espagne, après avoir fait la découverte du nouveau monde.

Les journaux originaux de Colomb, de Pinzon, d'Ojeda, d'Ovando, de Balboa, de Ponce de Léon, d'Hernandez de Cordone, de Cortez, etc., se trouvent tous dans le cabinet des archives de la couronne, à Simancas, à deux lieues de Valladolid. Les chartres et les diplomes touchant les affaires de l'Amérique qui, sur l'ordre de Philippe II, y furent déposés en 1566, occupent la plus grande chambre, et forment huit cent soixante-treize gros paquets, que M. Robertson a vainement cherché à consulter. Il est néanmoins à présumer que Herrera et Solis en auront fait, dans le tems, le dépouillement convenable. Mais il seroit à souhaiter qu'on pût parvenir à faire des recherches dans les archives de la couronne de Portugal, à Torre do Tombo. On y trouveroit certainement des renseignemens manuscrits sur Huerter de Murkirchen ou Moerkirchen, sur Martin Behaim, et sur ses fils.

Notre navigateur doit déja avoir possédé des connoissances mathématiques et nautiques, avant de passer en Portugal, en 1480; mais il n'est pas nécessaire pour cela de prétendre qu'il fut le disciple de Regiomontanus ou de Beroalde.

Cependant il est certain que, comme bon

cosmographe, il a eu quelque part à la découverte de l'usage de l'astrolabe pour la navigation.

Ut minore cum errandi periculo ignotum mare navigari posset, Roderico *et* Josepho, *medicis suis, nec non* Martino Bohemo, *ea aetate peritissimis mathematicis, injunxit* Joannes II, *ut adhibito inter se consilio, excogitarent aliquid, quo nautae cursum navium, licet in nostro novoque pelago, tutius dirigerent, ut vel abstracti a notis sideribus, cognitisque litoribus, quam caeli ac pelagi partem tenerent, aliquo modo cognoscerent: ii post indefessum studium, longamque meditationem astrolabium, instrumentum, quod ante astronomiae tantum inserviebat, utiliori invento ad navigandi artem, maximo navigantium commodo, transtulere; quod beneficium tota Europa* Joanni *debere, inficiari non potest.* Emman. Tellesius Sylvius (1) Marchio Alegretensis, *de rebus gestis* Joannis II. *Lusitanorum Regis (Hagae Com. 1712. 4.) p.* 99. Gebauer, *Histoire de Portugal, p.* 123, c.

---

(1) C'est le seul écrivain portugais qui fasse mention de Martin Behaim.

Cela est confirmé par Pierre Matthieu (1) et par le savant jésuite Maffei, dans son *Histoire des Indes* (2).

S'il étoit démontré que notre Behaim eût eu pour maître le célèbre Regiomontanus, qui demeura à Nuremberg depuis l'année 1471 jusqu'en 1475, on pourroit soupçonner alors que c'est de lui qu'il avoit appris l'usage de son météoroscope, ou de l'instrument propre à mesurer les longitudes et les latitudes, par le moyen des étoiles (3), qu'il crut avoir inventé, d'après l'idée d'un passage de Ptolomée (*Geogr. lib. I, cap. 3*), ainsi qu'il le dit dans une lettre au cardinal Bassarion. Regiomontanus a

---

(1) Petrus Matthei, *in Notis ad Jus Canonicum, ad VII, Decretal. L.I, tit. IX, de Insulis novi orbis*, p. 80, *edit. Francof.* 1590, *fol.*

(2) Joh. Petri Maffei, S. J (mort en 1603), *Historiarum Indicarum, l. I*, p. 51, *edit Venetae*, in-4°.

(3) Johannis de Regiomonte, *Epistola ad reverendiss. patrem et dom Bessarionem, cardinalem Nicenum ac Constantinopolitanum, de compositione et usu cujusdam meteoroscopii*. Cette lettre se trouve à la suite des œuvres de Werner, imprimés *in-folio* à Nuremberg, en 1514. Ces œuvres furent réimprimées *in-4°*. en 1537. Werner a écrit lui-même cinq livres sur différens météoroscopes qu'il a inventés, dont le manuscrit tomba, après la mort de Werner, entre les mains de George Hartmann, qui, en 1542, en fit présent au célèbre mathématicien George Joachim, surnommé *Rheticus*.

aussi écrit un traité sur l'astrolabe armillaire, qui se trouve dans l'édition de ses œuvres faite à Nuremberg, en 1554 (1). Quoiqu'il en soit, il est à croire que Behaim étoit parvenu à perfectionner l'usage de l'astrolabe marin, ainsi que l'a observé depuis peu M. Wales (2), qui le regarde comme un disciple de Regiomontanus. Cet écrivain a cependant mieux connu le chevalier Behaim que ne l'a fait M. Robertson.

Autant il paroît vrai que Martin Behaim a eu part à l'invention et à l'usage de l'astrolabe appliqué à la navigation, autant est faux le conte fondé sur un passage mal interprété de la chronique de Schedel, que c'est Behaim qui a fait la découverte des îles Açores ou des Autours, et qui y a conduit une colonie de Flamands, lors de son second voyage dans l'Océan Atlantique, jusqu'à ces îles, qui, dans la suite, furent visitées par Christophe Colomb, qui les

---

(1) M. Joh. Regiomontanus, *Scripta de torqueto, astrolabio armillari, regula magna Ptolomaica baculoque astronomico, et observationibus cometarum.*

(2) *The original astronomical observations, made in the course of a voyage towards the South pole and round the world, in his majesty's ships the Resolution and the Adventure* 1772—1775, by William Wales, F. R. S. and William Bayly, London 1777, in-4°.

fit connoître; qu'il a même été jusqu'au détroit, connu aujourd'hui sous le nom de détroit de Magellan; et qu'il a donné lieu à cette découverte par une carte marine que Magellan doit avoir vu dans le cabinet du roi de Portugal.

Ce fait supposé a été principalement accrédité par Wagenseil, dans son *Sacris Parentalibus B.* Georgio Frid. Behaimo *dicatis. Altdorfii,* 1682, *fol. pag.* 16, 17; mais surtout dans sa *Pera librorum juvenelium. Synops Historiae universalis,* part. *III, pag.* 527. *Norib.* 1695, *in-8°.*

« Christophorus Colombus, *ex Palestrella,*
« *stirpe Placentina, oriundus, et postea Li-*
« *guriae incola, cum priùs in Madera insula,*
« *ubi conficiendis ac delincandis chartis geo-*
« *graphicis vacabat, sive suopte ingenio, ut*
« *erat vir astronomiae, cosmographiae et phy-*
« *sices gnarus, sivi indicio habito a* Martino
« Bohemo, *aut, ut Hispani dictitant, ac* Al-
« phonso Sanchez de Helva, *nauclero, qui forte*
« *inciderat in insulam, postea Dominicam dic-*
« *tam, congitavit de navigatione in Indiam*
« *Occidentalem.* »

Mutuatus sum verba hactenus allegata ex praeclaro opere Joannis - Baptistæ Riccioli, *quod* geographiam et hydrographiam *refomatam ille inscripsit, et ejus quidem fol.* 93,

b. (1). *Atque hic commodum occasio mihi offertur, docendi rem pulcherrimam et hactenus ignoratam, quae non tantum ad patriae meae, Neribergae, civitatis primariae, sed et universae Germaniae laudem vehementer pertinet, quamque porrò nescire turpe foret. Nimirum ille* Martinus Bohemus, *de quo credidit* Ricciolus, *fieri potuisse, ut is ansam dederit* Columbo *felicis illius, qua Novi Orbis insulas detexit, expeditionis suscipiendae, Noribergensis fuit, antiqua ibi et nobilissima,* Behaimorum, *quod Bohemorum alii enunciarunt, et etiamnum enunciant, familia, cujus ramus nuper Baronatus dignitate auctus est, patre* Martino, *matre* Agnete Sebaldi Schopperi *filia, genitus. In enim, cum a teneris unguiculis, non telluris tantùm faciem, terrestribus maritimisque itineribus diligentissime speculatus esset, sed et ad coelum et sidera contemplenda animum elevasset, postremo* Isabellae, Joannis, *Lusitaniae Regis, filiae, quae post obitum conjugis* Philippi *Burgundi, cognomento* Boni, *rerum dominabatur, operam suam addixit, et ab ea navim impetravit, qua Occidentalis Oceani hactenus cognitos terminos et fines, praetervectus, primus*

---

(1) *Lib. III*, cap. 22, *Bonon.* 1661, *in-fol.*

post hominum memoriam, Fayalem insulam, fago arbore, quam Lusitani Faya *vocant, ac unde appellatio ei haesit, abundantem reperit. Nec minus postea finitimas insulas, uno nomine ab accipitrum ibi nidificantium multitudine* Azores *dictas (Lusitani enim accipitres hoc vocabulo efferunt, et Galli quoque in aucupiis, verbum* essor *et* essorer *adhibent) detexit, ac Flandrorum colonias, quorum progenies in hunc usque diem superat, in iis reliquit, unde et insulae illae alia appellatione Flandricae vocari coeperunt. Magis deinde per Oceanum Atlanticum oberrans, ad illas insulas delatus est, quas postea* Christophorus Columbus *exploravit publicavitque. Hactenus a me dicta nituntur indubia fide monumentorum Reipubl. Noribergensis, quae custodiuntur in archivo, fol. nimirum 119 voluminis membranacei, de Patriciorum Noribergensium origine, et fol. 285, T. I. Annalium Norib. MS. Amplius hausi haec ex archivo privato familiae Behaimicae, in quo exstat* Martini Behaimi, *sive* Bohemi *vera imago depicta; exstat globus ingens terrestris ab illo confectus, in quo minime quidem Americae continens, permultae tamen insulae Americanae plagae, per ingens aequor sparsae, sine titulo et nomine designantur: exstant docu-*

menta authentica, quibus docetur, Martinum *duxisse uxorem* Johannem de Macedo, *Lusitaniae regni capitanei filiam, et decessisse illum A. 1506, relicto filio* Martino, *qui Noribergam se contulit ad lares avitos. Quin et hoc iis docetur,* Maximilianum I, *imperatorem* Martini *expeditiones miratum, in haec erupisse verba:* Martino Bohemo *nemo unus imperii civium magis umquam peregrinator fuit, magisque remotas orbis adivit regiones. Porro fit ap.* Johannem Natalium Metellum(1), *Sequanum in Speculo Orbis terræ, circa finem operis, mentio tabulae hydrographicae* Mar-

---

(1) Son vrai nom étoit Jean Metalius Metellus. Il mourut vers l'an 1590. Le titre du livre est : *America, sive novus orbis, tabulis aeneis secundum rationes geographicas delineatus. Joh. Metalus Metellus, Sequanus, J. C. Vir doctrina praestans longioreque vita dignissimus, orbis universi tabulas historico amictu ornare statuerat, sciens historiam nunquam satis laudatae artis geographicae esse oculum. Ornavit itaque historicarum rerum veste aliquot Tabulas, quae ipso adhuc in vivis agente typis excusae sunt, multoque cum fructu leguntur. Ingravescente autem aetate morboque quo sublatus est, lampadem amico tradidit, cujus cura Europae, Asiae et Africae, antehac tabulis editis nunc quoque accedunt Americae sive novi orbis tabulae, non nudae discalciataeque, sed pro dignitate meritoque rerum historicarum veste ornatae. Colon. Agrippinae, excud. Steph. Hemmerden, A. 1600, folio.* Metellus avoit pris cela de la traduction latine ou française de Benzon, qu'Urbain Chauveton publia à Genève en 1578 1579.

tini Bohemi *quem* Emmanuel, *Lusitaniae rex, in suo Museo asservavit, et in quâ locus Moluccarum designatus erat. Reperitur insuper in Ænœ Sylvii cardinalis, ac postea sub nomine.* Pii II *summi pontificis, ad* Antonium ca dinalem Hilerdensem *libro, de Europæ sub* Frederico III, *imperatore statu, in* Martini Bohemi *laudem, cap.* 44, *locus insignis, quamvis, quod non dissimulo, insititius et inductus, nec usquequaque sibi constante sermone expressus, aptus nihilo secius multimodis ad conciliandam dictis nostris fidem. Sic vero se habet:* Anno Dom. M. CCCC. LXXXIII, Joannes II, Portugaliæ rex, altissimi vir cordis, certas galeas omnibus ad victum necessariis instruxit : easque ultra columnas Herculis ad meridiem, versus Æthiopiam, investigaturas, misit. Præfecit autem his patronos duos, Jacobum Canum, Portugalensem et Martinum Bohemum, etc.

Ce dernier passage, en caractère romain, a été pris dans la chronique de Schedel ou le *Libro Chronicarum*, et inséré, long-tems après la mort de Pie II, qui décéda en 1464, dans le chapitre 44 du traité de ce pape, *De Europae, sub Frederico III, imperatore, statu* (1). Je

---

(1) Freherius, *Corporis Rerum German*, t. II.

transcrirai ici le passage entier d'après le manuscrit autographe de Schedel qu'on conserve dans la bibliothèque de la ville de Nuremberg. Dans l'édition de Roburger, qui imprima cet ouvrage en 1493, lorsque Martin Behaim habitoit encore cette ville, il se trouve à la page CCXC.

Heinricus infans videns regni Portugalie fines parvis limitibus contineri cupiens regnum ampliare Oceanum Hispanicum summis viribus ingreditur suasu et doctrina cosmographorum situs terre et maris noscencium, inventisque multis et variis insulis ab hominibus nunquam habitatis. Inter ceteras praeclaram insulam non sine suorum letitia adnavigat, non tamen hominibus habitatam sed fontibus irriguam pingui gleba refertam nemorosam. Incolendis hominibus aptam. Ad quam diversa hominum genera colendam immisit. Inter tamen ceteros fructus aptissima est ad procreandum zuccarum. Quod tanto fenore ibi nunc conficitur ut universa Europa zuccaro plus solido habundet. Nomen insule Madera est. Inde zuccarum de Madera. Invenit et alias insulas quamplures quas habitari baptizarique hominibus fecit ut insula Sancti Georii, Fayal, Pico, quarum unam hominibus almanis e Flandria habitandam concessit. Feracem tritici. Annis vero posterioribus ut anno Domini 1483. Joannes secundus Portugalie rex, altissimi vir cordis certas galeas omnibus ad victum necessariis instruxit easque ultra columnas Herculis ad meridiem versus Ethiopiam investigaturas misit. Praefecit autem his patronos duos Jacobum Canum Portugalensem et Martinum Bohemum hominum Germanum ex Nuremberga superioris Germaniae de bona Bohemorum familia natum. Hominem inquam in cognoscendo situ terre peritissimum marisque pacientissimum. Quique Ptholomei longitudines et latitudines in occidente ad unguem exeprimento. Longevaque navigatione novit. Hii duo bono deorum auspicio mare meridionale sulcantes a littore non longe evagantes superato circulo equinoxiali in alterum orbem excepti sunt. Ubi ipsis stantibus orientem versus umbra ad meridiem et dextram proiciebatur. Aperuere igitur sua industria alium orbem hactenus nobis incognitum et multis annis a nullis quam januensibus licet frustra temptatum. Peracta autem hujusmodi navigatione vicesimo sexto mense reversi sunt Portugaliam pluribus ob calidissimi aeris impatientiam mortuis. In signum autem portavere piper, grana paradisi, multaque alia que longum esset recensere. Aperto illo orbe

SUR MARTIN BEHAIM.

magna piperis quantitas Flandriam versus vehitur. Et licet non sit adeo rugosum ut orientale tamen acumen formam et omnia ut verum piper pre se fert. Multa ea de re scribenda forent que ne tedii arguar, bono respectu omisi.

Ce passage entier est ajouté par une autre main dans le manuscrit original de la chronique de Schedel. Dans la traduction allemande de ce livre, que George Alt finit le 5 octobre 1493, on ne trouve pas dans le manuscrit ces lignes, qui doivent y avoir été intercalées pendant qu'on en imprimoit la traduction allemande; mais Schedel ne peut pas en avoir été l'auteur, puisqu'il mourut en 1514.

Le résumé de ce passage se borne à dire, ainsi que le conseiller Gebauer (1) et le professeur Tozen (2) l'ont remarqué, et comme j'en suis parfaitement d'accord avec eux : « Que le « roi de Portugal, Juan II, fit partir, en 1483, « Jaques Canus, Portugais de nation, et Mar-« tin Behaim de Nuremberg, avec quelques ga-« lères pour l'Ethiopie; qu'ils furent dans la « mer du Sud, à peu de distance de la côte, et

---

(1) Voyez page 290.
(2) Voyez le titre du livre du professeur Tozen, à la note 3 de la page 333.

« qu'après avoir passé la ligne, ils arrivèrent
« dans le nouveau monde, où, quand ils re-
« gardoient vers l'Orient, leur ombre tomboit
« vers le Midi à leur droite ; que dans cette si-
« tuation ils découvrirent de nouvelles terres
« inconnues jusqu'alors, {qui, pendant long-
« tems, n'avoient été cherchées par aucun peu-
« ple, si ce n'est par les Génois (1), et cela
« même sans succès ; enfin, qu'après une navi-
« gation de vingt-six mois, ils revinrent en Por-
« tugal, et que pour preuve de ce qu'ils avan-
« çoient à cet égard, ils rapportèrent du poivre
« et de la mallaguette. »

Qui est-ce qui ne s'apperçoit pas en lisant avec attention ce passage, qui se trouve inséré dans le livre *De Europae sub Friderico III, imperatore, statu*, d'Æneas Sylvius, qui l'a pris dans la chronique de Schedel, qu'il ne peut pas y être question de la partie du globe auquel on a donné ensuite le nom d'Amérique, ou en particulier celui de Brésil. Il est connu que Diegue Can a poussé plus avant la navigation des Portugais, qui jusqu'alors n'avoient pas passé la Guinée, et que dès l'an 1484 (et non en 1490) il décou-

---

(1) Antoine Barthelemi et Antoine de Nolle. Barros, Dec. I, l. II, c. 1, et l. III, c. 11. Ce passage est cité plus haut à la page 334 de ce volume.

vrit le royaume de Congo; découverte dont je ferai mention ci-après, lorsque je parlerai plus particulièrement de la navigation de Martin Behaim, en Afrique.

C'est à ces passages, mal interprêtés, qu'il faut attribuer tous les faux récits par lesquels on a défiguré l'histoire de notre célèbre navigateur. Quelques écrivains, peu satisfaits d'avancer qu'il a été le premier qui ait découvert l'Amérique, lui attribuent aussi la connoissance de la découverte du fameux détroit de Ferdinand Magellan, faite en 1519. C'est Guillaume Postel qui le premier avança ces faits. Dans deux de ses ouvrages, il donne au détroit de Magellan le nom de *Fretum Martini Bohemi*. Il se pourroit qu'il tenoit cela de Jérôme Benzon, dont le livre n'étoit pas encore imprimé alors. Dans sa *Cosmographica disciplina* (1) il dit :

Exceptione brevissime tradetur, quod praeter Australi polo subjectam aut proximam, et praeter Chamasiae et Atlantidis australis juga sese respicientia, quae ultra aequatorem prominent, haec quidem ad 54 gradum, ubi est Martini Bohemi fretum, a Magaglianesio Lu-

---

(1) *Basil.* 1561, 4, *et Lugd. Bat.* 1636, 16, *edit. tert.*, c. 2, p. 22.

sitano alias nuncupatum, illa autem ad 35, ubi est Bonae Spei promontorium, tota terreni orbis facies continuo fere, praeter duas maris rupturas, tractu, ab ortu in occasum, et contra ad aquilonarem mundi partem est elevata.

Dans le premier livre *De Universitate*, on lit : *Est aliquid soli adhuc incogniti sub polo antipodum nostrorum, sive meridiano, quod quidquid, id est, ipsi Atlantidi, qui fere cohaeret ad fretum* Martini Bohemi *conjungemus, eo qui de novo orbe est* (1). Dans le second livre Postel répète ce qu'il vient de dire: *Patet autem novus orbis a polo in polum continue, praeterquam ubi frangitur semel in freto* Martini Bohemi *ad 55 gradum ultra aequatorem, qua ad circumdandum orbem transivit* Magalenes, *qui inde ad Moluccas iter fecit* (2).

Après ce livre de Postel, Benzon donna son *Historia del mondo nuovo, la quale tratta delle isole, et mari nuovamente ritrovati, e delle nuove citta da lui proprio vedute per aqua e per terra in quattordici anni, libri III.* In

───────────

(1) Guil. Postelli, *de Universitate*, liber. Parisiis 1563, 4, lib. II, Lugd. Bat. 1635, edit. tert. lib. II, p. 37.

(2) *Ibid.*, p. 256.

Venetia, appresso Francesco Rompazetto, 1565 et 1572, 8, qu'il dédia au pape Pie IV. Ce livre fut imprimé en latin à Genève en 1578, 1581, 1586, 1600 et 1670, *in-8°.*, sous le titre de *Novae Orbis historiae*, i. e. *Rerum ab Hispanis in India Occidentali hactenus gestarum, et de acerbo illorum in eas gentes dominatu libri tres, primum ab* Hieronymo Benzone, *italico sermone conscriptae, nunc in latinum translatae et notis illustratae ab* Urbano Calvetone (1). Celui-ci traduisit aussi ce livre en françois. Il y en a des éditions de 1579 et de 1600, *in-8°*. En allemand, Benzon parut à Bâle en 1579, *in-folio*. Karl Vermander le publia en hollandois à Amsterdam, en 1650, 4°. Une traduction angloise de l'ouvrage de Benzon fut mise au jour à Londres en 1625, *in-folio*; traduction qu'on a insérée dans le tome IV, page 1448 de la nouvelle édition de la collection des voyages de Purchas, faite *in-4°*. à Londres en 1713.

Dans l'ouvrage de Benzon il n'est pas fait mention de Martin Behaim; mais il est parlé

---

(1) Le comte Mazzuchelli n'a pas su que cette traduction latine de Chauveton existoit. Voyez *Gli Scrittori d'Italia, del conte Giammaria Mazzuchelli*, vol. *II*, part. *II*, pag. 905, artic. Benzoni.

de ce navigateur dans les remarques latines de Chauveton, liv. III, chap. 14, où il est dit : *Hujus freti observatio Magellano tribuenda est, nam reliquarum navium praefecti fretum esse negabant, et sinum dumtaxat esse censebant.* Magellanus *tamen fretum istic esse norat, quia,* ut fertur (c'est ce qu'il avoit peut-être entendu dire à Postel), *in charta marina adnotatum viderat, descripta ab insigni quodam nauclero, cui nomen* Martinus Bohemus, *quam Lusitaniae rex in suo Museo adservabat.*

Voilà ce que Théodore de Bry a fait copier aussi dans son *America (Francof. ad Mœn, 1594, 1596 et 1599, in-folio)*, part. IV, pag. 66; et c'est de lui que l'a pris Levinus Hulsius, dans le sixième volume de sa collection de vingt-six voyages par mer, dans la description de la navigation de Magellan (Nuremberg 1604, *in-4°*.).

Dans la traduction françoise de Benzon, de 1579, il est dit, page 136: « Et fut cause le gé-
« néral Magellanes, que le dit estroit se trouva,
« parceque tous les capitaines des autres na-
« vires estoyent de contraire opinion, et di-
« soyent, que c'estoit quelque golfe, qui n'a-
« voit point d'issue. Mais le général sçavoit bien
« qu'il y en avoit un, parce que (à ce que l'on

« dit) il l'avoit veu marqué dans une carte ma-
« rine qu'avoit fait un grand pilote, nommé
« Martin de Bohême, laquelle estoit dans le
« cabinet du roi de Portugal. » M. Tozen se
trompe donc, quand il dit, page 80, que ces
mots ne se trouvent pas dans la traduction de
Chauveton.

C'est dans Chauveton que l'a pris Metellus,
cité par Wagenseil (1), et tous les auteurs suivans qui en ont parlé ainsi, les uns d'après les
autres. En un mot, c'est Chauveton qui a répandu le plus le conte de la découverte du détroit de Magellan par Behaim. On n'en apperçoit absolument aucun indice sur le globe que
Behaim fit en 1492, ainsi qu'on peut le voir par
le planisphère qui s'en trouve à la fin de ce volume. Il est même absolument invraisemblable
qu'après son retour en Portugal ou plutôt dans
l'île de Fayal, Behaim ait pu avoir quelque
notion d'un détroit auquel aucun navigateur
n'avoit pensé avant Magellan, et par conséquent pas avant l'année 1519.

Marc-Antoine Pigafetta a de même répandu
le conte de la découverte de l'Amérique par
Behaim, dans son *Itinerario*, (*Londra 1585,
4*). J'ignore si dans la *Relazione di Congo e*

---

(1) Voyez plus haut page 349.

delle circonvicine contrade, tratta dalli scritti e raggionamenti di Odoardo Lopez, *Portoghezze per* Philoppo Pigafetta (*Roma 1591, fol. fig.*), il est dit quelque chose de Martin Behaim, parce que je n'ai jamais vu ce livre.

En lisant donc dans l'almanach de Gottingue : « Christophe Colomb, Génois, a découvert en 1492, la quatrième partie du monde, à laquelle l'ingrate postérité a donné le nom d'Amérique, d'après Améric Vespuce, Florentin. La famille de Behaim, à Nuremberg, réclame cet honneur en faveur d'un de ses ancêtres, nommé Martin Behaim, et s'appuie principalement sur le témoignage de Pigafetta, écrivain espagnol, qui vivoit dans ce tems-là. Du moins paroît-il incontestable que ce Martin Behaim a découvert le Brésil, en 1485, sous le règne de Don Juan II, roi de Portugal. Il est mort à Lisbonne en 1506; » en lisant, dis-je, ce passage, on ne peut qu'être surpris de ce qu'en 1778 on ait prétendu que Pigafetta soit un écrivain espagnol, qui a vécu du tems de Behaim, et que Behaim ait fait la découverte du Brésil en 1485.

Barros, qui parle d'une manière exacte de l'expédition de Magellan (1), ne dit pas un

---

(1) *Decada terceira, lib. V, cap.* 8, 9, 10, *fol.* 139.---148, Lisboa, 1628, *fol.*

seul mot de Martin Behaim, ni de sa carte.

Maintenant nous devons passer, suivant l'ordre chronoligique, au témoignage d'Herrera, auteur espagnol. Cet excellent historien avance, sur de simples ouï-dire, que Behaim étoit Portugais, né dans l'île de Fayal, l'une des Açores, et que ce fut lui qui confirma Colomb dans son projet (1); ce n'est de même que sur un faux bruit, qu'il lui fait prendre part à la découverte du détroit de Magellan (2).

Varenius (3) fixe la première découverte du détroit de Magellan à l'année 1513, et l'attribue à un certain Vasquez Numnez de Valboa. « Magellanus, dit-il, *primus invenit et navigavit, anno 1520 :* » etsi Vascus Nunius de Valboa *prius, nempe anno 1513, illud animadvertisse dicitur, cum ad australem regionem lustrandam isthic navigaret.* C'est ce même Vasqu z, et non pas Martin Behaim, dont il parle da le paragraphe suivant du quatorzième chapitre, destiné à prouver que l'Océan flue toujours de l'Orient vers l'Occident, sous la zone

---

(1) Ant. de Herrera, *Decada I, lib. I, cap. 2, p. 4. Y esta opinion le (Colomb) confirmo Martin de Bohemia, Portugues, su amigo, natural de la isla de Fayal, grand cosmografo.*

(2) *Decada II, c. 19, p. 66.*

(3) *Geograph. gener., c. 12, p. 7, et c. 14, prod. 7, p. 110, edit. Neapol.*

appelée Torride, entre les deux tropiques, où il dit : *Sic per fretum* Magellanis *fertur mare ab Oriente in Occidentem motu incitatissimo, ut inde* Magellanes (*vel qui ante* Magellanem, *id detexit, ut volunt*), *conjecerit esse fretum, per quod ex Atlantico in Pacificum Oceanum perveniatur.*

Jean Wuelfer (1) a dit la même chose de notre Behaim, que ce que Wagenseil avoit avancé d'après les papiers de famille, qui se trouvent dans les archives de la ville de Nuremberg. Mais l'histoire et le globe de Behaim détruisent absolument tous ces prétendus faits, et prouvent qu'il n'a eu aucune connoissance de l'Amérique. Cependant je ne prétends pas soutenir qu'il n'ait pas pu recevoir dans l'île de Fayal, où il a demeuré depuis l'année 1494 jusqu'en 1506, quelque avis touchant la découverte du nouveau monde, de même que quelque indice du détroit de Magellan. MM. Schwarz (2), Moerl (3), Bielefeld (4), Fue-

---

(1) *Orat. de Majoribus Oceani insulis*, Nurimbergae, 1691, 8, 96 --- 102. Omeis, *de Claris quisbusdam*, Norimb., p. 13.

(2) *Dissert. de Columuis Herculis*, Altdorfsii 1749, 4, parag. ult. Popowitsch a aussi éclairci ce passage dans ses *Recherches sur la mer*. Nuremberg 1750, p. 31.

(3) Dom Joh. Sigism. Moerlii *Orat. inaug. de meritis Norimbergensium in geographiam*. Cette dissertation se trouve dans le *Museum Noricum*, p. 123. (Altdorf 1759, 4).

(4) De Bielefed, *Progrès des Allemands dans les sciences*, les

rer (1) et Will (2), ne disent au fond rien d'autre sur le principal point, que ce qu'on trouve chez Wagenseil, Wuelfer, Stuvenius et Doppelmayr.

Si l'on avoit eu recours aux écrivains espagnols et portugais, on n'auroit pas continué à débiter tant de faussetés sur le compte de Behaim.

On ne trouve le nom de Martin Behaim dans aucun écrivain portugais, si ce n'est dans Manuel Tellez de Sylva (3); ni dans aucun historien espagnol, à l'exception d'Antoine Herrera, dans les deux endroits indiqués plus haut, à la page 361, où il dit, qu'il s'appeloit Martin de Bohême, qu'il étoit Portugais de nation, et né dans l'île de Fayal (4); erreur que M. Robertson a copiée dans son *Histoire de l'Amérique*. Voici une notice des principaux écrivains qui ont parlé du siècle dans lequel a vécu Martin Behaim.

---

belles-lettres et les arts, ch. 3, *des inventions et des découvertes des Allemands*, p. 48 --- 52.

(1) Joh. Sigism. Fuereri, *Oratio de Martino Behaimo*, dans le *Museum Noricum*, p. 385, 400.

(2) Dans le *Nurenbergischen Gelehrten Lexicon*, tom. I, p. 58, et dans le *Munzbelustigungen*.

(3) Voyez plus haut, à la page 343.

(4) Voyez plus haut, à la page 361.

Historiens portugais.

As Decadas III primeiras de Asia de Joanno de Barros; *em que se tratam os feytos de Portugueses, no descobrimento e conquista dos mares e terras do Oriento, depois do anno de* 1412, *ate o de* 1526. *Em Lisboa,* 1551 *et* 1628, *fol.* 3 *vol.* 1736, *fol.* 3 *vol.* Les autres Décades n'appartiennent pas à cette époque. On les réimprime actuellement (en 1778), à Lisbonne.

Ce livre a été imprimé en espagnol, à Madrid, en 1615, *in-fol.*; et une traduction italienne d'Alphonse Ulloa, en a été publiée à Vénise, en 1562, *in-*4°.; mais ce ne sont que les deux premières Décades. Il y en a de nouvelles éditions de 1611 et 1661, *in-*4°.

Barros est le meilleur historien des Grandes-Indes, ainsi que Herrera l'est des Indes Occidentales.

Libros segundo et sexto da historia do descobrimento e conquistas de India pelos Portugueses. Por Fernando Lopez de Castanheda. *Em Coimbra* 1554, *fol.* 2 *vol.*

Ho tercio livro, etc., 1552, *fol.*

Os livros quarto e quinto, ib. 1553, *fol.*

Anton. Galvao, *Tratado dos descobrimen-*

tos antigos e modernos. Em Lisboa 1731, *fol.*

Cronica que tracta da vida e grandissimas virtudes do Christianissimo Dom Joano ho segundo deste nome, Rey de Portugal; feyta por Garcia de Resende. *Em Lisboa* 1596, *fol.* Il en a paru une édition augmentée en 1622, *fol.*

Damians de Goës, *Historia do Principe Dom Joam II*, est cité par Frankenau, dans la *Biblioth. hisp. hist. gener. heraldica*, page 81.

Reyes de Portugal, y empresas militares de Lusitanos. Por Luis Crello. *Em Lisboa* 1624 4°.

Colleçam dos Documentos, statutos e memorias da academia real da historia portugueza, etc.; por Emanuel Tellez de Sylva. *Em Lisboa* 1721, *etc., fol.* 31 *vol.*

Mémoires de Portugal, avec la Bibliothèque de ses historiens; par le chevalier d'Oliveira, *à la Haye* 1743, 8, 2 *vol.*

Cronica dos Reys de Portugal. Por Duarte Nunnez de Liano. *Em Lisboa,* 1773 4°., 2 vol.

Manoel Severim de Faria, *Noticias de Portugal, etc., nesta segunda impressano, acrescentadas pelo Padre,* Joze Barbosa. *Em Lisboa* 1740, *fol.*

Bibliotheca Lusitana historica critica e

chronologica, na qual se comprehende a noticia dos authores Portuguezes, e das obras de compuserano desde o tempo da promulgaçaon da Ley da Graça ate o tempo prezente. Por Diogo Barbosa Machado, *tom. I. Em Lisboa Occidental* 1741; *tom. II,* 1747; *tom. III,* 1752; *tom. IV,* 1759, *fol.*

Dialogos de varia historia, em que summariamente se referem muitas cousas antigas de Espanha, e todas as notaveis que em Portugal aconteceraon, em suas gloriosas conquistas antes e despois de ser leventado a dignidade real, e outras muitas de outros Reynos, etc., com os retratos de todos os Reys de Portugal. Em Coimbra 1594, 8°. 1598, 4 *fig.*

Historiens espagnols.

Epitome de la bibliotheca oriental y occidental, nautica y geographica de Don Antonio de Leon Pinelo, *anadido y emendado nuevamente, en que se contienen los escritores, de las Indias Orientales y Reinos convecinos. Por el marques* de Torrenueva. *En Madrid* 1737, *fol.* 3 *vol.*

D. Andres Gonzales Barica, *Historiadores*

primitivos de las Indias Occidentales. E.. Madrid 1749, *fol. 3 vol.*

Francisco Lopez de Gomara, *la Historia general de las Indias, hasta el anno* 1551, *etc. Em Amberes* 1554, 12. Cette histoire des Indes se trouve aussi insérée dans le second volume des *Historiadores* de Barcia. Elle a été traduite en italien à Vénise, en 1574, 8°.; et en françois par Fumée de Genille, à Paris 1587, cinquième édition.

Anton de Herrera, *Historia general des las Indias Occidentales; o de los Hechos de los Castellanos en las islas y Tierra firme del mar Oceano, desde el anno* 1492, *hasta el del* 1554, *Decada*, 8°. *En Madrid* 1601, *fol. 4 vol. et* 1728 — 1730, *fol. 4 vol.* En françois, par Nic. de la Costa, deux Décades 1660. La troisième Décade parut en 1671; le reste n'a jamais vu le jour. En anglois, London 1740, 8, 6 *vol.*

Anton de Herrera, *Cinco libros de la historia de Portugal, y conquista de las islas de los Açores, en los annos de* 1582 *y* 1583. *En Madrid* 1591, 4°. Herrera parle, dans cet ouvrage, des événemens qui eurent lieu en Portugal, après la mort du roi Don Sébastien; particulièrement dans le quatrième livre de l'expédition contre les îles Açores, qui s'étoient déclarées pour Don Antoine, contre le roi Philippe II. A la page 161, il donne une description de ces îles, et de leur première découverte; mais il n'y fait aucune mention de Martin Behaim.

Vida y Hechos del principe perfetto Don Juan II, rey de Portugal Por Cristoval de Ferreira y Sympayo. *En Madrid* 1626, 4°.

Vida y acciones del re Don Juan el segundo de Portugal. Por Don Augustin Manuel y Vasconcellos. *En Madrid* 1639, 4. En françois; *à Paris* 1641, 8°.

Don Joseph Martinez de la Puente, *Compendio de las historias de los descubriementos, conquistas y guerras de la India Oriental y sus islas, des de los tiempos del infante Don Enrique de Portugal, su inventor, hasta el del rey Don Phelipe III. Madrid* 1681, 4°.

Historiens latins.

Petri Martyris, *ab Angleria, Decades III, de rebus Oceanicis, et orbe novo. Edente* S. Grynaeo, *Basil.* 1533, *fol. Decades octo Edente,* R. Hakluyt. *Parisis* 1587, 8°. La première édition de ces *Décades* est de l'année 1516.

Petri Martyris, *Anglerii Mediolanensis,*

protonotarii apostolici, atque a consiliis rerum indicarum, opus epistolarum. Compluti 1530, *fol.* Amstelod. 1670 *fol.* M. le professeur Schlœzer a tiré de cet ouvrage plusieurs lettres concernant Colomb, qu'il a fait imprimer dans le dixième cahier de sa *Correspondance épistolaire*, depuis la page 207 jusqu'à la page 226.

Emmanuel Tellesius Sylvius, *Marchio alegretensis, de rebus gestis Johannis II, Lusitanorum regis.* Hagae-Comitis 1712, 4°.

Hieron. Osorius, *de rebus Emmanuelis, regis Lusitaniæ, gestis. Olyssipponæ* 1571, *fol. Col. Agripp.* 1572, 8°. En anglois, London 1752, 8°. 2 *vol.*

Antonii Vasconcelli, *Soc. Jesu, anacephalæoses; i. e. Summa capita actorum regum Lusitaniæ. Antverpiæ* 1621, 4, avec de fort belles figures.

Lafitau, *Histoire des découvertes et conquêtes des Portugais dans le nouveau monde,* tom. I et II, à Paris 1733, 4°.

Historiarum Lusitanarum libri dec. Auctore Ferdinando de Menezes, comite de Ericeira, *Ulissipone* 1734, 4; 2 *vol.*

Il seroit bon de consulter plusieurs de ces livres, que je n'ai pu me procurer, et de tâcher d'obtenir des archives royales de Portugal, à

Lisbonne, de nouveaux éclaircissemens sur Martin Behaim, dont j'ai examiné jusqu'ici l'histoire en critique, afin de pouvoir mieux prouver ce qu'elle offre d'exact et de vrai.

Martin Behaim se trouvoit à Anvers au mois de juin de l'année 1479: c'est sans doute dans cette ville qu'il fit la connoissance de quelques Flamands, qui demeuroient dans l'île de Fayal ou dans celle de Pico, ou celle de Job de Huerter même, et il se rendit probablement peu de tems après en Portugal, où il se fit tellement aimer par ses connoissances dans la cosmographie, qu'il fut placé, en 1484, sur la flotte de Diego Cam, pour aller faire de nouvelles découvertes en Afrique; les propositions de Colomb ayant été rejetées l'année auparavant, à cause que le roi croyoit devoir préférer des avantages réels à des projets qu'on regardoit comme incertains.

Les croisades avoient donné aux Européens de fréquentes occasions de visiter les côtes d'Afrique. Les Normands tentèrent, en 1365, de descendre le Sénégal, pour éviter de payer des droits à la douane d'Alexandrie. Mais ce fut l'infant Don Henri (1), qui par sa glorieuse

---

(1) L'infant Don Henri, duc de Viseo, étoit quatrième fils du roi Jean 1, qui l'avoit eu de Philippine de Lancastre, sœur de Henri VI, roi d'Angleterre. Il décéda le 13 novembre 1463,

entreprise ouvrit principalement la route aux nouvelles expéditions maritimes, en doublant le cap de Boyador ou Bossador, et en découvrant les îles Açores (1).

Le roi Juan II fit équiper, peu de tems après son avénement au trône, en 1481, douze vaisseaux, pour continuer les découvertes qu'on venoit de faire. Cette flotte fut confiée à Don Diegue Dazambuya (2). Les Portugais élevèrent sur la côte de Guinée le fort Saint-George de la Mine, avec la permission de Caramansa, prince du pays; et dans la suite le roi changea ce fort en une ville.

Martin Behaim a, comme témoin oculaire, indiqué sur son globe beaucoup d'endroits découverts lors de la seconde expédition, faite en 1484. Je vais donner ici les noms de toute la côte d'Afrique.

La Côte de l'Afrique Septentrionale.

Targa, Alcadia, One, Oran, Bones, *Al-*

---

oique Vasconcellos, prétende qu'il mourut dix ans plutôt yez Barros, *Decad. I, lib. I, cap.* 16.
(1) Voyez plus haut, à la page 332.
(2) Barros, *Decad. I, lib. III, cap.* 1 et 2.

ger (1), Bogia, Bona, Bezzert, Cartago, Siessa, Comeras, Affrica, Kathalia, *Tunis*, *Ptolemaïs, Sultan, un roi de la Terre-Sainte, un prince qui possède plusieurs royaumes en Arabie, en Egypte et à Damas.*

Tripoli, Barbarum, Brata, las Vechas, Casar, Tosar, Dibrida, Bayda, Modebare, Ptolemaïs, Vezeli, Salmos, Cazalles, Porta Raraiba, Torre de Lorabo, Porto Vejo, *Alexandria*, Egyptus.

La côte d'Afrique jusqu'au Cap de Bonne-Espérance.

Castel del Mare, Agilon, *le royaume de Maroc.*

Deserta, Cabo Bossador.

Lazzaron, Quatre îles.

Altas Montes, Torre Darem, Gieso, Bon, Rio de Oro, Cabo do Barbaro, Saint-Mathia.

Cabo Bianco, *Castel d'Argin*, Rio de San-Johan, *Genea*, le *roi Burburram* (2) *de*

---

(1) Tout ce qui est ici en italique, est écrit sur le globe de Behaim en plus gros caractères, et avec de l'encre d'un rouge plus foncé. Le royaume de Congo ou de Zaïre, comme on l'appelle quelquefois, ne se trouve pas marqué sur ce globe.

(2) *Bor-Biran* Barros, *Decad. I, lib. III, cap.* 8.

Genea (la Guinée), le *royaume d'Organ. C'est jusque dans ce pays-ci que viennent tous les ans les Maures de Tunis, avec leurs caravanes, pour avoir de l'argent.* Ponta (promontoire ou langue de terre) da Tosia, Os Medos, Sancta in Monte, Anteroti, As Palmas, Terra de Belzom, Cabo de Cenega, Rio de Cenega, Rio de Melli.

Cabo Verde, Rio de Jago, Rio di Gambia, *le roi Babarin de Gambai Galof*, Bogaba, de Sayres, Rio Grande, Rio de Cristal, Rio de Pischel.

Sera Lion. C'est de ce pays qu'on apporte en Portugal la malaguette, Rio de Galinas, Rio de Camboas.

Rio de Forzi al Barero, Rio de Palma, Pinias, *Terra D'malaget*, Cabo Corso, Angra (baie) Vqua, Rio de Saint-André, Ponta (langue de terre) da Redis, Seria-Morena, Angra de Pouaraça, *Castel de Loro*, Resgate (rançon) de Nave, Olig de Saint-Martin, Bon de Nao, Rio de San-Johan-Baptista, Tres-Pontas, *Minera Quri*, da Volem, Angra Tirin, Villa Freinta, Terra Bara, Villa Longa.

Ripa, Monte Raso, *le royaume de Mormelli; c'est dans ce royaume que croît l'or que le roi de Portugal fait chercher.*

Rio de Largo. *Ce fleuve est à dix-huit cents*

lieues ou milles portugais, ou douze cents milles d'Allemagne, de Lisbonne. Rio de Sclavos, Rio de Forcada, Rio de Ramos, *Rio de Behemo*, Cavo Formoso, *Tiera da Peneto*, Rio da Sierra, Angra de Stefano, Golfo de Grano, Rio Boncero. *Le pays du roi de Furfur, où croît le poivre, que le roi de Portugal a découvert en* 1485.

Cicurlus equinoccialis.

Cabo de las Marenas (VIS-A-VIS) *Insula de Principe.*

Serra di San-Dominico, Angra do Principe, Alcazar, Rio de Furna, Angra da Bacca, Terra de Estreas (VIS-A-VIS) *Ins. San.-Thome* (1).

Rio de Santa Maria, *Cabo de Santa Catherina*, Cabo Gonzale, Rio de San-Mathia, Oraia de Judeo, Beia Deseira, *Rio de San-André* (VIS-A-VIS) *Insule Martini* (QUATRE ÎLES). *Item, dans ce pays il fait été lorsque nous avons l'hiver en Europe ; et tous les oiseaux et quadrupèdes y sont autrement faits*

---

(1) Cette île, et celles du *Prince* et *d'Anno-Buon*, étoient déja découvertes sous le roi Alphonse V, en 1472. Barros, *Decad. I, lib. II, cap.* 2 ; ce qui contredit néanmoins le rapport de Martin Behaim, plus haut à la page 302, où il en place la découverte en 1484.

SUR MARTIN BEHAIM.

que les nôtres. Il croît ici beaucoup d'ambre, qu'en Portugal on appelle algallia.

Cabo de Catherina, Sera de Sancto Spirito, Praia (CÔTE OU BANC) de Imperator, Ponta de Bearo, Angra de Santa Marta, *Golfo di San Nicolo*, Serra Coraso da Corte reial, Golfo de Judeo, Ponta Formosa, Deserta d'Arena, Ponta Bianca, *Golfo da San Martin*, Ponta Formosa, Golfo das Almadias, *Rio de Patron*, Rio Ponderoso, Muoruodo, Rio da Madalena, Angra et Rio de Fernande, Ponta de Miguel, Insula de Capre. PLUS AVANT DANS LE PAYS ON LIT : *Lune montes, Abasia Ethiopia, Agisinba. Ici il y a un pays sablonneux et aride appelé Zone Torride, mal peuplé, si ce n'est seulement du côté où l'on peut avoir de l'eau.*

Cabo Delta, Ponta Alta, o Gracil, Castel Poderoso de San Augustino, Angra Manga, Cabo de Lion, o Rio Certo, Terra Fragofa. C'EST LE CAP, APPELÉ DE BONNE-ESPÉRANCE, PAR JUAN II, AUTREMENT NOMMÉ LE CAP DE LAS TORMENTAS. ON Y VOIT PEINT LE PAVILLON PORTUGAIS, ET AU-DESSUS UN VAISSEAU AVEC CETTE ITSCRIPTION :

« C'est ici que furent plantées les colonnes du roi de Portugal, le 18 janvier de l'an du Seigneur 1485. »

« L'an 1484, après la naissance de J. C., l'illustre Don Juan fit équiper deux vaisseaux. » Voyez plus haut, page 303.

Le reste de la côte, jusqu'au *Sinu Lagoa*, est marqué de la manière suivante:

Monte Nigro (a côté) Lacarto, Narbion, Agisenba, Blassa, Ricon, Cabo Ponero, Terra Agua, Rio de Bethlehem, Pouaraszoni, Angra de Gatto, Roca, Rio de Hatal, Orenas, San Steffan, Rio dos Montes, Rio de Requiem, *Cavo Ledo*, Rio Tucunero, Prom, San-Bartholomeo Viego. *Dans ce pays il fait été quand nous avons l'hiver en Europe, et lorsqu'il fait été chez nous, ils ont l'hiver chez eux.* Au-dessous il y a de même un vaisseau peint avec ces mots:

Oceanus maris asperi Meridionalis.

« Jusqu'ici sont venus les vaisseaux portugais, qui y ont dressé leur colonne; et au bout de dix-neuf mois ils ont été de retour dans leur pays. »

Je crois devoir donner quelques éclaircissemens concernant les lieux indiqués sur le globe de Behaim, d'après ce qui est dit dans Barros, *Decad. I, l. III, c.* 2. Le roi ordonna qu'on prit sur les vaisseaux des colonnes de pierre de la hauteur de deux hommes, sur lesquelles on avoit sculpté les armes de Portugal. Jusqu'à ce tems-là, le cap de Sainte-Catherine avoit été la plus grande hauteur où l'on se fut élevé. Diego Cam ou Can, avança jusqu'à l'embouchure du Zaïre, y dressa ses colonnes; ce qui fit qu'on donna pendant long-tems à cette rivière le nom de la *Rivière des Colonnes* (*Rio do Padrano;* Behaim écrit *Rio de Patron*), et découvrit le royaume de Congo. On peut consulter sur cela l'*Histoire générale des voyages*.

Le Ponta Formosa de Behaim (voyez la page 375), étoit sans doute l'île que Fernand del Po découvrit en 1485, et auquel on donna son nom. Il est question aussi sur le globe de Behaim, d'Angra et de Rio Fernande.

Martin Behaim fait mention de deux caravelles (page 303). Ces deux navires furent commandés par Diego Cam et Juan Alphouse Davero ou Daveiro (1). Ce dernier découvrit le royaume de Benin, à deux cents milles du fort Saint-George de la Mine, et apporta en Portugal le premier poivre de Guinée. Behaim indique Angra de Gatto (la baie du Chat), où l'on établit une factorerie, ainsi que le dit Barros.

---

(1) Vasconcellos, *vida y acciones del rey Don Juan el segundo, lib. VI.*

Le royaume d'Organ de Behaim porte chez Barros (*cap.* 4) le nom de royaume d'Ogan.

Behaim a aussi pensé, sur son globe, à l'Ethiopie, pays où l'on agrandit les découvertes en 1486, sous Barthelemi Dias, principalement d'après les cartes d'Afrique de Ptolomée; sur-tout dans la partie occidentale de cette contrée. Dias fit de même, conjointement avec son frère Pierre et l'infant Don Juan, la découverte du Cap de Bonne-Espérance, qu'ils ne doublèrent cependant point.

En 1485, Martin Behaim fut créé par le roi chevalier du Christ; mais il n'est pas possible que cela ait eu lieu le 18 février, ainsi que le dit un écrit allemand de ce tems-là; car il se trouvoit encore un mois auparavant sur la flotte à la pointe d'Afrique. Resende (1), qui a tenu notice des moindres circonstances du règne du roi Juan II, ne parle point de cette création; cependant il n'a pas oublié de faire mention des honneurs et dignités accordés à Don Gonzale Vas de Castelbranco; mais ni lui, ni Barros, ni Vasconcellos, ni plusieurs autres écrivains

___

(1) *Chronica que tracta da vida e grandissimas virtudes do christianissimo Dom Juano ho segundo deste nome. --- Feyta por* Garcia de Resende. *Em Lisboa* 1596, *folio*, *cap.* 59, *fol.* 39, *b.*

ne disent rien de Behaim, qui étoit cosmographe de la flote, sur laquelle se trouvoit peut-être aussi son beau-père, Job de Huerter. Suivant une tradition de famille, le roi de Portugal doit avoir dit de Behaim, dans une lettre écrite de sa propre main: *Quia perspecta nobis jam diu integritas tua nos inducit ad credendum, quod ubi tu es, est persona nostra, etc.*; ce qui est à peine croyable, quand on pense au silence que les principaux historiens portugais ont gardé sur ce sujet.

Le Portugal ne fut pas ingrat envers les Allemands, qui lui avoient été de quelque utilité. Le 2 février 1503, Wolf Holzschuher, patrice de Nuremberg, reçut, pour récompense de son courage et de ses importans services, un diplôme, par lequel le roi Emanuel lui permettoit de porter dans ses armoiries une tête de Maure et la croix de l'ordre du Christ. Cette permission fut ratifiée en faveur de cette illustre famille, par Charles-Quint, en 1547.

Il ne paroît pas probable que Martin Behaim se soit ensuite trouvé aux autres expéditions en Afrique (1). Il resta à Fayal, où il

---

(1) Au mois de mai de l'année 1487, Pedro de Cavillam et Alphonse de Payva, partirent pour aller faire de nouvelles découvertes. Ils prirent avec eux une carte qui avoit été faite d'a-

se maria en 1486, avec la fille de Job de Huerter (Jeanne de Macedo), qui en 1489, lui donna un fils, Martin III.

En 1491, ou même déja en 1490, notre chevalier se rendit à Nuremberg, pour y voir sa famille.

Le 3 août de l'année 1492, Colomb mit à la voile de Palos, et découvrit l'île Lucaye, appelée Guanahani, à laquelle il donna le nom de San-Salvador. Dans un ouvrage fort utile, imprimé il n'y a pas long-tems à Vénise, on fait mention de notre Behaim : il y est dit (1) : *Sunt, qui* Colonum, *alienas tabulas sortitum Novum Orbem cogitasse credant, sive confectae ab amica manu suppeditatae illae sint a* Martino Andalouza *Cantabro, ab ignoti nominis Lusitano, sive ab* Alphonso Sanchez de

---

près une mappemonde de Cassadilla, évêque de Viseo, bon astronome. Peut-être est-ce cette carte qui pendoit dans le cabinet de Don Emanuel, roi de Portugal, et qu'on a attribué à notre Behaim.

En 1488, Vas de Cunha et Don Juan de Bemoin, furent expédiés pour aller construire un fort sur la rivière de Sanaga ; mais cette tentative fut infructueuse. En 1490, le roi fit partir Ruiz de Sousa pour le Congo.

(1) *Fasti Novi Orbis, et ordinationem apostolicarum, ad Indias pertinentium, breviarium cum adnotationibus. Opera D.* Cyriaci Morelli, *presbyteri, olim in universitate Neo-Cordubensi in Tucumania professoris*, *Venitiis* 1776, 4, maj. p. 61.

Huelba, *in Baetica nato*. Le 3 mars de l'année suivante, Colomb entra à Restelo (aujourd'hui Belem) sur le Tage; mais il en sortit bientôt, après avoir eu audience de Juan II, qui le reçut gracieusement, et le laissa ensuite partir sans aucun obstacle pour l'Espagne.

Martin Behaim mit, en 1492, à Nuremberg la dernière main à son globe terrestre, qu'il avoit entrepris de faire à la réquisition des trois principaux magistrats de cette ville; et en 1493 il arriva heureusement en Portugal, et ensuite chez son beau-père, dans l'île de Fayal.

Le roi Don Juan II avoit une grande confiance en notre chevalier. En 1494, il l'envoya en Flandre auprès de son fils naturel, le prince George, à qui il auroit désiré de laisser sa couronne, qui néanmoins passa à Don Emmanuel, le fils de sa sœur. Behaim eut le malheur d'être pris sur mer, et fut conduit en Angleterre, où il fit une maladie. Se trouvant rétabli au bout de trois mois, il se remit en mer, et tomba de nouveau entre les mains d'un corsaire qui le mena en France. Après avoir payé sa rançon, il se rendit à Anvers et à Bruges, d'où il manda tous ces contretems au sénateur Michel Behaim, son cousin, par une lettre du 11 mars 1494; mais qu'il n'expédia cependant que de Portugal, où il fut obligé de se rendre en hâte.

Après la mort du roi Don Juan, arrivée le 25 octobre 1494, je ne trouve plus rien de Behaim jusqu'en 1506, qui est l'année de sa mort. Il faut que depuis cette époque il n'ait plus entretenu de correspondance épistolaire; ayant alors reçu de sa famille tout ce qu'il pouvoit en prétendre.

L'empereur Maximilien a rendu à Martin Behaim ce témoignage honorable : *Martino Bohemo nemo unus Imperii civium magis umquam peregrinator fuit, magisque remotas adivit orbis regiones.*

Cependant on continuoit à faire de grandes découvertes. Vasco de Gama doubla, en 1496, le Cap de Bonne-Espérance.

En 1499, Don Emmanuel (né en 1469, et mort en 1521) *auspicatus orientes conquisitionem* Vascum Gamam, *expeditioni, classique summa cum potestate praefecit*, etc. (1).

Vincent Yanès Pinzon avoit déja fait, le 26 janvier 1500, la découverte du cap *da Consolaçaon* ou de Saint-Augustin; et peu de tems après celle de l'embouchure du Maragnon, autrement appelé la rivière des Amazones (2).

---

(1) P. Antonii Vasconcelli, *S. J. Anacephalaeoses, i. e. Summa capita actorum regum Lusitaniae. Antv.* 1621, 4, *fig* p. 265.

(2) Voyez P. Emmanuel Rodriguez, *S. J. Relacion del Marannon y Amazonas.*

1500. *In secunda deinde expeditione,* Petro Alvaro Caprali *praefecto patefacta ex occursu est Sanctae Crucis terra, quae vulgato nomine appellata Brasilia* (1).

Cabral découvrit le Brésil le 24 avril 1500 (2).

Le roi Don Emmanuel fit partir Améric Vespuce, en 1501, pour aller faire de nouvelles expéditions dans la mer du Sud. Ce navigateur eut le bonheur de faire, le 1er. avril 1502, la première découverte (3) de la côte de la province connue aujourd'hui sous le nom de *Terra Firma.*

En 1505, Pierre de Anaya fit connoître le Monomotapa aux Portugais.

Il paroît que, depuis son retour, Martin Behaim avoit renoncé à toute entreprise nouvelle, et cela principalement à cause de son âge avancé. En 1506, il se rendit de Fayal à Lisbonne,

---

(1) Vasconcellos, *Anacephalaeoses*, etc.

(2) Barros, *Dec. I, lib. IV,* c. 2. Cyr. Morelli, S. J. *Fasti Novi Orbis*, p. 10.

(3) M. de Murr se trompe sans doute ici; car, suivant les meilleurs historiens, ce furent Rodrigue de Bastidias et Jean de la Cosa qui, en faisant voile directement vers l'Ouest, arrivèrent les premiers à la côte de Paria, et suivant toujours la même direction, découvrirent la province de *Terra Firma*, depuis le cap Vela jusqu'au golfe de Darien. Il est vrai que Vespuce prit, sans le savoir, la même route, et fit les mêmes découvertes, mais ce ne fut qu'après les deux navigateurs que nous venons de nommer. (*Note du Traducteur.*)

où il mourut le 29 juillet de la même année (1), ainsi que cela est prouvé par des pièces authentiques. C'est donc par erreur que cet événement est reculé au 15 juillet 1507 sur les armoiries mo... ...res que son fils Martin a fait placer, en 1... la droite du grand autel dans le chœur de l'église de Sainte-Catherine (2), à Nuremberg. Martin Behaim est enterré dans l'église des Dominicains à Lisbonne.

La famille de Behaim possède un ancien portrait de Martin de Behaim. Un autre portrait en pied, moins ancien, porte cette inscription: *Martinus Bohemus, Noriberg. Eques, Serenissimorum Johannis II et Emmanuelis, Lusitaniae Regum Thalastus, et Mathematicus insignis. Obiit 1506. Lisabonae* (3).

---

(1) Martin Behaim étoit né au moins en 1436; par conséquent, il avoit soixante-dix ans lorsqu'il mourut.

(2) On lit sur cet écu des armories de Behaim: 1507, *Pfintzag. nach. Jacoby. 29 juli. starb. der. gestreng. und, vest. her. Martin. Behaim. Ritter. im. kynckreich. Zw. Portugal. dem... Gott. gnedig. sey.* Les armes de la famille de Behaim, sont un écu tiercefeuille (*scutum trifolium*) d'argent, portant trois ogoësses parsemées d'étoiles d'argent.

(3) Doppelmayr a placé le portrait de Martin Behaim sur la mappemonde qu'il a donnée de son globe dans un ouvrage allemand intitulé: *Nachricht von Nurenbergischen Mathematicis und Kunstlern*, tab. I. (*Note du traducteur.*)

FIN.

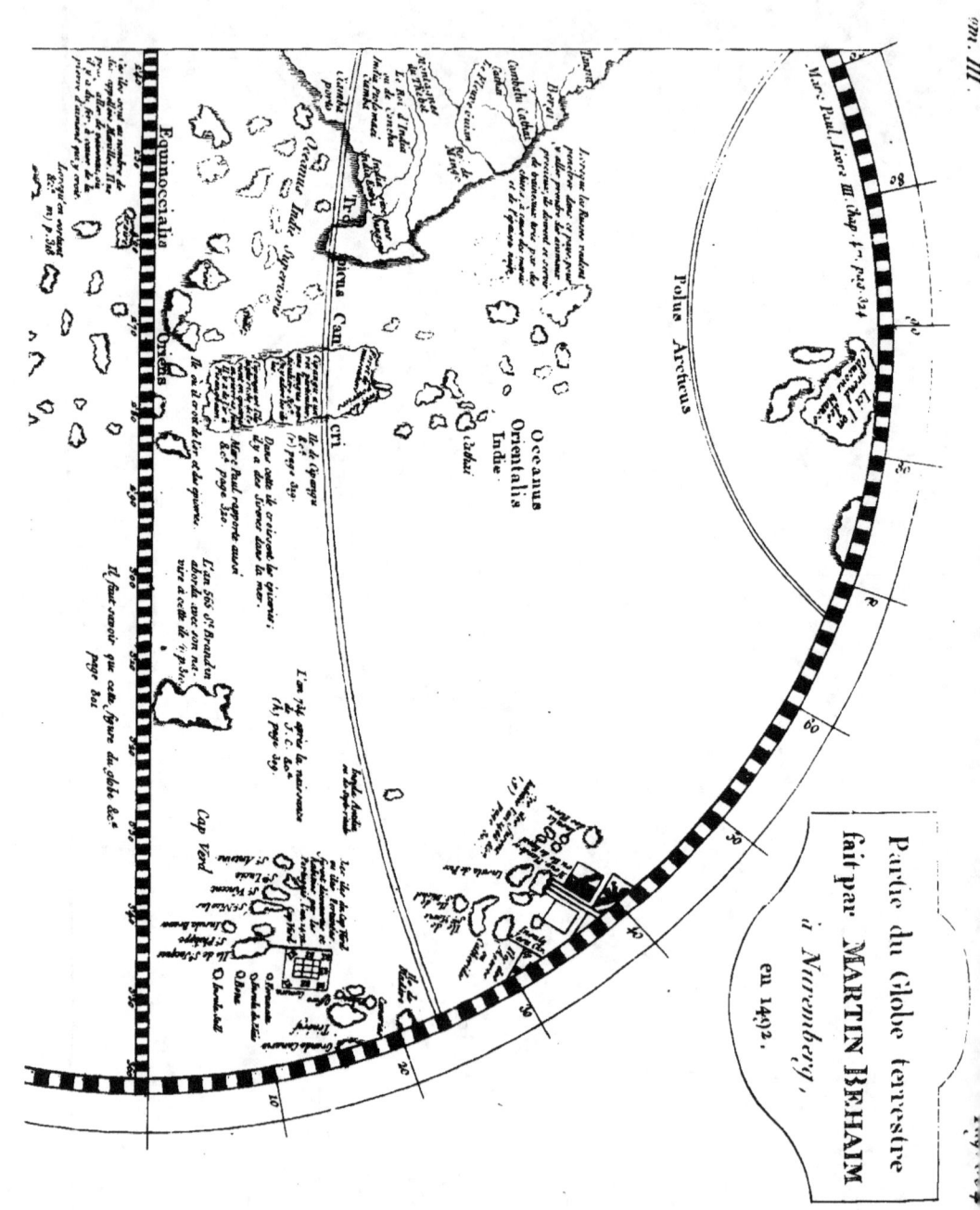

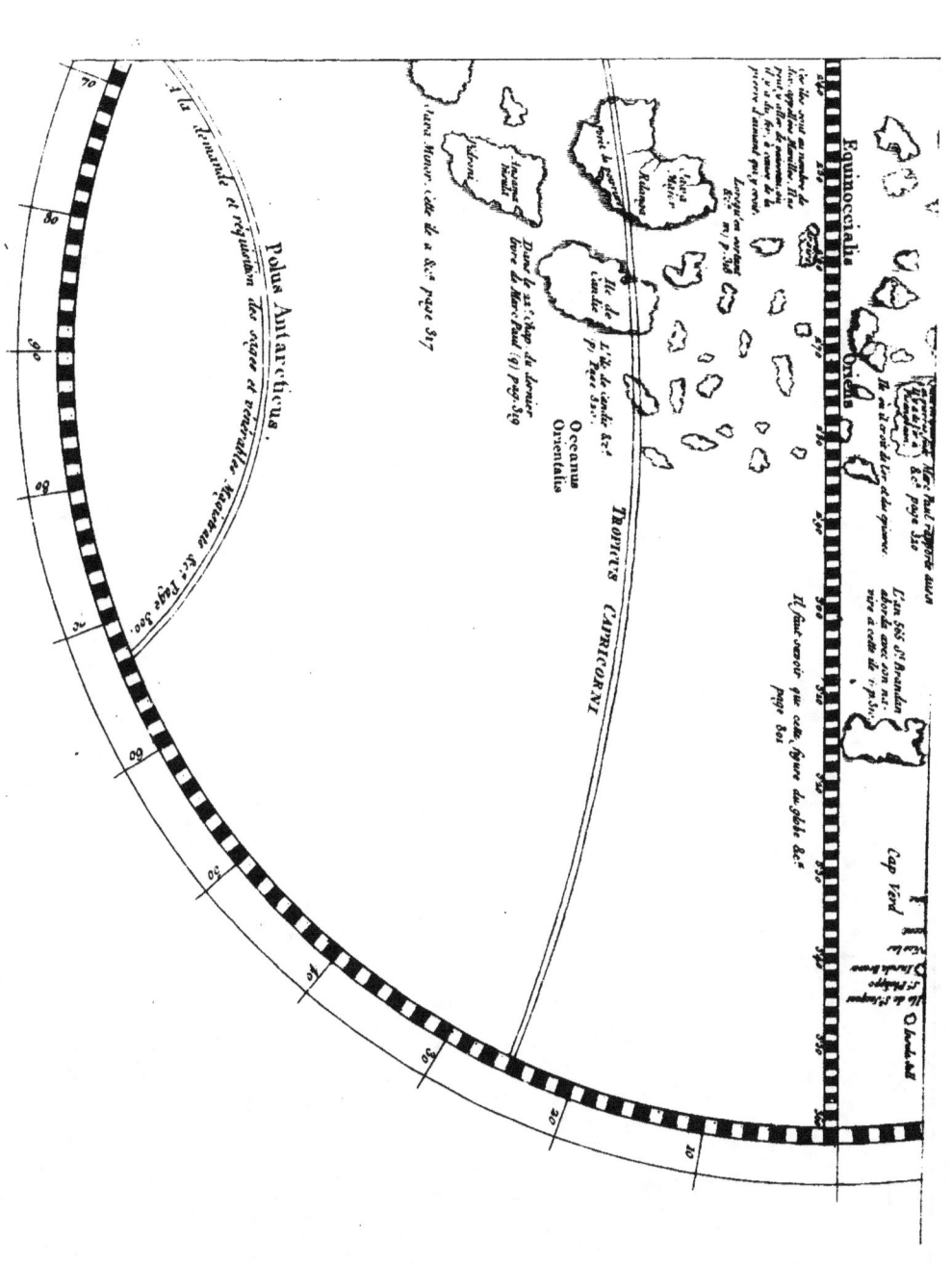

TABLE DES MATIÈRES

CONTENUES DANS CE VOLUME.

A.

Abarien, île, *page* 170.
Abba, nom de Dieu dans la langue des îles Philippines, 88.
Abeilles des Moluques, 203.
Abuleis, roi, 170.
Açores ou îles Catherides, 307. Origine de ce nom, 309. Leur découverte, 331.
Acquiqui, espèce de singe, 19 et note.
Agathodemon, auteur des cartes de Ptolomée, 295.
Agon, espèce de cymbale qui sert de cloche, 100.
Aider l'aiguille aimantée, terme de marine, 55 note.
Aiguade aux bons indices, 68.
Aimant, *xij*, 54, 265 et 278.
Ala, nom de Dieu, 189.
Albuquerque (le duc d'), *xvj, xvij*.
Alexandre VI (le pape) trace la ligne de démarcation, *xiv*, 55 note.
Alfarax (Jean d'), ville des Maures en Espagne, 8.

TABLE

Alhidade, ce que c'est, 280 note.
Alliance avec le roi de Zubu, 94.
——————————— de Chipit, 131.
——————————— de Palaoan, 136.
——————————— de Bornéo, 142.
——————————— de Tidor, 164.
——————————— de Gilolo, 181.
——————————— de Bachian, 196.

Almadie, espèce de barque, 138.
Almanach de Gottingue critiqué au sujet de Martin Behaim, 360.
Alvarado de Mesquita, 44.
Amaban, ville, 213.
Ambalas, *v. Amblau.*
Amblau, île, 208.
Amboine, île, 208.
Ambulon, espèce de fruit; 212.
Ananas, fruit, 14 et note.
Anaximandre paroît avoir été le premier inventeur d'un globe terrestre, 294.
Anaya (Pierre de) découvre le Monomotapa, 383.
Angama, île, 319.
Ange Gabriël de Sainte-Marie, cité, *xxxiv* et note, *xlvj.*
Angera (Pierre Martyr), *xxxij, xxxix, xl, xlj.*
Anime, espèce de résine, 131 et 151.
Anta, v. Tapir.
Anthropophages, 17, 22, 159 et 206.
Antilles (îles), pourquoi Colomb leur a donné ce nom; *xxv.* Leur découverte, 309.
Antillia, île, 56 note, 309.
Antoine (le vaisseau le Saint-) prend la fuite, 46.
Aptenodita, v. Pinguins.
Arac, liqueur, 65 et 139.
Arbre à pain, 186.
Arbre qui fournit de l'eau aux habitans de l'île de Ténérif, 10 et note.
Archipel de Saint-Lazare, 69.

Arec, racine; 87.
Aristote cité, *xj* note.
Armilliaire, *v. Sphère*.
Armus, *v. Ormus*.
Arucheto, île, 212. Ses habitans sont des pygmées, *ibid*.
Astrolabe, sa figure, *v. pl. III*. Son usage, 262 et 283. Behaim a eu part à la découverte de son usage, 343 et 345.
Astrologie du roi de Tidor, 164.
Astrologue (l') San-Martino, *xxx* et 28.
——————— Faleiro, *xxx* et 264.
Atalubaon, île, 206.
Autruches, 38 et note.
Azanaran, île, 216.

B.

Babi-rousa, 154 et note.
Bachian, île, 167 et 205. Position de cette île, 204.
Bahar, poids, 150.
Balance des Indiens, 102.
Balancier (canots à), 62 et note; 151 et note.
Balangai, embarcation des Indiens, 72.
Baleines tués par des oiseaux, 103.
Bali, île, 217.
Balibo, village indien, 212.
Bambou, 181 et note.
Banane, plante et fruit, 61 et note; 65.
Bandan, *v. Bantam*.
Banga, ville, 219.
Bantam, île, 208. Sa position, 209.
Baracan, île, 209.
Baranaci, ville, 224.
Barbes renfermées dans des étuis, 210.
Barbosa, gouverneur de la flotte, 126 et 127.
Barrameda (Notre-Dame de), 9.
Bartholomée Florentin cité, *vij* et 313.

388 TABLE

Paptême d'un Patagon, 31 et 49. Des insulaires de Zubu, 65 et 104.

Bataille de Matau, 121.

Batatiga, île, 205.

Baybay, île, 87.

Behaim (Martin), sa mappemonde, *xxiij*, 40 et 56. Notice sur sa vie et sur son globe terrestre, 289 et suiv. Grandeur et disposition de ce globe, 298 et 305. Son projet de découvrir les Indes occidentales, 299 et suiv. Assiste aux découvertes de Don Juan, roi de Portugal, 301 et suiv. Sa naissance, 327. S'il étoit né en Bohême, 328. Ses maîtres, 329. Si c'est lui qui a découvert l'île de Fayal, 330. S'il a eu part à la découverte de l'Amérique et du détroit de Magellan, *xxiij*, 337 et suiv. 362. A eu part à la découverte de l'usage de l'astrolabe, 343 et 345. N'a pas fait la découverte des Açores, 345. Ni du détroit de Magellan, 346 et 355. Chargé avec Canus d'aller en Ethiopie, 353. Créé chevalier du Christ, 378. Met la dernière main à son globe terrestre, 381. Est chargé d'une mission par Don Juan, roi de Portugal, 381. Est pris sur mer et conduit en Angleterre, *ibid*. Est pris par un corsaire françois, *ibid*. Témoignage honorable que lui rend l'empereur Maximilien, 382. Meurt à Lisbonne, 384. Son portrait, *ibid*. et note. Ses armoiries, *ibid*. et note.

Bellin cité, 134 note, 156 note, 159 note.

Beloto. embarcation indienne. 72.

Benaia, île, 206 et 208.

Benan, ville, 219.

Bengala, royaume, 225.

Benians, anthropophages, 159.

Benzon cité, 30 et note. Différentes traductions de son *Historia del mondo nuovo*, 356 et 357.

Bétancourt découvre les Açores, 331.

Betel (feuille de), 86.

Betis, fleuve, 8.

Bibalon, île, 153.

Biga, île, 206.

DES MATIÈRES. 389

Bignadai, embarcation des Indiens, 158.
Biraham-Batolack, 159.
Birmacore, île, 216.
Biron (l'amiral) cité, 27 note.
Bocassin (drap de), 66 et note.
Bohême, *v. Behaim.*
Bohol, île, 87 et note, 130.
Boi, case des Indiens, 16.
Boire (manière de) des Indiens, 99 et note.
Bois-mêlé cité, 177.
Bombarde, signifie canon, 7 et note, 178 et note.
Bonne-Espérance (le Cap de), par qui découvert, 378.
Bonnette (voile de), 7.
Borda, son cercle de réflexion, 262.
Bornéo, île, 138. Ambassade du roi, *ibid.* Présens du roi, *ibid.* Présens de la cour, 140. Cérémonies de réception, *ibid.* Lits, 141. Palais du roi, *ibid.* Le roi, 142. Manière dont on lui parle, *ibid.* Révérences d'usage, *ibid.* Réponse du roi, 143. Luxe, *ibid.* Souper, 144. Ville de Bornéo, 145. Productions de l'île, 149. Son commerce, 150. Poids et mesures, *ibid.* Départ de cette île, 152. Sa position, *ibid.*
Boucault (baie de), 42.
Bougainvilla (M. de) cité, *lix*, 13 note, 27 note, 41 note, 51 note, 52 note, 207 note.
Bouro, île, 207. Sa position, *ibib.* et note.
Boussole, *v. Aimant.*
Bradlini, ville, 219.
Brandan (île de Saint-), 310.
Bratzl, sa mappemonde, 297.
Brésil (royaume du), 14 et 16.
——— (bois de), 14 note.
Brésiliens, leur longévité et leurs mœurs, 15. Maisons, *ibid.* Barques, *ibid.* Tatouage, 18. Vêtemens, *ibid.* Ornemens de leurs lèvres, 19. Teint, *ibid.* Leur roi, *ibid.* Pain, *ibid.* Libertinage des filles, 20. Chasteté conjugale, *ib.* Armes, *ib.* Crédulité, 21.
Brito, Portugais, 170.

Bruce, cité, 221.
Buapanganghi, fruit de l'arbre *campanganghi*, 218.
Buffon, cité, 28 note.
Bulaia, village indien, 119.
Burné, *v* Bornéo.
Buru, *v*. Boura.
Butuan, île, 15 et 73. Visite faite au roi, *ibid*. Cérémonie qu'il observe en buvant, 76 et 131.

C.

Cabaluzao, île, 160.
Cabouaza, village indien, 214.
Cabral (Alvaro), découvre le Brésil, *xiv* et 283.
Caca-ucello, *v*. Stercoraire.
Cadamoste, *xv*.
Cadavres, observation sur ceux des Chrétiens et des Indiens, 227.
Cafi, île, 205.
Cafres, signification de ce mot, 70 et note.
Cagasella, *v*. Stercoraire.
Cagayan, île, 134 et 156.
Caioan, île, 205.
Calagan, île, 84 et 157.
Calantan, ville, 219.
Calicut, pays, 225.
Camanuça, île, 160.
Cambia, ville, 22, 98 et 225.
Camogia, royaume, 219.
Campanganghi, grand arbre du *Sinus Magnus*, 218.
Camphre, 149.
Can (Diego) va jusqu'à l'embouchure du Zaïre, 577.
Can (Jacques) chargé avec Behaim d'aller en Ethiopie, 353. Découvre le Congo, 355.
Canali, *v*. Bananes.
Cananor, royaume, 225.

Candie, île, 320.
Candigar, île, 159.
Candish, cité, 96.
Canigan, île, 87.
Cannelle, 157.
Cannellier, sa description, 158.
Cannes à sucre, 15 et note, 61.
Cantova (le père), cité, *lix.*
Canots des îles des Larrons, 62.
Canton, port de la Chine, 220.
Cap de Saint-Augustin, 14.
—— Bojador, 284.
—— de Bonne-Espérance, sa position, 226. Doublé par Pigafetta, 227.
—— Cattigara, 57 et note.
—— Comorin, 57 et note.
—— Désiré, 45 et note.
—— Sainte-Marie, 23 et 177.
—— des Onze mille Vierges, 40.
—— de la Possession, 41.
—— Verd (îles du), 10 et 227. Courant qui s'y trouve, 305.
—— de Saint-Vincent, 9.
Capac, racine qui sert de pain, 36.
Capor ou camphrier, 149.
Carachite, île, 161.
Carli (le comte), cité, *xxiij*.
Cartes géographiques, leur ancienneté suivant Fabricius et Hauber, 294. Il en est parlé dans le livre de Josué, *ibid.* Sésostris en a fait faire, 295. Aristagoras en avoit une, *ibid.* Celle de Peutinger, *ibid.* Les premières qui furent faites pour la géographie de Ptolomée, *ibid.* Traduites en latin par Nicolas Donis, *ibid.* Une de ces cartes gravée à Rome, 296. Et en bois à Ulm, *ibid.* Table de Charlemagne avec une mappemonde, 297. Mappemonde de Matthieu Bratzl, *ibid.* Cartes de Reburger, 326. Carte de Juste Dankerts, 334. Celle présentée par Barthelemi Colomb à Henri VII, roi d'Angleterre, 340.

Cartes à jouer servant d'article de commerce avec les Brésiliens, 15 et note.

Carvajo (Jean), *xiv*.

Cases des Brésiliens, 16.

——— des îles des Larrons, 61.

——— sur des arbres, 89.

——— sur des poutres, 77 et 103.

——— de Giolo, 184.

Castes (les six) des peuples du Bengale, 225 et note.

Castor qui donne le musc, 223.

Catara, espèce de perroquet, 203.

Cathay oriental, 224.

Cathérides, îles, *v. Açores*.

Cathil, poids des Indes, 150.

Cavaio, île, 160.

Cavit, pays, 157.

Cenalo, île, 70.

Cercle de réflexion de M. Borda, 262.

Cérémonies funèbres, 115.

——————— nuptiales, 194.

——————— de tirer du sang en signe d'alliance, 92, 131 et 137.

——————— en buvant, 76 et 132.

Ceylon, île, 72 note, 84 et note, 87 et 316. Rubis de son roi, *ibid*.

Chamaru, bois dont se nourrit le chat musqué, 228.

Chandelles faites de résine, 131.

Charlemagne, sa table avec une mappemonde, 297.

Charles-Quint, *xxxij* et 2.

Chartres et diplomes touchant les affaires de l'Amérique qui se trouvent à Simancas, 342. A Torre do Tombo, *ibid*.

Chaussure des Patagons, 35.

Chasteté conjugale des Brésiliens, 20.

Chauve-souris, 88.

Cheai, île, 160.

Cheava, île, 160.

Cheleule, démon inférieur des Patagons, 35.

DES MATIÈRES. 393

Chechilideroix, prince de Ternate, 170 et suiv. Veut enlever de Lorosa, 193.
Chelicel, île, 208.
Chelim, royaume, 225.
Cheoma, île, 161.
Cherigigharan, ville, 219.
Cheveux, les Indiens s'en servent pour trouver la voie d'eau du vaisseau la Trinité, 200.
Chiare, fruit, 207.
Chiempa, royaume, 219.
Chienchis, peuple, 224.
Chiericato (Monsg.), *xxxiv* et 2.
Chine (Grande-), 220. Sa capitale, 221. Son roi, *ibid*. Punition de ceux qui lui désobéissent, *ibid*. Son palais, 222.
Chinga, animal gravé sur le seau du roi de la Chine, 221.
Chinois, 223.
Chipit, port de Mindanao, 134 et 156.
Chorum, île, 216.
Ci et *si*, titres de dignité parmi les Indiens, 109 et note.
Ciau, île, 162.
Cibobo, île, 159.
Cilapalapu, chef de Matan, 120.
Cimboubou, île, 153.
Cimetière des Espagnols à Zubu, 102.
Cinabre, article de commerce à Tidor, 173.
Cingapola, village indien, 119 et 219.
Cipangu, île (le Japon), 56 et note, 319.
Cirubaia, île, 217.
Ciu, ville, 219.
Clément VII, pape, *xliij* et 3 note.
Clous de girofle, 167 et 182.
Cluverius, cité, *xxij*.
Cocchi, royaume, 220.
Cochin, royaume, 220.
Cochon (bénédiction du), 113.
Colomb (Christophe), ses connoissances nautiques, *xij*. Son

projet de découvrir le nouveau monde, 337 et suiv. Son départ pour cette entreprise, 341. Découvre l'île Lucaye, appelée Guanahani, 380.

Colomb (Barthélemi), carte géographique qu'il présente à Henri VII, roi d'Angleterre, 340 et note. Sa mort, *ibid.*

Colondrin, poisson, 48.

Colonnes d'Hercule, 305.

Comilicai, fruit, 206 et 207.

Comlaha, ville de Chine, 221.

Commerce des Italiens au quinzième siècle, iv et suiv.

Comorin, *v. Cap.*

Complot contre Magellan, *v. Magellan et Henriquez.*

Conception (le vaisseau la) brûlé, 130.

Cook, cité, *lix*, *lx*, 19 note, 27 note, 39 note, 47 note, 51 note, 59 note, 60 note, 101 note, 156 note et 185 note.

Coqs (combat de), 157.

Coquillages dont se nourrit l'équipage de Magellan, 38.

Coraux, article de trafic avec les Indiens, 74.

Corbeaux singuliers qui tuent les baleines, 103.

Coria, village d'Espagne, 9.

Cornioles, espèce de coquilles, 210 et note.

Corps-saints, *v. Feux de Saint-Elme*

Coylur, île, 322.

Crédulité des Brésiliens, 21.

Crénochile, île, 216.

Crocodiles, 154.

Croix (rivière de Sainte-), 39 et note.

——— plantée à Massana, 82 et 84.

——— constellation du pole antarctique, 55.

Cuirs, servent de nourriture aux équipages, 51 et note.

D.

Dabadama, île, 216.
Dante (le) parle de la constellation de la croix, 55 note.
Darien (isthme de), 201 note.
Daveiro (Juan-Alphonse), découvre le Benin, 377. Apporte le premier poivre en Portugal, *ibid.*
Debry, cité, 28 note, 34 note.
Déclinaison de l'aiguille aimantée, *v. Aimant.*
Delbène (Benedetto), cité, *xlvj.*
Dents coloriées en rouge et noir, 60. Dorées, 80.
Desbrosses (le président), cité, *xlvj, liij,* 27 note, 39 note, 58 note, 64 note, 69 note.
Désiré (cap), *v. Cap.*
——— (port), 23 note.
Détroit de Magellan, sa description 40 et suiv.
Dias (Bartholomé), découvre le cap de Bonne-Espérance, *xv,* 378.
Disette de l'équipage de Magellan, 135.
Dixon (M.), cité, 12 note, 227 note.
Drake (l'amiral), cité, 53 note.
Drap fait d'écorce d'arbre, 185 et note.
Dyucatan, 201.

E.

Eau fournie par un arbre, 10. Eau jetée sur la tête en signe de paix, 25 note. Eau chaude, 174.
Eclipse du soleil vue par Magellan dans le détroit, 39 note.
——— des étoiles, 277.
Eclyptique (l'), sa déclinaison, 270.
Elme (feux de Saint-), 12 et note, 24, 138 et 160.
Emanuel, esclave de Delorosa, 171.
Ende, île, 216.
Enfant porté en l'air par un oiseau, 218.

Épiceries des Indes, par combien de mains elles passent, *vij*, 312
Étoffes d'écorce d'arbre, 185 et note.
Étoile polaire, 260.
Étoiles circonpolaires, 260.

F.

Fabre, traducteur du voyage de Pigafetta, *xliv*, *lxj*, *lxiij*, 22 note, 80 note.
Faim soufferte par les équipages de Magellan, 135.
Faleiro, l'astrologue, *xxx* et 264.
Faria, Portugais, 178.
Farol, feu pour les signaux sur mer, 6.
Fayal, île, par qui découverte, 332. Sa population natuelle, 336. Origine de son nom, *ibid*.
Femelles; il en naît plus que de mâles par-tout où règne la polygamie, 173 note.
Féminine et Masculine (îles), 311.
Femmes qui vivent sans hommes, *v. Ocoloro*.
———— des Brésiliens, 20. Des Patagons, 30. Des îles des Larrons, 33. Des îles Philippines, 86. Du roi de Bornéo, 145. De Mallua, 210. De Timor, 213. Enceintes par le vent, *v. Ocoloro*. Qui se brûlent avec leurs maris, 217.
Fer (île de), 285.
Feuilles animées, 154 et 155 note.
Feux, quand connu aux îles des Larrons, 59 note. Manière de l'allumer chez les Brésiliens, 48.
Feux de Saint-Elme, *v. Saint-Elme*.
Flèches empoisonnées, 137.
Fleuve Janeiro, *v. Rio*.
———— della Plata, 22.
———— des Sardines, 44.
———— de Sainte-Croix, 39.
For franchi ou lues vénérien, 216 et note.
Forster, cité, *lx*, 27 note, 172 note, 239 note.
Friagonla, île, 224.

Frianga, île, 224.
Funérailles des Indiens, 101 et 115.
Furfur (pays de), 304.
Fusinièro, espèce de gondole, 62 et note.

G.

Gaghiamada, île, 216.
Galiam, île, 209.
Galilé, cité, 264.
Gama (Vasquez de), *xxix*. Double le cap de Bonne-Espérance, *xv* et 382.
Gambie, royaume, 304.
Gange, fleuve, 323.
Gardes, étoiles, 260 et 272.
Garuda, grand oiseau du *Sinus Magnus*, 218.
Gattigan, île, 87.
Gattigara, *v. Cattigara*.
Géans, 25 et 26 note et suiv. Pris par artifice, 32. Leurs usages, 36 et suiv. La mort de deux à bord du vaisseau, 49.
Gebauer (le professeur), vœux qu'il fait pour qu'on donne l'histoire de Martin Behaim, 289.
Giailolo, *v. Gilolo*.
Gingembre, sa description, 184.
Gilolo, île, 180. Visite du roi, 181. Maisons, 184. Jalousie des hommes, 185. Invitation du roi refusée, 187. Visite du roi, 188. Son chagrin de ce refus, 189.
Giogi, île, 205.
Giroflier, sa description, 182.
Globes; on ignore a qui on en doit l'invention, 294. On en voit de représentés sur les médailles et dans les tableaux des anciens, *ibid*. Sur le manteau de Démétrius Poliorcètes, *ibid*. Description du globe terrestre de Martin Behaim à Nuremberg, 298. Deux autres anciens globes de la même ville, 325.
Gnio, pays, 224.

Goa, 225.
Gomez, abandonne Magellan dans le détroit, 47.
Gonda, île, 206.
Gouverneurs de l'escadre après la mort de Magellan, 126.
Grandeur de la terre, 370.
Grelots attachés au prépuce, 217.
Guahan, île, 58 note.
Gualdalquivir, île ive, 8.
Guanac, animal, 28 et note.
Guantan, *v. Canton.*
Guérison miraculeuse opérée par Magellan, 111.
Guinée, 10.
Guyave, fruit, 203 et note.
Guzzerate (drap de), 174 et note.

H.

Hadley, cité, 262.
Haex (David), cité, 239.
Halley, cité, 265.
Hamac, 16.
Han, île, sa position et ses produits, 224.
Hara, (Christophe), *xxix.*
Henri (l'infant Don); ses projets de voyage, *xx.* Double le cap Boyador, 371.
Henri, esclave interprète de Magellan, 235.
Hervas (l'abbé), cité, 238.
Histoire générale des voyages, cité, 59 note, 63 note, 64 note, 96 note, 149 note, 155 note, 159 note, 201 note, 205 note, 208 note.
Historiens portugais qui ont parlé du siècle où a vécu Martin Behaim, 364.
——— espagnols, *ibid*, 366.
——— latins, *ibid*, 368.
Hospitalité des Indiens de Zubu, 119.
Huerter, feudataire de Fayal, *xxiij*, 330 et suiv.

Huile de noix de coco et de séséli, 61 et note.
Huinangan, île, 70.
Humai, neveu du roi de Machian, 190.
Humunu, île, 64 et 68.
Hypparque a déterminé la longitude et latitude de plusieurs étoiles, *xij* note. A tracé la figure des étoiles sur un globe, 293.

I.

Ibuisson, île, 70.
Idda, ville et port, 178 et note.
Idôles brûlées, leur figure, 112.
Igavana, île, 58 note.
Ile peuplée de femmes, 217.
Incendie aux îles des Larrons, 58. A Zubu, 122.
Indiens, leurs castes, 225.
Infibulation, 117 et note.
Infortunées (îles), 52 et note.
Interprète (l') de la flotte, 73. Son complot, 127. Pourquoi il comprenoit la langue des îles Philippines, 137 et note.
Islande, 325.
Italiens, font presque seuls le commerce de l'Asie au quinzième siècle, *v*.

J.

Jabobi, île, 205.
Jacques (île de Saint-), 227. Par qui découverte, 335.
Jacques (le vaisseau le Saint-), naufragé, 37.
Jaillot, critiqué, 53 note.
Jandibun, ville, 219.
Janeiro (Rio), *v. Rio*.
Jaula, pays, 224.
Java Major, 216, 217 et 318.
Java Minor, 118 note.

Jonques, barques de Siam, 90.
———————— de Bornéo, 151,
———————— leur forme et construction, 121.
Joran, ville, 219.
Journée gagnée pendant le voyage, 228.
Juan (Don), roi de Portugal; ses découvertes, 301, 302 et 303.
Juda, *v. Idda*.
Judia, ville, 219.
Julien (port de Saint-), 25 et 36.

K.

Kailaruru, île, 206 et 208.
Keate (M.), cité, 19 note, 60 note, 237 note.

L.

Laboan, île, 205.
Labutan, village indien, 119.
Lada, ou poivre rond de Mallua, 211.
Lagan, oiseau qui tue la baleine, 103.
Lagon, ville, 219.
Laigoma, île, 205.
Lailaca, île, 209.
Lalan, village, 119.
Lamatola, île, 206.
Langopifa, ville, 219.
Laoë, ville, 146 et note.
Larrons (îles des), 58. Perfidie des habitans, 59. Leurs mœurs, 60. Femmes, *ibid.* Maisons, 61. Armes, *ibid.* Canots, 62. Sont grands nageurs, 63.
Latalata, île, 205.
Latitude, comment on la trouve, 271.
Laun, village, 219.
Laut-Chidol, ou Grande-Mer, 225.

DES MATIÈRES.

Lazare (archipel de Saint-), 69.
Lechiis, peuple, 224.
Leibnitz, sa lettre à Burnet au sujet de Martin Behaim, 292.
Leitimor, île ou péninsule d'Amboine, 206 et note.
Léon X, pape, *xxxiij* et 2.
Lèpre, 216 note.
Lequies, peuple, 134.
Leyte, île, 84 note.
Lichsasana, village, 214.
Lieues dont se sert Pigafetta, 9.
Ligne du méridien, comment on la trouve, 280.
────── de démarcation, tracée par le pape Alexandre VI, *xiv*, *xxxj*, 55 et note.
Limassava, *v. Massana*.
Linta, sangsue dont on se sert pour avoir le musc, 223.
Lipan, île, 160.
Lisle-Adam, grand-maître de Rhodes, 1 et 184.
Loch, sert à mesurer la marche du vaisseau, 53, 266.
Longévité des Brésiliens, 16.
Longitude, manière de la trouver, 274.
────── des Moluques, *xxxij*.
Lopez de Sichera, 177.
Loroza (de), 171 et suiv., 176 et 193.
Louise de Savoie, régente de France, *xliv* et 234.
Loups marins, *v. Phoqua*.
Lozon, île, 134. Le fils du roi fait prisonnier, 146. Mis en liberté par Carvajo, 147.
Lubucin, village, 119.
Lucar (San-), 9.
Lune (la) influe sur les plantes, 215. Sert à trouver les longitudes, 273.
Lunettes recherchées par les habitans de Bouro, 150.
Lusson, *v. Lozon*.

M.

Macartney (M.), son voyage cité, 136 note.
Machian, île, 167. Son roi vient à Tidor, 190. Sa position, 204.
Macis, 67, note.
Madagascar, île, 314.
Madura, île, 217.
Magellan, son voyage en Asie, *xvij*. Demande de l'avancement, *xviij*. Invité par Serano de se rendre aux Moluques, *xix*. Son origine et ses études, *xx*. Voit le détroit dans une carte de Behaim, *xxj*. Instruit par Faleiro à déterminer les longitudes, *xxx*. Nommé commandant de l'escadre, 3. Entreprend le voyage, 5. Etablit les signaux, 6. Va à San-Lucar, 9. Arrive à Ténérif, *ibid*. Au Brésil, 14. A Rio della Plata, 22. Prend deux Patagons, 32. Arrive au port Saint-Julien où il séjourne, 36. Punit les révoltés, 37. Apperçoit une éclipse du soleil, 39 note. Entre dans le détroit, 40. En voit le dessin dans une carte de Behaim, *ibid*. Est abandonné par le vaisseau le Saint-Antoine, 43. Arrive près du port Désiré, 45. Débouque du détroit, 50. Navigue dans la mer Pacifique, 52. Arrive aux îles Infortunées, *ibid*. Connoît la déclinaison de la boussole, 54. Arrive aux îles des La-rons, 58. Punit les habitans qui l'avoient volés, *ibid*. Arrive à Zamal, île des Philippines, 63. Sa conduite avec le roi, 64. Fait dire la messe à Massana, 80. Y élève une croix, 83. Va à Gattigan, 87; et à Zubu, 89. Sa conduite avec le roi, *ibid*. Contracte alliance avec lui, 92. Fait baptiser le roi et les habitans, 106. Fait baptiser la reine, 107. Ordonne aux chefs d'obéir au roi, 109. Guérit miraculeusement le neveu du roi, 111. Attaque l'île de Matan, 120. Combat vaillamment, 121. Est tué, 122. Son éloge, 125. Le roi de Portugal avoit tenté de s'opposer à son projet, 177. Comparé au capitaine Cook, 263.
Magepaher, ville de Java, 216.
Maiali, *v. Pocci*.
Main, île, 216.

DES MATIÈRES.

Maingdanao, *v. Mindanao.*

Mal de Saint-Job, 216 et note.

Malacarne (le professeur), cité, *xxvij.*

Malacca, son commerce, 179. Sa situation, 219. Ses villes et bourgs, *ibid.*

Malades espagnols qui demandent les intestins des ennemis pour se guérir, 59.

Malais, peuple, 225.

Malaise (langue), 72 note et 236.

Mallua, île, 209. Mœurs sauvages de ses habitans, 210. Poivre de cette île, 211. Sa position, *ibid.*

Malucco, *v. Moluques.*

Man, île, 209.

Manadan, île, 206.

Mandani, village indien, 119.

Mannican, île, 209.

Manucodiata, *v.* Oiseau de Paradis.

Mappemonde faite en 1529 par Diego Ribera, 327.

Marcel, monnoie de Vénise, 191 et note.

Mare, île, 202.

Marianes (îles), 62 note.

Marie (cap Sainte-), *v. Cap.*

Marie (Ange Gabriel de Sainte-), cité, *xxxiv* note, *xlvij.*

Marini (monsegnor), *xlviij.*

Martin de Bohême, *v. Behaim.*

Martin de Séville, *xxx.*

Martino (San-), 69 note, 128.

Masculine et Feminine (îles), 341.

Massana, île, 72. Coutume du roi en buvant, 76. Religion des habitans, 85. Mœurs et usages, 86. Animaux, *ibid.* Végétaux, *ibid.* Sa position, 87.

Mata, île, 205.

Matan, île, 119. Magellan y descend, 120. Y est tué, 122.

Matia, *v.* Macis.

Maure (marchand), 90, 92, 106.

Maures, leurs usages, 70, 147, 149 et 180. Leurs monnoies, 150.

Mauro (Fra), géographe, *xv* note.
Mean, île, 162.
Médecine des Patagons, 34.
────── des Espagnols, 59.
Mediclino, *v.* Astrolabe.
Medora, signification de ce mot, 8.
Mendoza (Louis), poignardé pour révolte, 37.
Menezes, Portugais, 177.
Mer Pacifique, 40.
────── couverte d'herbes, 156.
────── des Indes, nombre de ses îles, 320.
Méridien (premier), 279.
Metellus (Natalius), son vrai nom, 349 note.
Messe dite dans l'île de Massana, 80.
Mesures et poids des Indiens, 102.
Météoroscope, 272 note.
Metius Pomposianus tué par Domitien pour avoir un globe terrestre peint dans sa chambre, 294.
Meut, île, 209.
Miel des Moluques, 203.
Mili, pays, 224.
Mindanao, ville, 158.
Mindanao, île, 151. Ses mines d'or, 133. Manière dont on y punit les malfaiteurs, 134.
Minutarangam, village de Java, 216.
Miroir présenté à un Patagon, 28.
Moluques, îles, 162. Leur description, 167 et suiv. et note. Leur conquête par les Maures, *viij* note et 204. Leur position, *ibid*.
Monnoies des Maures, 150.
Monoripa, île, 157.
Montechristo, 38.
Monterosso, port de l'île de Ténérif, 10.
Montfaucon, cité, *alvi*.
Monti (Urbain), *lv*. 56 note, 87 note, 88 note, 135 note et 205 note.

Moroncelli, ses globes terrestre et céleste, 136.
Mungo-Park, cité, 70 note.
Murr (M. de), critiqué, *xxij* et *xxvij*. Sa notice du globe de Martin Behaim, 287 et suiv.
Musc, animal qui le produit, 223.
Muscade (noix), 183.
Musique des Indiens, 100.
Mutir, île, 167 et 175. Sa position, 204.

N.

Naga, serpent artificiel dans lequel se met le roi de la Chine, 222.
Nageurs (îles des), 63.
―――― du roi de Tidor, 200.
Narbourough, cité, 27 note.
Navigation (traité de) de Pigafetta, 269 et suiv.
Neucuran, île, 321.
Nocemamor, île, 209.
Nocturbale, 260 et note.
Noix de coco, 65 et suiv.
―――― muscade, sa description, 183.
Nollin, critiqué, 53 note.
Noort, cité, 62 note et 96 note.
Nori, espèce de perroquet, 203.
Nosilao, île, 206.
Nubécules, 54 et note.
Nuza, île, 160.

O.

Ocoloro, île, 218.
Oibich, village indien, 214.
Oiseau (grand) du *Sinus Magnus*, 218.
―――― qui pond ses œufs sur le dos du mâle, 13.
―――― qui fait couver ses œufs au soleil, 88.
―――― pêcheurs, *v. Stercoraire.*

Oiseau de Paradis, 13 note. Sa description, 197 et note.
―――― qui pêche les charognes, 219.
―――― qui tue les baleines, 103.
―――― de mauvaise augure, 116.
Ombrion, île, 10 note.
Or, 73, 79, 87 et 118.
Oreilles (grandes) des insulaires des Philippines, 70 et note.
Ornus, île, 225 et note.
Otto (M.), son mémoire sur Martin Behaim, *xxij* et *xxiij*.
Ours (petite), 260.
―――― de mer, *v. Phoque.*

P.

Pacifique (mer), 52.
Paghinzara, île, 162 et note.
Pahan, ville, 219.
Pain fait de sagou, 185. De riz, 132.
Palais du roi de Bornéo, 141.
―――― de l'empereur de la Chine, 222.
Palaoan, île, 135 et note. Usages de ses habitans, 137. Armes, *ibid.* Combats de coqs, *ibid.*
Panilongon, île, 130.
Para, île, 161.
Paragoia, île, *v. Palaoan.*
Patagons, leur haute stature, 25. Baptisés, 31 et 49. Vocabulaire de leur langage, 241.
Patani, ville, 219.
Patates, 15 et note.
Patelles, espèce d'étoffe, 196.
Paul Jove, cité, *xliv* et *xlix*.
Paw (M. de), critique à tort Pigafetta, *xxxviij* et 26 note.
Pegu (le), 225.
Peinture du corps, *v. Tatouage.*
Perles du roi de Bornéo, 150, 157.
Perminani, peuple de la Tartarie, 324.

Pernetty, cité, *xxxviij*.
Perroquets des Moluques, 203.
Philippines, îles, 69 note. Mœurs des habitans, 70.
Phoque, 23 et note.
Pici, monnoie, 150.
Pieux durcis au feu servant d'armes, 122.
Pigafetta (le chevalier Antoine), son origine, *xxxiij*. Se rend en Espagne, *xxxiv*. Ses talens et son activité, *xxxv*. Son épitaphe, *ibid*. Inscription qu'il fait mettre au-dessus de sa porte, *ibid*. Sa crédulité, *xxxvij*. Critiqué à tort par M. de Paw, *xxxviij*. Des différentes manuscrits de son voyage, *xlij*. Créé chevalier de Rhodes, *xliij*. Ecrit son voyage sur ses notes originales, *ibid*. Envoie son livre à Louise de Savoie, *xliv*. Des cartes enluminées qu'il y a mises, *liv*. Ce qui donna lieu à son voyage, 2. Il l'écrit pour le pape Clément VII, 3. Pour le grand-maître de Rhodes, 4. Trafique avec les Brésiliens, 14. Vol singulier que lui fait une jeune fille, 21. Donne la carte du détroit de Magellan, 41. Compile un vocabulaire patagon, 48 et 241. Jouit constamment d'une bonne santé, 52. Donne sa carte des îles des Larrons, 62. Court le danger de se noyer, 71. Accompagne le roi de Massana, 75. En est bien reçu, 76. Donne la carte de Zubu et de toutes les îles Philippines, 88. Se rend comme ambassadeur chez le roi de Zubu, 98. Donne à la reine une figure de l'enfant Jésus, laquelle ayant été trouvée environ cent ans après, fait donner le nom de ville de Jésus à un établissement, 107. Assiste à la bénédiction du cochon, 113. Se trouve à la bataille de Matan où il est blessé, 121. Ne va point au festin de Zubu, où il auroit été assassiné, 128. Accompagne le roi de Butuan, 131. Sa visite à la reine, 133. Est député ambassadeur vers le roi de Bornéo, 140. Observe les soi-disantes feuilles animées, 154. Décrit le cannellier, 158. Donne la carte des îles Moluques, 168 note. Décrit le giroflier, 182. Part des Moluques, 205. Va traiter avec un chef de l'île de Timor, 213. Rapporte ce qu'un Maure lui raconte touchant l'Indostan et la Chine, 220. Est étonné de trouver qu'il a perdu un jour pendant son voyage, 228. Arrive en Espagne

et se rend à Séville, 229. De-là à Valladolid, 230. Présente le journal de son voyage à Charles-Quint, *ibid*. Se rend ensuite en Portugal, où il fait le récit de son voyage au roi Jean, *ibid*. Ensuite en France, et fait quelques dons à la reine régente, *ibid*. Est le premier qui ait donné des vocabulaires des peuples qu'il a visités, 236. Son vocabulaire brésilien, 241. Patagon, *ibid*. Des îles de la mer du Sud, 243. Confrontés avec ceux des voyageurs postérieurs, *ibid*. Son traité de navigation, 269.

Pigafetta (Marc-Antoine), a prétendu dans son *Itinerario* que Motiu Behaim avoit fait la découverte de l'Amérique, *xxvij* et 359.

——— (Philippe), sa *Relation du Congo* et son *Itinéraire*, *xxvij*.

——— (Mathieu), *xxxiv*.

Pinguin, oiseau, 23 note.

Pinguins (île des), 23 note.

Pinzon (Vincent-Yanès), découvre le cap Saint-Augustin et l'embouchure du Maragnon, 382.

Pirogues indiennes, 138.

Plata (Rio della), 22.

Pline, cité, 10 note.

Plongeurs de l'île de Tidor, 200.

Pluies entre les tropiques, 11.

Pluviale, île, 10 note.

Po (Ferdinand del), découvre le Ponta-Formosa de Behaim, 377.

Po, po, po, cri des Poleai du Bengale, 226.

Poids et mesures des Indiens, 102.

Pointer, ce que c'est, 54 note.

Poisson à tête de cochon, 154.

Poissons volans, 47.

Poivre de deux espèces, 211.

Polaire (étoile), 260.

Pole antarctique, 54.

Poles, *v.* Sphère armillaire.

Polo, île, 88.
Polygamie, ses effets, 172 et note.
Pontan, île, 322.
Porcelaine, 152.
Port Désiré, 23.
—— de Saint-Julien, 25.
Portugais, leurs découvertes, *ix*, 331 et 332. En Afrique, *xj*. Au Brésil, *xix*. Aux Moluques, 179. Punis à Bachian, *ibid*.
Postel (Guill.), a prétendu le premier que Martin Behaim avoit découvert l'Amérique et le détroit de Magellan, 355.
Pozon, île, 88.
Pozzo (del), cité, *xliij*.
Prêtre-Jean ; les Trois Rois lui ont donné la possession de toutes les îles Manilles, 323.
Prisonniers indiens qui se sauvent à la nage, 161. D'autres rendus à la liberté, 175.
Prix des articles d'échange aux Indes, *v. Commerce*.
Progeniture nombreuse, 180.
Properce, cité, 295.
Ptolomée, cité, *xij* note, 57 note. Son manuscrit en latin à Nuremberg, 296 ; *v. aussi Cartes géographiques*.
Pulai, île, 208.
Pulanbaracan, île, 208.
Puloan, île, on prend son gouverneur, 155.
Puluru, île, 208.
Puzathaer, endroit du *Sinus Magnus* où se trouve un grand arbre appelé *campanganghi*, 218.
Pygmées de l'île de Cafi, 205. De l'île d'Archuto, 212.
Pyramides d'Egypte, leur position et grandeur déterminées, *xj* note.

Q.

Quarts de nuit, comment divisés sur l'escadre de Magellan, 8.
Quiros, cité, 52 note.

R.

Ramusio, cité, *xlij*, *xlv* et note, *xlix*, 22 note, 74 note, 80 note, 88 note, 134 note.

Rasoghin, île, 208.

Regiomontanus, cité, 258. Inventeur du météoroscope, 344. A écrit un traité sur l'astrolabe, 345.

Religion des Brésiliens, 16.
——— des Patagons, 35.
——— des îles Philippines, 110.
——— des Moluques, 180.
——— de Bornéo, 149.

Recueil des voyages pour la compagnie des Indes hollandoise, cité, 209 et 290.

Requins, 11 note.

Rhubarbe, sa description, 219 et note.

Ribera (Diego), sa mappemonde, 327.

Rio Janeiro, 15 note.

Rio do Padrono, origine de ce nom, 377.

Riz, sert de pain, 132. Comment on le cuit, *ibid.*

Roburger, ses cartes géographiques, 326.

Robertson, cité, 178 note. Critiqué, 292, 293 et 365.

Roi de denier, ce que c'est, 15 note.

Route, indication de celle qu'a tenue Magellan, 57 note.

S.

Sable, 262 et 280.

Sagou, 19 et note, 186.

Samar, île, 63.

Sandal (bois de) blanc, 214.

Sang tiré en signe d'alliance, 131 et 137.
——— pour guérir des maladies, 34.

Sanghir, île, 161.

DES MATIÈRES.

Sanglier des Moluques, *v. Babi-ronsa.*
Sarangani, île, 159 et note, 160.
Sarbacanne servant d'arme offensive, 137.
────────── à parler au roi de Bornéo, 142.
Sardines (la rivière des), 44.
Sassi, cité, *l, lv* note.
Schedel, cité, *xxiv.*
Schoener (Jean), son globe terrestre, 326.
Scribes ou secrétaires du roi de Bornéo, 145.
Scorbut dont l'équipage de Magellan est attaqué, 51.
Scoria, île, 311.
Selleri du détroit de Magellan, 47 et note.
Septe-Ritade, île, *v. Antilia.*
Serano (François), *xviij, xix*, 168 et suiv.
────────── (Jean), 45.
Séséli (huile de), 61 note.
Setebos, grand démon des Patagons, 35.
Settala (le muséum), 12 note.
Siam, royaume, 90 et 219.
Sichera (Lopez de), 177.
Sico, île, 205.
Siera Leóna, montagne, 10.
Signaux établis sur l'escadre de Magellan, 6. Dans le détroit, 46.
Sinus Magnus, 100 et note et 218.
Silan, île, 206.
Singes, *v. Acquiqui.*
Siniananpi, île, 208.
Soliman II, sa malheureuse expédition contre les Portugais, 178.
Solis (Jean de), sa mort, *xix* et 23.
Solor, *v. Zolor.*
Songe du roi de Tidor, 198.
Sonnerat, cité, 70 note, 79 note, 148 note, 162 note, 225 note.
Sorciers de l'île de Tidor, 198.
Souris mangées à bord des vaisseaux, 51 note. Par les Patagons, 36.
Spalanzani, cité, 11 note.

Spatule, oiseau, 20 et note.
Stavorinus, cité, 154 et 306.
Stedman (M.), cité, 19 note, 155 note et 156 note.
Stercoraire, oiseau de mer, 13 note.
Strabon, cité, 212 note et 225 note.
Strenghe, espèce de corde, 6.
Suai, village indien, 214.
Subanin, pays, 157.
Subin, *v. Zampogna.*
Sud (mer du), 23.
Sulach, île, 206. Ses habitans sont anthropophages, *ibid.*
Sumatra, 72 et note, 225 et 314.
Sumbdit-Pradit, île, 56 et 224.
Superstition des habitans de Zubu, 110.
——————————————— de Gilolo, 215.
Sur (mer du), *v.* Mer du Sud.

T.

Tabil, poids, 151.
Tadore, *v. Tidor.*
Taghima, île, 156.
Talant, île, 162.
Tanabuton, île, 216.
Tapir, 15 note.
Taprobane, *v. Sumatra.*
Tara (lever la), ce que c'est, 186.
Tarenate, *v. Ternate.*
Tartarie (la), 324.
Tatouage, 98.
Ténérif, île; il n'y pleut jamais, 10. Arbre qui fournit de l'eau à ses habitans, *ibid.*
Tenetum, île, 206.
Ternate, île, 167.
Terre, sa sphéricité, *ix* et 270. Sa grandeur, *ibid.* Idée que les premiers chrétiens avoient de sa forme, 296.

DES MATIÈRES.

Teston, monnoie, sa valeur, 169 note.
Tiburoni, v. Requin.
Ticobon, île, 88.
Tidor, île, 163. Visite faite au roi, *ibid.* Accueil du roi, 164. Présens qu'on lui fait, 165. Sa figure, 166. Sa curiosité, *ibid.* Son sérail, 172. Ses repas, *ibid.* Trafic qu'on y fait, 173. Faveurs que demande le roi, 176. Mariage de sa fille, 194. Dot payée à l'époux, 196. Cérémonie pratiquée avant d'aller habiter une maison nouvelle, 199. Sa position, 204.
Timor, île, 213. Mœurs et usages des habitans, *ibid.* et suiv. Son commerce, 216. Virus vénérien, *ibid.*
Tiraboschi, cité, *xij* note.
Titameti, île, 205.
Toliman, île, 205.
Tortues (grandes), 154.
Trahison entreprise au Brésil, 56.
——— faite à Zubu, 127.
——— crainte à Bornéo, 146. Et à Tidor, 187.
Traité de navigation, 255.
Transylvain (Maximilien), cité, 58 note.
Trinité (le vaisseau la) abandonné, 99.
Tristan de Menezes, 177.
Trombon, ville, 219.
Tubancressi, île, 217.
Tunguli, barque, 146.
Turcs (les), se rendent maîtres de Rhodes, 4 note. Menacent Malacca, 178.

U.

Umai, nom du riz, 65; v. *Riz.*
Univeru, île, 208.
Urbain Monti, géographe, *lv*.
Urizza, royaume, 225.

V.

Vaisseaux de l'escadre de Magellan, 8. Leur départ, *ibid*. Le Saint-Jacques fait naufrage, 37. Le Saint-Antoine s'enfuit, 43. La Conception brûlée, 130. La Trinité abandonnée, 199. La Victoire revient seule en Espagne, 230.

Vaisseaux, manière de les diriger, 288.

Valboa a connu le détroit de Magellan, xxvj.

Varenius, son idée sur la découverte du détroit de Magellan, xxvj et 361.

Vasco de Gama, xv et 382.

Vasconcellos, cité, 339.

Vehador, ou économe de l'escadre, 36 note.

Venini, cité, xj note.

Vents (Rose des), 285.

—— réguliers, 20.

Verzin, *v. Brésil*.

Verzino (bois de), *v. Brésil*.

Vespertilio vampirus, *v*. Chauvesouris.

Vespuce (Améric), 16 note, 19 note et 57 note. Découvre Terra-Firma, 383.

Vin de palmier; de cannes à sucre; de riz, *v. ces mots*.

Vincent (cap Saint-), *v. Cap*

Vocabulaire brésilien, 241.

——————patagon, 241.

—————— des îles de la mer du Sud, 243.

Voiles (îles aux), 62 note.

Vol étrange d'une fille indienne, 21.

Vudia, île, 208.

W.

Wales, cité, 345.

Walis, cité, 27 note.

Wilson (le capitaine), cité, 237 note.

Winter, cité, 27 note.

Y.

Yucatan, royaume, 201 et note.

Z.

Zamal, *v. Samar.*
Zambchani, espèce d'invocation, 189.
Zangalura, île, 161.
Zanziber, île, 315.
Zenith, 15.
Zoar, île, 156 et 157.
Zolo, île, 156 et 157.
Zolot, île, 209.
Zongu, ou révérence qu'on est obligé de faire au roi de la Chine, 221.
Zoroboa, île, 208.
Zubu, île, 89. Succession des héritiers du roi, 94. Conversion de ses habitans, 95. Musique, 100. Nudité des filles, 101. Cérémonies funèbres, *ibid.* et 116. Poids et mesures, 102. Maisons, 103. Son roi baptisé, 106. Produits de l'île, 118. Villages et chefs, 119. On y trame contre les Espagnols, 127. Massacre des Espagnols, 128. Les Espagnols quittent cette île, 129.
Zula, chef de l'île de Matan, 119.
Zuluan, île, 67.
Zumbava, île, 216.
Zumatra, *v. Sumatra.*

FIN DE LA TABLE DES MATIÈRES.

ERRATA.

Page 23 *ligne* 21 premiers, *lisez* : premières.
      53   6 péris, *lisez* : péri.
      60   11 tous, *lisez* : tout.
      86   *dern.*, panis, *lisez* : panicum.
      90   12 venu, *lisez* : venue.
    109   3 qu'une, *lisez* : qu'un.
    147   1 *de la note*, Burné, *lisez* : Bornéo.
    149   15 qu'elles, *lisez* : qu'ils.
    151   9 cet, *lisez* : ce.
    153   11 destiné, *lisez* : destinée.
    199   14 venu, *lisez* : venus.
    258   12 équipace, *lisez* : équipage.
    344   14 Bassarion, *lisez* : Bessarion.